BLUE BOOK

智 库 成 果 出 版 与 传 播 平 台

数字经济蓝皮书

BLUE BOOK OF DIGITAL ECONOMY

广东数字经济创新发展研究报告（2022）

ANNUAL REPORT ON GUANGDONG'S DIGITAL ECONOMY INNOVATION
DEVELOPMENT (2022)

主　编／薛小龙　黄琼宇
副主编／朱　慧　崔　霞　高鸿铭

社会科学文献出版社
SOCIAL SCIENCES ACADEMIC PRESS (CHINA)

图书在版编目（CIP）数据

广东数字经济创新发展研究报告 .2022/薛小龙，
黄琼宇主编；朱慧，崔霞，高鸿铭副主编 . —北京：
社会科学文献出版社，2022.11
（数字经济蓝皮书）
ISBN 978-7-5228-0672-3

Ⅰ.①广… Ⅱ.①薛… ②黄… ③朱… ④崔… ⑤高
… Ⅲ.①信息经济-经济发展-研究报告-广州-2022
Ⅳ.①F492

中国版本图书馆 CIP 数据核字（2022）第 166637 号

数字经济蓝皮书
广东数字经济创新发展研究报告（2022）

主　　编/薛小龙　黄琼宇
副 主 编/朱　慧　崔　霞　高鸿铭

出 版 人/王利民
组稿编辑/任文武
责任编辑/李　淼
文稿编辑/崔春艳
责任印制/王京美

出　　版/社会科学文献出版社·城市和绿色发展分社（010）59367143
　　　　　地址：北京市北三环中路甲 29 号院华龙大厦　邮编：100029
　　　　　网址：www.ssap.com.cn
发　　行/社会科学文献出版社（010）59367028
印　　装/天津千鹤文化传播有限公司

规　　格/开本：787mm×1092mm　1/16
　　　　　印张：18.75　字数：281 千字
版　　次/2022 年 11 月第 1 版　2022 年 11 月第 1 次印刷
书　　号/ISBN 978-7-5228-0672-3
定　　价/128.00 元

读者服务电话：4008918866

广州大学数字经济与数字文化交叉创新平台项目"数字经济创新管理理论研究及实验平台建设"（PT252022031）

广东省教育厅高校创新团队项目"数字经济创新管理"（2022WCXTD020）

广东省哲学社会科学一般项目"数字经济创新促进企业高质量发展的路径及效果研究"（GD22CGL42）

广东省普通高校青年创新项目"大数据驱动的数字经济企业创新行为及网络演化研究"（2022WQNCX054）

国家社会科学基金重大项目"我国跨区域重大基础设施项目运维管理模式研究"（18ZDA043）

主要编撰者简介

薛小龙 博士，教授，博士生导师，广州大学管理学院院长，广州大学数字化管理创新研究院院长。教育部新世纪优秀人才，广州市杰出专家，斯坦福大学高级访问学者，得克萨斯大学奥斯汀分校和香港理工大学博士后。2011~2017年，曾担任哈尔滨工业大学管理学院副院长。目前担任住房和城乡建设部高等教育工程管理专业评估委员会委员，中国发展战略学研究会社会战略专业委员会副主任委员，广东省本科高校管理科学与工程类专业教学指导委员会副主任委员，中国管理科学与工程学会工程管理分会副主任委员，广东省经济学家企业家联谊会常务副会长，《工程管理学报》副主编。主持国家社会科学基金重大项目，国家自然科学基金重大项目课题（合作负责）、面上项目与青年科学基金项目，国家重点研发计划等国家级课题8项，发表论文100余篇，获教育部科技进步一等奖等省部级奖项5项。

黄琼宇 博士，副教授，硕士生导师，广州大学管理学院副院长，广州大学数字化管理创新研究院副院长，广东省会计学会常务理事。广东省第三期高端会计人才培养对象，广州市高层次人才（青年后备）。主要从事会计信息与公司治理、家族企业传承与创新、数字经济创新等相关研究。承担国家自然科学基金青年科学基金项目1项、教育部人文社科基金项目1项、中国博士后科学基金项目1项、广东省自然科学基金面上项目1项，参与国家自然科学基金项目多项。在《管理世界》《会计研究》等期刊发表论文10余篇。

朱 慧 博士，副教授，硕士生导师，广州大学管理学院数据科学与电子商务系主任。荷兰蒂尔堡大学国家公派访问学者，香港城市大学高级访问学者。中国南方电网广东电网有限责任公司、广州信安数据有限公司数据管理技术咨询顾问。多年来一直从事信息系统与信息管理、商务智能技术、数据分析与数据挖掘、数据管理科学、数字化营销、电子商务消费者行为等领域的研究。承担纵向科研项目 7 项，其中国家自然科学基金青年科学基金项目 1 项，教育部人文社科基金项目 1 项，广东省自然科学基金面上项目 1 项，作为主要成员参与国家自然科学基金项目多项。在 *Information & Management*、*Information Systems* 和 *Industrial Management & Data Systems* 等期刊上发表学术论文 30 余篇。

崔 霞 博士，教授，广州大学经济与统计学院统计学系博士生导师。广东省高等学校优秀青年教师培养计划 2014 年度培养对象，广州大学第一批学校青年拔尖人才培养对象。广东省现场统计学会常务理事，中国现场统计学会资源与环境分会理事。长期致力于缺失数据分析、因果推断、高维数据建模等方面的研究，在 *Annals of Statistics*、*Biometrika*、*Scandinavian Journal of Statistics*、*Computational Statistics and Data Analysis*、*Science China Mathematics* 等国内外统计学学术刊物上发表 SCI 检索期刊论文 20 余篇。承担纵向科研项目 7 项，包括国家自然科学基金面上项目 2 项，国家自然科学基金青年科学基金项目 1 项。

高鸿铭 博士，广州大学管理学院博士后。主要研究方向为数字经济与智能化管理、数据挖掘与机器学习等。香港大学人工智能研究组访问博士生，荷兰蒂尔堡大学研究助理。在 *Asia Pacific Journal of Marketing and Logistics*、《中国管理科学》等国内外期刊及 AMCIS、PACIS、ICEC、IEEE-ICCECE 等国际会议发表学术论文 10 余篇。作为团队成员，参与多项国家自然科学基金项目。

摘　要

数字经济以数据为关键生产要素，正在重塑全球经济版图。习近平总书记在中共中央政治局第三十四次集体学习时强调，把握数字经济发展趋势和规律，推动我国数字经济健康发展，不断做强做优做大我国数字经济。2020年，作为首批国家数字经济创新发展试验区之一的广东省印发了《广东省建设国家数字经济创新发展试验区工作方案》，明确提出"加强对数字经济的统计监测和评估，探索数字经济统计监测方法"。2021年9月开始施行的《广东省数字经济促进条例》也规定了"县级以上人民政府应当定期对本级数字经济发展情况进行评估"。

《广东数字经济创新发展研究报告（2022）》由广州大学管理学院、广州大学数字化管理创新研究院、国家工信安全中心—广州大学数字经济创新发展研究院主持策划，全书包括总报告、技术报告、分报告、附录四部分，旨在跟踪监测各地市、各行业数字经济运行状态和企业创新活动，力图全景式刻画广东省数字经济创新发展态势。

总报告梳理了数字经济内涵及我国有关数字经济创新发展的相关政策，重点阐述了建设粤港澳大湾区国际科技创新中心和广东省建设国家数字经济创新发展试验区的总体需求，介绍了广东省数字经济创新水平总体情况，分析了广东省数字经济创新发展态势并提出促进其发展的建议。

技术报告重点参照了《数字经济及其核心产业统计分类（2021）》，首次提出广东省数字经济创新发展水平测算方案。该方案基于企业微观专利大数据的技术创新视角，运用多属性评价方法，从周期创新水平、持续创新水

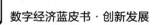

平、价值创新水平三个维度，面向广东省各地市与各产业的数字经济行业大类、中类、小类，多层次开展数字经济创新水平的系统评估工作。

分报告由宏观地市、中观产业、微观企业多层次的数字经济创新水平分析和数字经济文献计量分析组成。报告认为，2020年广东省数字经济创新水平发展呈现以下格局：深圳、广州、东莞位居前三；珠三角9市是全省数字经济创新发展的核心区域，北部生态发展区与沿海经济带（东西两翼）是重要支撑力量。报告还认为，数字产品制造业在全省中最为发达，数字技术应用业与数字化效率提升业位于中上游，数字要素驱动业及数字产品服务业处于潜力开发阶段；不同企业依托数字经济要素禀赋开发，其数字经济创新发展呈现差异化特点，科技型中小企业在特定产业领域的创新水平高于高新技术企业。报告同时分析了数字经济研究热点的演化过程、未来研究方向和趋势。

本报告开展的广东省数字经济创新发展态势评估与监测工作，有助于优化数据要素配置，发挥特色地市与产业的引领作用，促进重要领域数字化转型，加强数字经济顶层设计，将广东省打造成为国家数字经济创新发展试验区的示范标杆，赋能数字经济高质量发展。

关键词： 数字经济　数字产业　数字创新　广东

目 录 ↖

Ⅰ 总报告

B.1 广东省数字经济创新水平总体评价及政策建议
………………… 薛小龙 黄琼宇 崔 霞 朱 慧 / 001
　　一 数字经济内涵 ………………………………………… / 002
　　二 数字经济政策梳理 …………………………………… / 007
　　三 广东省数字经济创新水平总体情况 ………………… / 031
　　四 广东省数字经济创新发展态势分析 ………………… / 045
　　五 促进广东省数字经济创新发展的建议 ……………… / 048

Ⅱ 技术报告

B.2 广东省数字经济创新水平测算方法与评估过程报告
………………… 薛小龙 谭宪宇 陈建硕 崔 霞 / 052

Ⅲ 分报告

B.3 广东省地市与区县数字经济创新水平报告
………………… 朱 慧 张 昭 贾云峰 蒙映楠 / 075
B.4 广东省数字经济产业创新水平报告
………………… 朱 慧 张 昭 崔 霞 魏焕哲 / 101

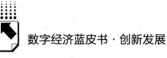

B.5　广东省数字经济企业创新水平报告

　　……………………高鸿铭　薛维锐　陈建硕　薛小龙 / 130

B.6　广东省数字经济相关高新技术企业创新水平报告

　　……………………薛维锐　陈建硕　高鸿铭　黄琼宇 / 168

B.7　广东省数字经济相关科技型中小企业创新水平报告

　　……………………黄琼宇　方佳丽　陈建硕　贾云峰 / 176

B.8　广东省数字经济相关上市公司创新水平报告

　　……………………黄琼宇　许楚红　许金晟　高鸿铭 / 185

B.9　数字经济1.0：基于1998~2020年中文文献的研究现状与发展

　　动态分析……………王玉娜　谭宪宇　薛小龙　朱　慧 / 215

Ⅳ　附　录

B.10　附录1　广东省数字经济企业创新水平100强名单 …………… / 238

B.11　附录2　广东省三大经济区数字经济大类产业的优势企业

　　　　　　名单 ……………………………………………… / 242

B.12　附录3　广东省三大经济区数字经济中类产业的优势企业

　　　　　　名单 ……………………………………………… / 250

B.13　附录4　广东省综合创新水平前3位数字经济中类产业20强

　　　　　　企业名单 ………………………………………… / 254

B.14　附录5　广东省高新技术企业和科技型中小企业数字经济综合

　　　　　　创新水平20强名单………………………………… / 256

B.15　附录6　广东省数字经济上市公司名单 ………………………… / 258

Abstract ……………………………………………………………… / 271

Contents ……………………………………………………………… / 274

皮书数据库阅读 **使用指南**

总 报 告

General Report

B.1

广东省数字经济创新水平
总体评价及政策建议

薛小龙　黄琼宇　崔　霞　朱　慧*

摘　要： 2020 年广东省数字经济增加值规模约为 5.2 万亿元，居全国第一位。本报告结合建设粤港澳大湾区国际科技创新中心和广东省建设国家数字经济创新发展试验区的现实需求，以广东省 21 个地市 42295 家高新技术企业和科技型中小企业 2016~2020 年的 2385623 条数字经济相关专利数据为研究对象，对广东数字经济创新水平进行总体评价。研究发现：珠三角核心区的企业总数、专利总数和综合创新水平在全省占据绝对优势，其中深圳、广

* 薛小龙，博士，教授，博士生导师，广州大学管理学院院长，研究方向：数字经济创新管理、重大工程管理、数字化转型与管理创新、智能建造与智慧城市。黄琼宇，博士，副教授，硕士生导师，广州大学管理学院副院长，广州大学数字化管理创新研究院副院长，研究方向：会计信息与公司治理、家族企业传承与创新、数字经济创新。崔霞，博士，教授，广州大学经济与统计学院统计学系博士生导师，研究方向：缺失数据分析、因果推断、高维数据建模。朱慧，博士，副教授，硕士生导师，广州大学管理学院数据科学与电子商务系主任，研究方向：数字经济产业、大数据分析、数据挖掘。

州、东莞、佛山、珠海五市的数字经济创新水平位列前五,具有明显集聚效应;宝安区、南山区、龙华区、龙岗区以及黄埔区的数字经济创新水平位列全省区县前五,且各区县人均 GDP 与各区县数字经济平均创新水平呈正相关关系。五大类产业中,数字产品制造业和数字技术应用业位列前二,数字产品制造业的数字经济创新水平最高和企业最集中;头部科技型企业是全省数字经济创新活动的重要力量,对各地区创新水平具有显著的拉动作用。建议尽快启动广东数字经济创新发展态势评估,推动广东数字经济高质量发展,率先在数字经济创新发展领域发出广东声音。

关键词: 数字经济 数字创新 广东

一 数字经济内涵

(一)数字经济的背景和意义

2021 年,习近平总书记在中共中央政治局第三十四次集体学习时强调,"要做好我国数字经济发展顶层设计和体制机制建设,加强形势研判,抓住机遇,赢得主动"。近年来,联合国贸易和发展会议(UNCTAD)、经济合作与发展组织(OECD)、G20 峰会陆续发布了不同维度的全球数字经济测算方法和发展报告。数字经济发展监测与评估已经成为全球关注的重要议题。2020 年 11 月 28 日,广东省(国家首批 6 个数字经济创新发展试验区之一)印发了《广东省建设国家数字经济创新发展试验区工作方案》,随后其各地市贯彻落实党中央、国务院和省委、省政府的决策部署,也相继提出了实施方案。

数字经济是一种新的社会经济形态,创新是推动其健康、高质量发展的重要动力,也是推动经济效率变革的核心驱动力。数字经济逐渐发展成为重新整合全球要素资源、重新构建全球经济结构甚至革新全球竞争格局的重要力量。将数字经济的发展上升到国家战略层面,有助于抓住新一轮科技革命和产业变革的新机遇，加强形势研判能力，赢得主动。数字经济事关国民经济命脉发展、关乎国家发展大局，做强做优做大数字经济是统筹中华民族伟大复兴战略全局和世界百年未有之大变局的必然要求。广东省及其各地市提出要加强对数字经济的统计监测和评估、加快有关数字经济统计监测方法的决策部署，并积极探索推动国家数字经济创新发展试验区建设的路径。

数字经济创新发展态势的监测与评估，是对有关数字经济发展形势进行科学研判的基础性工作，有利于各部门对数字经济发展的规模、结构和技术水平有初步的了解，为各级党委、政府和相关部门制定数字经济发展的决策部署提供客观数据支持，是促进数字经济新业态有机循环发展、构建数字经济治理体系以及促使治理能力现代化的重要手段。

在分析国内外已有数字经济相关报告的基础上，本报告对数字经济的内涵及我国数字经济创新发展的相关政策进行系统梳理，致力于为促进数字经济创新快速发展，构建以数据为关键要素的数字经济新生态，加速将广东省打造成为粤港澳数字要素流通试验田、全国数字核心技术策源地、全球数字产业变革新标杆提供基础理论研究支持。

（二）数字经济的定义和内涵

Tapscott 于 1996 年首次提出数字经济（Digital Economy）的概念，其所界定的"数字经济"是互联网与经济融合而生的"互联网经济"。[①] 随着互联网技术的发展，人工智能、区块链、大数据等新一代数字技术进入商业应用阶段，学术界和实务界逐渐将互联网和新一代数字技术与经济深度融合的产物视为"数字经济"。[②]

《二十国集团数字经济发展与合作倡议》将数字经济界定为"以使用数字化的知识和信息作为关键生产要素、以现代信息网络作为重要载体、以信

---

① D. Tapscott, *The Digital Economy：Promise and Peril in the Age of Networked Intelligence*, New York：McGraw-Hill, 1996.

② 陈小辉：《中国数字发展指数报告（2021）》，零壹智库，2022。

息通信技术的有效使用作为效率提升和经济结构优化的重要推动力的一系列经济活动"。① 中国信息通信研究院（简称"中国信通院"）连续 8 年发表中国数字经济发展白皮书，其中 2015 年、2016 年以"信息经济"为主题。中国信通院发布的《2015 中国信息经济研究报告》指出，信息经济是以数字化信息资源为核心生产要素，以信息网络为运行依托，以信息技术为经济增长内生动力，并通过信息技术、信息产品、信息服务与其他领域紧密融合，形成的以信息产业、融合性新兴产业，以及信息化应用对传统产业产出和效率提升为主要内容的新型经济形态。② 这一观点和 G20 提出的数字经济概念方向性一致。2017 年，中国信通院开始对信息经济与数字经济进行区分，认为信息经济是数字技术—经济范式肇始，而数字经济为数字技术—经济范式跃迁，并将数字经济定义为"以数字化的知识和信息为关键生产要素，以数字技术创新为核心驱动力，以现代信息网络为重要载体，通过数字技术与实体经济深度融合，不断提高传统产业数字化、智能化水平，加速重构经济发展与政府治理模式的新型经济形态"。③ 这一定义与 G20 提出的数字经济概念方向性更趋于一致。2021 年国家统计局制定的《数字经济及其核心产业统计分类（2021）》中将数字经济定义为以数据资源作为关键生产要素、以现代信息网络作为重要载体、以信息通信技术的有效使用作为效率提升和经济结构优化的重要推动力的一系列经济活动。④ 与 G20 将数字化的知识和信息作为关键生产要素不同，国家统计局将数据资源作为关键生产要素。2022 年，国务院发布《"十四五"数字经济发展规划》，对数字经济做出明确界定："数字经济是以数据资源为关键要素，以现代信息网络为主要载体，以信息通信技术融合应用、全要素数字化转型为重要推动力，促进公平与效率更加统一的新经济形态。"⑤

---

① 《二十国集团数字经济发展与合作倡议》，2016。
② 中国信息通信研究院：《2015 中国信息经济研究报告》，2015。
③ 中国信息通信研究院：《中国数字经济发展白皮书（2017 年）》，2017。
④ 国家统计局：《数字经济及其核心产业统计分类（2021）》，2021 年 6 月 3 日。
⑤ 国务院：《"十四五"数字经济发展规划》，2022 年 1 月 12 日。

各国政府和不同学者纷纷对"数字经济"做出定义。英国研究理事会（Research Councils UK）指出数字经济是"通过人、过程和技术发生复杂关系而创造社会经济效益"①，数字经济凭借数字网络和通信基础设施搭建全球化平台，以实现个人与组织之间的相互交往、通信、合作以及信息共享。澳大利亚政府则将数字经济视为"通过互联网、移动电话和传感器网络等信息和通信技术，实现经济和社会的全球性网络化"。学术界多数学者认为数字经济是以数字信息化为基础的。逄健和朱欣民认为数字经济是以信息和通信技术为基础，通过互联网、移动通信网络、物联网等，实现交易、交流、合作的数字化，推动经济社会的发展与进步。② 鲁春丛从理论研究角度和技术经济角度对数字经济进行概括，即以数字化知识和信息为关键生产要素，通过载体（现代信息网络）与数字技术和实体经济深度融合的新型经济形态。③ 张亮亮等认为数字经济核心要素为数字化信息，是以数字技术为支撑点提供产品或服务，以现代信息网络为主要载体的新型经济形态，即技术、产业、生产者与消费者的融合。④ 陈伟则认为数字经济关键要素也包括知识，是通过先进技术和信息网络优化经济结构和提升效率的一系列经济活动。⑤ 许宪春和张美慧提出数字经济是指通过数字化平台，以数字化技术为基础，将数字化赋权基础设施作为支撑的经济活动，且是国民经济运行各方面与现代数字化技术紧密结合的重要产物。⑥

数字技术对经济系统产生了深远影响，刘渊认为数字经济是一场由信息技术和通信网络不断创新主导的经济革命，它蕴含着特有的经济形态，已经

① UK Government，"Digital Economy Act 2010，"http：//www.legislation.gov.uk/ukpga/2010/24/contents.

② 逄健、朱欣民：《国外数字经济发展趋势与数字经济国家发展战略》，《科技进步与对策》2013 年第 8 期，第 124～128 页。

③ 鲁春丛：《发展数字经济的思考》，《现代电信科技》2017 年第 4 期，第 1～6 页。

④ 张亮亮、刘小凤、陈志：《中国数字经济发展的战略思考》，《现代管理科学》2018 年第 5 期，第 88～90 页。

⑤ 陈伟：《对我国数字经济发展的分析》，《中国市场》2020 年第 34 期，第 193、195 页。

⑥ 许宪春、张美慧：《中国数字经济规模测算研究——基于国际比较的视角》，《中国工业经济》2020 年第 5 期，第 23～41 页。

成为培育经济增长新动能、提升传统动能的重要途径。① 董晓松等认为数字技术对经济系统产生的影响体现在以下三个方面。第一，数字技术提高了社会生产力。首先，数字技术的扩散在经济社会活动中发挥重要作用，促进了传统生产资料智能化、数字化变革，节省了生产成本，提高了生产效率；其次，数字技术的应用与普及提高了劳动者的知识累积，促进了能力提升，进而提高了劳动生产率。第二，数字技术改变了知识的存储和传播方式。首先，数字设备的出现改变了传统上以纸质媒介存储信息的方式，提高了数据处理能力，实现了低成本存储大量数据资源；其次，数字技术提高了人们之间的信息交流和合作的便捷性，有助于知识生产与创新效率的提升。第三，数字技术带来了新的商业模式。首先，从商务模式来看，基于数字平台的电子商务、移动商务和社会化商务模式降低了商品交换的成本，提升了管理效率；其次，从组织形式来看，越来越多的企业抛弃传统的组织形式而转向扁平化和网络化；最后，从管理模式来看，数字经济的发展促使企业之间通过构建各种联盟获取竞争优势。②

综合不同学者和部门对数字经济概念及内涵的描述，本报告对数字经济定义如下：数字经济是以数据为关键生产要素，以数字技术创新为发展动力，以现代信息网络为主要载体，通过各类市场主体与社会各部门数字化转型实现公平与效率相统一的新经济形态；是继农业经济、工业经济之后人类社会发展的第三种经济形态③；并且数字经济具有高创新性、强渗透性、广覆盖性的基本特征。数字经济正在成为重组全球要素资源、重塑全球经济结构、改变全球竞争格局的关键力量。④ 发展数字经济已经成为世界各国的重要战略。

---

① 刘渊：《数字经济良性发展的政府作用》，《经贸实践》2018年第8期，第30~32页。
② 董晓松、刘容、尧军文等：《数字商业管理》，社会科学文献出版社，2021，第5~7页。
③ 戴丽娜：《数字经济时代的数据安全风险与治理》，《信息安全与通信保密》2015年第11期，第89~91页。
④ 习近平：《不断做强做优做大我国数字经济》，《求是》2022年第2期，第4~8页。

二 数字经济政策梳理

（一）国家层面数字经济产业发展政策

当前全球新一轮科技革命和产业革命正在孕育兴起，数字经济处于密集创新和高速增长阶段，成为促进经济社会发展的主要推动力。继 2015 年我国首次提出"国家大数据战略"以后，有关数字经济发展和数字化转型的政策持续得到关注，乃至深化和落实。自 2017 年以来，政府工作报告连续 5 年报道了有关"数字经济"的内容，值得关注的是，2020 年的政府工作报告明确提出"要继续出台支持政策，全面推进'互联网+'，打造数字经济新优势"的观点。"十四五"时期，我国数字经济步入新阶段，且呈现深化应用、规范发展、普惠共享的特点。党中央、国务院对数字经济发展十分重视。为提高对数字经济形势的研判能力，稳稳抓住数字化发展的新机遇，使经济发展新空间得以拓展，以促进实现我国数字经济业态健康发展的目标，国务院于 2022 年 1 月发布《"十四五"数字经济发展规划》。2022 年第 2 期《求是》杂志刊发了重要文章《不断做强做优做大我国数字经济》，这是习近平总书记在第十九届中央政治局第三十四次集体学习时讲话的主要部分，讲话强调，"发展数字经济意义重大，是把握新一轮科技革命和产业变革新机遇的战略选择"①。相关政策梳理如图 1 所示。

1. **实施大数据战略**

大数据战略的实施有力地加快了数字经济形成与发展的进程。国务院于 2015 年 9 月制定了《促进大数据发展行动纲要》，将数据作为战略性资源。2015 年 10 月，《中共中央关于制定国民经济和社会发展第十三个五年规划的建议》于中国共产党第十八届中央委员会第五次全体会议中审议通过。该建议主张实施国家大数据战略，推进数据资源开放共享。由此，大数据战

---

① 习近平：《不断做强做优做大我国数字经济》，《求是》2022 年第 2 期，第 4~8 页。

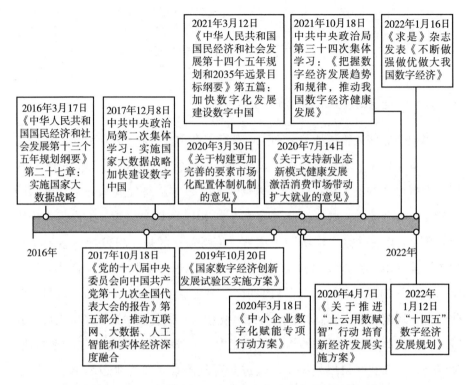

图1 2016～2022年国家层面数字经济产业发展政策概览

资料来源：本报告作者整理绘制。

略成为国家创新战略。《中华人民共和国国民经济和社会发展第十三个五年规划纲要》于2016年3月17日发布，正式提出"实施国家大数据战略"的主张，即以大数据为基础性战略资源进行大数据发展举措，实现开放共享数据资源、促进产业转型升级、创新社会治理的目标。党的十九大报告于2017年10月18日发表，其第五部分中提议"推动互联网、大数据、人工智能和实体经济深度融合"。2017年12月8日，中共中央政治局进行第二次有关实施国家大数据战略的集体学习。习近平总书记在主持学习时强调，大数据发展日新月异，我们应该审时度势、精心谋划、超前布局、力争主动，深入了解大数据发展现状和趋势及其对经济社会发展的影响，分析我国大数据发展取得的成绩和存在的问题，推动实施国家大数据战略，加快完善数字基础设施，推进数据资源整合和开放共享，保障数据安全，加快建设数字中国，更好服务我国经济社会发展和人民生活改善。

2. 建设国家数字经济创新发展试验区

2019 年 10 月 20 日，国家数字经济创新发展试验区启动会在浙江乌镇顺利举行。会议发布了《国家数字经济创新发展试验区实施方案》，并向 6 个"国家数字经济创新发展试验区"授牌，分别为浙江省、河北省（雄安新区）、福建省、广东省、重庆市、四川省的试验区。由此，试验区创建工作正式启动。会议强调，各试验区要致力于树立我国数字经济创新发展的模范带头作用，努力实现做强做大数字经济目标，成为支撑国民经济高质量发展的重要力量。为进一步落实数字经济战略的实施，推动数字产业化和产业数字化的快速发展，促进引导新经济的形成与发展，扎实推进国家数字经济创新发展试验区的建设，打造以新动能为核心的经济发展新格局，助力现代化产业体系的构建，实现经济高质量发展的目标，《关于推进"上云用数赋智"行动 培育新经济发展实施方案》于 2020 年 4 月 7 日由国家发展改革委、中央网信办联合发布。该方案指出国家数字经济创新发展试验区要努力"两手抓"疫情防控工作和经济社会发展工作，积极实现传统产业的数字化转型目标，全力推动以数字经济为代表的新经济发展的培育工作。

3. 加快培育数据要素市场

数据要素市场建设是推动数字经济发展的重要抓手。为深化进行要素市场化配置的改革任务，完成要素自主有序流动的推进工作，提高要素资源配置的效率、达成向全社会及市场注入活力的目标，促进经济发展关于质量、效率、动力的变革，2020 年 3 月 30 日中共中央、国务院印发《关于构建更加完善的要素市场化配置体制机制的意见》，对推进要素市场化改革进行了总体部署。该意见提出了三点有关加快培育数据要素市场的要求。第一，推进政府数据开放共享。优化经济治理基础数据库，加快推动各地区各部门间数据共享交换，制定出台新一批数据共享责任清单。研究建立促进企业登记、交通运输、气象等公共数据开放和数据资源有效流动的制度规范。第二，提升社会数据资源价值。培育数字经济新产业、新业态和新模式，支持构建农业、工业、交通、教育、安防、城市管理、公共资源交易等领域规范化数据开发利用的场景。发挥行业协会商会作用，推动人工智能、可穿戴设备、车联网、物联网等领域数据采集标准化。第三，加强数据资源整合和安全保护。探索建立统一规范的数据管理制度，提高数据质量和规范性，丰富数据产品。研究如何根据数据性质完善产权性质。制定数据隐私保护制度和安全审查制度。推动完善适用于大数据环境下的数据分类分级安全保护制度，加强对政务数据、企业商业秘密和个人数据的保护。

4. 赋能传统产业转型升级

为贯彻习近平总书记关于统筹推进新冠肺炎疫情防控和经济社会发展工作的重要指示精神，以数字化、网络化、智能化赋能中小企业，助力中小企业疫情防控、复工复产和可持续发展，2020年3月18日，工业和信息化部办公厅印发了《中小企业数字化赋能专项行动方案》。该方案指出发展数字经济新模式新业态。扶持疫情防控时期涌现的在线办公、在线教育、远程医疗、无人配送、新零售等新模式新业态加快发展，培育壮大共享制造、个性化定制等服务型制造新业态，深挖工业数据价值，探索企业制造能力交易、工业知识交易等新模式，鼓励发展算法产业和数据产业，培育一批中小数字化服务商。打造开源工业 App 开发者社区和中小企业开放平台，搭建中小企业资源库和需求池，发展众包、众创、云共享、云租赁等模式。

5. 催生新产业新业态新模式

党中央、国务院高度重视数字经济发展，出台实施大数据战略等一系列重大举措，加快数字产业化、产业数字化发展，推动经济社会数字化转型。在各方的共同努力下，数字经济助推经济发展质量变革、效率变革、动力变革，增强了我国经济创新力和竞争力。特别是在抗击新冠肺炎疫情中，数字经济发挥了重要作用，积极引导、推进我国经济社会发展。为扶持新业态新模式有机健康循环发展，向消费市场注入活力，以促进社会就业空间扩大，挖掘数字经济的新优势，《关于支持新业态新模式健康发展 激活消费市场带动扩大就业的意见》于2020年7月14日由国家发展改革委、中央网信办、工业和信息化部等13个部门联合发布。该意见要求坚持新发展理念，坚持完成高质量发展的推进工作，坚持起主线作用的供给侧结构性改革，深入实施数字经济战略，并就积极探索线上服务新模式，激活消费新市场；加快推进产业数字化转型，壮大实体经济新动能；鼓励发展新个体经济，开辟消费和就业新空间；培育发展共享经济新业态，创造生产要素供给新方式以及保障措施进行了全方位部署。国家层面数字经济产业发展政策见表1。

表1　2016~2022年国家层面数字经济产业发展政策

国家层面政策	发布日期
《中华人民共和国国民经济和社会发展第十三个五年规划纲要》第二十七章:实施国家大数据战略	2016年3月17日
《党的十八届中央委员会向中国共产党第十九次全国代表大会的报告》第五部分:推动互联网、大数据、人工智能和实体经济深度融合	2017年10月18日
中共中央政治局第二次集体学习:实施国家大数据战略 加快建设数字中国	2017年12月8日
国家数字经济创新发展试验区启动会发布《国家数字经济创新发展试验区实施方案》	2019年10月20日
《中小企业数字化赋能专项行动方案》	2020年3月18日
《关于构建更加完善的要素市场化配置体制机制的意见》第六部分:加快培育数据要素市场	2020年3月30日
《关于推进"上云用数赋智"行动 培育新经济发展实施方案》	2020年4月7日
《关于支持新业态新模式健康发展 激活消费市场带动扩大就业的意见》	2020年7月14日
《中华人民共和国国民经济和社会发展第十四个五年规划和2035年远景目标纲要》第五篇:加快数字化发展　建设数字中国	2021年3月12日
中共中央政治局第三十四次集体学习:《把握数字经济发展趋势和规律，推动我国数字经济健康发展》	2021年10月18日
《"十四五"数字经济发展规划》	2022年1月12日
《求是》杂志发表《不断做强做优做大我国数字经济》,这是习近平总书记在十九届中央政治局第三十四次集体学习时讲话的主要部分	2022年1月16日

资料来源：本报告作者整理。

着眼数字经济未来，《中华人民共和国国民经济和社会发展第十四个五年规划和2035年远景目标纲要》（简称"十四五"规划）第五篇明确主张：

"加快数字化发展　建设数字中国。"相对于《中华人民共和国国民经济和社会发展第十三个五年规划纲要》对网络经济的强调,"十四五"规划强调了更为全面的数字化建设。"十四五"规划指出要迎接数字时代,激活数据要素潜能,推进网络强国建设,加快建设数字经济、数字社会、数字政府,以数字化转型为动力,推动生产、生活、治理的"三方式"变革。"十四五"规划明确指出,打造数字经济新优势,充分发挥海量数据和丰富应用场景优势,促进数字技术与实体经济深度融合,赋能传统产业转型升级,催生新产业新业态新模式,壮大经济发展新引擎。

2021年10月18日,中共中央政治局进行了有关推动我国数字经济健康发展的第三十四次集体学习。习近平总书记在主持学习时强调,近年来,互联网、大数据、云计算、人工智能、区块链等技术加速创新,日益融入经济社会发展各领域全过程,数字经济发展速度之快、辐射范围之广、影响程度之深前所未有,正在成为重组全球要素资源、重塑全球经济结构、改变全球竞争格局的关键力量。要站在统筹中华民族伟大复兴战略全局和世界百年未有之大变局的高度,统筹国内国际两个大局、发展安全两件大事,充分发挥海量数据和丰富应用场景优势,促进数字技术与实体经济深度融合,赋能传统产业转型升级,催生新产业新业态新模式,不断做强做优做大我国数字经济。

2022年1月12日,国务院发布《"十四五"数字经济发展规划》。该规划提出8方面的核心任务,包括:一是优化升级数字基础设施;二是充分发挥数据要素作用;三是大力推进产业数字化转型;四是加快推动数字产业化;五是持续提升公共服务数字化水平;六是健全完善数字经济治理体系;七是着力强化数字经济安全体系;八是有效拓展数字经济国际合作。另外,截至2025年数字经济要发展到全面扩展阶段,数字经济核心产业增加值要实现达到占GDP的比重10%的目标,提升以数字化、智能化为核心的发展能力,助力数字经济与实体经济二者有机结合,更加完善数字经济治理体系的建立,以实现我国数字经济竞争力和影响力稳步提升的目标。

（二）广东省及其各地市层面数字经济产业发展政策

1. 广东省数字经济产业发展政策

广东是制造业大省，服务业发达，拥有丰富的数字化应用市场和融合发展空间，产业数字化处于全国领先水平。2020 年 11 月，广东省人民政府印发了《广东省建设国家数字经济创新发展试验区工作方案》。该方案提出，到 2022 年，广东省数字经济增加值要实现突破 6 万亿元，即占 GDP 的比重超过 50% 的目标；数字经济得到进一步的发展，且就电子信息制造业营业收入、软件和信息服务业收入制定目标，分别为达到 5 万亿元、超过 1.4 万亿元；领先构建支撑数字经济高质量发展的新型基础设施体系，保持 5G 基站、窄带物联网基站规模全国第一位的地位，实现初步建成全省一体化、智能化、绿色化数据中心集群的奋斗目标。2018~2022 年广东省及其各地市层面数字经济产业发展政策概览如图 2 所示。

（1）"数字政府"改革建设

"数字政府"是"数字中国"体系的有机组成部分，是推动"数字中国"建设、推动社会经济高质量发展、再创营商环境新优势的重要抓手和重要引擎。广东省高度重视"数字政府"改革建设。广东省人民政府率先在全国部署"数字政府"改革建设工作，于 2018 年 10 月 26 日印发了《广东省"数字政府"建设总体规划（2018—2020 年）》，该规划以建设数字中国、智慧社会为导向，立足全省经济社会发展需要，以改革的思路和创新的举措，建立大数据驱动的政务信息化服务新模式，推进信息资源整合和深度开发，促进政务信息共享共用和业务流程协同再造，高标准打造"数字政府"，推进政府治理体系和治理能力现代化。2022 年 3 月 13 日，广东省人民政府发布《广东省数字政府改革建设 2022 年工作要点》，该要点指出 2022 年数字政府改革建设工作以广东省数字政府均衡协同发展为抓手，以数据要素市场化配置改革为引领，聚焦省域治理与政务服务两个着力点，全面深化"数字政府 2.0"建设，推动广东省数字化发展持续走在全国前列，推进政府治理体系和治理能力现代化再上新台阶。

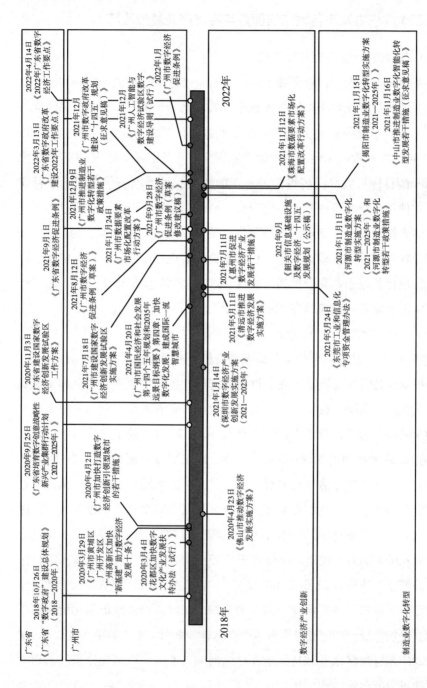

图 2 2018~2022 年广东省及其各地市层面数字经济产业发展政策概览

资料来源：本报告作者整理绘制。

（2）培育数字创意战略性新兴产业集群

为推进数字经济强省建设的工作部署，抢抓 5G、人工智能、云计算等新型基础设施提速建设的发展机遇，促进数字技术与文化创意深度融合，加快培育数字创意战略性新兴产业集群，促进产业迈向全球价值链高端，2020年 9 月 25 日，广东省工业和信息化厅联合中共广东省委宣传部、广东省文化和旅游厅、广东省广播电视局、广东省体育局印发《广东省培育数字创意战略性新兴产业集群行动计划（2021—2025 年）》，该计划阐述了广东省数字产业发展现状、存在的问题与面临的挑战、优势与发展机遇，明确了工作目标，即以数字技术为核心驱动力，以高端化、专业化、国际化为主攻方向，巩固提升优势产业，提速发展新业态，打造全球数字创意产业发展高地。在此基础上，明确了 5 个重点任务和 6 项重点工程。立足广东省数字创意产业发展基础，5 个重点任务包括：一是大力推进数字技术应用；二是促进游戏动漫产业健康发展；三是促进电竞、直播、短视频产业创新发展；四是大力提升创新设计能力；五是深化数字创意融合服务。结合各地各部门的工作基础和"十四五"规划思路，6 项重点工程包括以下 6 个方面。一是数字技术创新应用工程。加强关键核心技术攻关，开展数字技术创新应用示范，发展数字创意设备制造。二是原创 IP 培育工程。建设优质 IP 资源库，推动 IP 版权增值，加强知识产权创造和登记保护。三是新业态培育工程。打造一流电竞产业中心，推动直播、短视频优质发展，扩大数字创意新消费。四是工业设计能力提升工程。加快建设工业设计中心、研究院，大力提升基础能力，强化对产业集群的支撑服务。五是产业集聚发展工程。引导区域特色化发展，高标准建设产业载体并加强大中小企业协同发展。六是深化交流合作工程。大力开拓国际市场并加强粤港澳产业合作。

（3）建设国家数字经济创新发展试验区

为响应党中央、国务院发展数字经济的号召，深入推行《粤港澳大湾区发展规划纲要》，为广东数字经济发展增添活力，致力于达成变革有关质量、效率、动力的经济发展目标，以《国家数字经济创新发展试验区实施方案》为依据，广东省人民政府于 2020 年 11 月 3 日印发了《广东省建设国家数字经济创新发展试验区工作方案》。该方案要求如下：第一，从本质上落实习近平总书记提出的有关发展数字经济的重要指示要求；第二，把握有利机遇，加快粤港澳大湾区国际科技创新中心的建设；第三，以问题为导向，以促进要素流通、发展核心技术产业、加速数字化转型、提高数字化治理能力、建设数字经济基础设施等为关键环节，实现数字经济创新要素高效配置的强化；第四，重视并发挥数据的重要价值，适度率先构建新型基础设施体系，致力于将5G技术、人工智能、大数据、云计算、移动互联网、物联网、区块链等新型信息技术有机融合，实现数字化生产力得以提升的目标；第五，不断探索有关数字经济创新发展的新模式，总结归纳具有借鉴意义的创新发展经验，实现经济社会各领域数字化转型目标。该方案提出深入贯彻落实以上目标的六大重要任务：一是着力打造数字经济新型基础设施全国标杆；二是领先建立数据要素高效配置机制；三是打造数字经济创新高地；四是发挥特色的引领作用，促进重要领域数字化转型；五是以高质量举措推进建设"智慧广东"；六是打造数字经济开放合作先导示范区。

（4）推进数字产业化和产业数字化

广东省数字经济发展一直走在全国前列，2020年数字经济增加值规模约为5.2万亿元，居全国第一位。为了进一步促进数字经济发展，推进数字产业化和产业数字化，深度融合数字技术与实体经济，培育具备较强国际竞争力特点的数字产业集群，深入贯彻落实打造数字经济强省宗旨，以有关法律、行政法规为依据，结合广东省实际，《广东省数字经济促进条例》于广东省第十三届人民代表大会常务委员会第三十三次会议上审议通过，并从2021年9月1日开始实施。该条例的出台旨在进一步推动广东数字经济发展，深入融合数字技术与实体经济，推进数字产业化和产业数字化，全面建设数字经济强省。此外，明确提出数字经济发展以数字产业化和产业数字化为核心。数字产业化主要促进数字产品制造业、数字产品服务业、数字技术应用业、数字要素驱动业的发展；产业数字化主要促进工业数字化、农业数字化、服务业数字化等数字化效率提升业的发展。在数据资源开发利用保护方面，鼓励对数据资源实行全生命周期管理，挖掘数据资源要素潜力，发挥数据的关键资源作用和创新引擎作用，提升数据要素质量，培育数据要素市场，促进数据资源开发利用保护。在数字技术创新方面，围绕数据的产生、传输、存储、计算与应用环节，推动创新数字技术，加强转化数字技术基础研究、应用基础研究和技术成果，实现产业技术创新体系、共性基础技术供给体系的完善。在数字基础设施方面，重点统筹通信网络基础设施、新技术基础设施、存储和计算基础设施等建设，推进传统基础设施的数字化改造，布局卫星互联网等未来网络设施。为贯彻国务院《"十四五"数字经济发展规划》，落实好《广东省数字经济促进条例》，广东省制定《2022 年广东省数字经济工作要点》，于 2022 年 4 月 14 日发布。该文件制定了 2022 年广东省 7 个数字经济工作要点，其中明确指出大力推动数字产业化和加快推进产业数字化。其中大力推动数字产业化包括全面实施"广东强芯"工程；全面实施广东省核心软件攻关工程；增强关键技术创新能力；大力发展新一代电子信息产业；大力发展软件与信息技术服务业；大力发展人工智能和大数据产业。加快推进产业数字化包括全面加快制造业数字化转型；发展数字农业；发展数字商贸；发展数字金融；发展智慧交通和智慧物流。2018～2022年广东省数字经济产业发展政策汇总见表 2。

表 2　2018～2022 年广东省数字经济产业发展政策汇总

政策文件	日期	发布机构
《广东省"数字政府"建设总体规划（2018—2020 年）》	2018 年 10 月 26 日	广东省人民政府
《广东省培育数字创意战略性新兴产业集群行动计划（2021—2025 年）》	2020 年 9 月 25 日	广东省工业和信息化厅、中共广东省委宣传部、广东省文化和旅游厅、广东省广播电视局、广东省体育局
《广东省建设国家数字经济创新发展试验区工作方案》	2020 年 11 月 3 日	广东省人民政府
《广东省数字经济促进条例》	2021 年 9 月 1 日	广东省人民代表大会常务委员会
《广东省数字政府改革建设 2022 年工作要点》	2022 年 3 月 13 日	广东省人民政府
《2022 年广东省数字经济工作要点》	2022 年 4 月 14 日	广东省工业和信息化厅

资料来源：本报告作者整理。

2. 广州市数字经济产业发展政策

（1）打造数字经济创新引领型城市

为了把习近平总书记关于加快建设数字中国的重要讲话及重要指示精神落到实处，根据《国家数字经济创新发展试验区实施方案》和《粤港澳大湾区发展规划纲要》对广州市的目标定位，加快创新发展数字经济步伐，培育以数据为关键要素的数字经济新生态，在疫情防控及未来发展中持续扎实培育经济高质量发展新增长点，2020年4月2日，《广州市加快打造数字经济创新引领型城市的若干措施》由广州市人民政府印发。该措施紧密衔接提出了加快打造数字经济创新引领型城市的总体目标，以及打造粤港澳数字要素流通试验田、发展全国数字核心技术策源地以及培育成为全球数字产业变革新标杆的目标定位。在此基础上，围绕7个方面展开：一是聚焦国家定位，建设数字经济创新要素安全高效流通试验区；二是聚焦未来技术，加快数字经济关键核心应用科技攻关；三是聚焦重点载体，形成数字产业集聚发展"一核多点"的协同发展格局；四是聚焦设施完善，推进新型数字基础建设和高效共享；五是聚焦产业支撑，加速重点领域数字化转型；六是聚焦国际开放，推动技术研发与成果转化交流合作；七是聚焦关键要素，建立健全数字经济发展重点保障体系。在7个方面共提出22条有效提升广州市数字经济发展能级和创新能力的政策措施。

为了创新发展数字经济，实现数字技术与实体经济两者的深度融合，加快城市向数字化转型的步伐，完成经济高质量发展目标，建设具有全球影响力的数字经济引领型城市，结合广州市实际情况，广州市制定了《广州市数字经济促进条例（草案）》。2021年8月12日，广州市人大常委会公开征求社会各界对《广州市数字经济促进条例（草案）》的意见和建议。9月27日，作为广州市数字经济发展的顶层设计，《广州市数字经济促进条例（草案）》提交广州市第十五届人大常委会第五十五次会议审议，经市人大常委会一审。为贯彻民主立法原则，广泛听取民意，做好该法规案的审议工作，同年9月28日再次公开征求社会各界对《广州市数字经济促进条例（草案修改建议稿）》的意见和建议。该草案修改建议稿指出数字经济发展的核心是数字产业化和产业数字化，推进数字基础设施建设，实现数据资源价值化，提升城市治理数字化水平，营造良好发展环境，构建有关数字经济的全要素发展体系。借助数字产业化推进以数字要素驱动业、数字技术应用业、数字产品服务业、数字产品制造业为代表的数字经济核心产业的发展，借助产业数字化实现发展以工业数字化、服务业数字化、建筑业数字化、农业数字化为代表的数字化效率提升业的目标。《广州市数字经济促进条例》经广州市第十五届人大常委会第六十二次会议表决通过，于2022年1月出台。2022年5月13日，广州市人民政府新闻办公室召开《广州市数字经济促进条例》颁布实施新闻发布会，发布《〈广州市数字经济促进条例〉重点工作（2021—2023年）一览表》。经广东省十三届人大常委会第四十一次会议批准，《广州市数字经济促进条例》于2022年6月1日实施，该条例作为国内首部城市数字经济地方性法规，将为广州数字经济发展提供重要法治保障。

（2）加快数字化发展，建成国际一流智慧城市

着眼未来，2021年4月20日，《广州市国民经济和社会发展第十四个五年规划和2035年远景目标纲要》由广州市人民政府发布，其第四章明确提出"加快数字化发展，建成国际一流智慧城市"。贯彻落实数字中国战略，全力实现整体性转变、全方位赋能、革命性重塑目标，借助数字化转型力量变革生产方式、生活方式和治理方式。第一，打造数字经济引领型城市。发挥人工智能及数字经济的战略引擎作用，充分发挥海量数据和丰富应用场景优势，促进数字技术与实体经济深度融合，加快数字产业化和产业数字化步伐，着重数产融合标杆城市的建设。第二，大力建设数字社会。提高社会交往和日常生活数字化趋势的适应能力，为城乡建设、公共服务等方面注入数字技术活力，培育生活方式和社会运作模式数字化形态，构建全体人民共享、畅享的数字生活。第三，加快建设数字政府步伐。大力推进数字技术在政府管理服务中的应用，实现政府数字化转型、打造政务服务品牌、优化政府治理流程、提高科学决策和服务效率能力、探索治理超大城市数字化的新思路、新路径等目标。

（3）建设国家数字经济创新发展试验区

为深入贯彻国家数字经济发展战略，加快广州数字经济创新发展，着力提升数字化生产力，探索构建以数据为关键要素的数字经济新生态，以更高质量推进实现老城市新活力，《广州市建设国家数字经济创新发展试验区实施方案》于 2021 年 7 月 18 日由广州市人民政府发布。该方案提出把握打造国家数字经济创新发展试验区和粤港澳大湾区国际科技创新中心的双重机遇，发挥广州在国内国际双循环中的重要作用，以促进数字产业化和产业数字化为驱动，以要素流通、核心技术产业发展、数字化转型、数字治理、数字经济基础设施建设为重要环节来实现创新要素高效配置的强化，加快穗港澳规则对接，深化数字技术研发应用，推动数字经济核心产业发展，大力培育新业态新模式，加快经济社会中各领域数字化转型的步伐，领先摸索数字经济创新发展的新思路、新模式、新路径，将广州打造成为粤港澳数字要素流通试验田，乃至全国数字核心技术策源地，更是全球数字产业变革新标杆。并明确：基于 2 年左右时间的探索、实践，广州市构建形成具备适应数字经济发展能力的一系列体系，如政策法规体系、技术创新体系等。该方案还提出将广州打造成为国家数字经济创新发展试验区（广东）核心区的目标，实现有关数据要素高效配置、数字经济核心技术攻关等方面的新突破，归纳一批具备借鉴意义的创新发展经验，成为引领建设粤港澳大湾区、高质量发展全国数字经济的新引擎。在此基础上，还明确了 6 项重点任务：一是加快数字新型基础设施建设；二是促进创新要素安全高效流通；三是完善数字经济创新体系建设；四是提升数字经济核心产业优势；五是加速重点领域产业数字化转型；六是加强数字化公共服务供给。

为贯彻落实《国家数字经济创新发展试验区实施方案》等政策，加快新型基础设施建设，激发数字经济发展新动能，2020 年 3 月 29 日，广州市黄埔区人民政府印发《广州市黄埔区 广州开发区 广州高新区加快"新基建"助力数字经济发展十条》。该文件提出"新基建"是指以 5G、数据中心、人工智能、工业互联网、特高压、城际高速铁路和城际轨道交通、新能源汽车充电桩为代表的具有乘数效应的战略性、网络型基础设施。明确大力建设新设施、重奖高端新项目、培育产业新生态、创建特色新园区、焕发制造新活力、着力发展新业态、打造人才新高地和探索制度新变革。为积极推动数字文化产业发展，着力提升打造花都区数字文化产业软实力，2020年3月4日，广州市花都区人民政府印发《花都区加快数字文化产业发展扶持办法（试行）》，旨在引导企业积极开发文旅新产品、新业态，推动文旅市场尽快复苏，吸引更多更好的数字文化企业落户花都，促进数字文化产业在花都集聚发展。

（4）数据要素市场化配置改革

为进一步促进数据由资源向要素转化，推进数据要素市场化配置改革，促进产业和政府数字化转型，提高数字政府建设水平，2021年11月24日，广州市政府印发《广州市数据要素市场化配置改革行动方案》。该行动方案立足广州市作为超大城市的发展实际，坚持以"需求导向、机制创新、数据驱动、可持续发展"为牵引，依托改革建设广州市"数字政府"的成果，进行公共数据管理体制的创新任务，推进相关法规制度规范的完善工作，完成数据要素流通与监管规则得以健全的使命，按重点任务分工表确定的时间安排推进，力争"十四五"期间率先构建"统一、开放、法治、安全、高效"的数据要素市场体系，推进全域数据要素赋能，助力超大型城市治理体系和治理能力现代化。在此基础上，还提出了6项重点任务：一是加强制度体系建设；二是提升数据基础支撑能力；三是规范数据全生命周期管理；四是加强数据融合创新应用；五是促进数据要素流通交易；六是强化数据安全保护。

（5）制造业数字化转型

为将制造业数字化转型发展战略落到实处，实现广州市制造业数字化、网络化、智能化转型升级，推动制造业高质量发展，《广州市推进制造业数字化转型若干政策措施》于2021年12月9日由广州市政府印发。该措施明确了广州市的发展定位。第一，截至2023年，广州市的制造业要实现数字化、网络化、智能化升级，广泛推广以智能化生产、数字化管理等为代表的新模式。具体要求如下。一是助力3500家规模以上的工业企业实现数字化转型。二是引领 15 万家企业上云用云，促其降本、提质、增效。三是建立工业互联网平台，具体要求打造 20 个以上的工业互联网标识解析二级节点；引进培育 200 家左右的制造业数字化转型服务商；建立 1~2 个国家级别的跨行业、跨领域工业互联网平台；打造 10 个以上的具备特色、专业型的工业互联网平台。第二，截至 2025 年，全市的制造业实现数字化、网络化、智能化水平进一步提升。具体要求如下：一是推动 6000 家规模以上的工业企业进行数字化转型；二是助力 20 万家企业上云用云，以达到降本、提质、增效的效果。由此，广州市能借助数字化力量促使就业方式、生产方式、企业形态等完成变革，形成并广泛应用个性化定制的生产方式，建设成具有国际影响力的"定制之都"雏形，基本打造成为全球数产融合的标杆城市。依据以上发展目标，还提出了 4 个方面的举措：一是精准施策，分类推进制造业数字化发展；二是夯实数字化转型基础设施；三是开展技术创新行动；四是合力打造开放共赢的产业生态。

（6）数字政府改革建设

着眼未来，为打造创新型智慧城市引领者，广州市政务服务数据管理局在 2021 年 12 月公开征求《广州市数字政府改革建设"十四五"规划（征求意见稿）》意见。该规划（征求意见稿）在总结分析了广州市数字政府改革建设现状、问题和面临形势的基础上提出了"十四五"时期的总体要求，明确了依据全市"一盘棋""一张网""一朵云"原则，推进市域协调发展。同时创新了统领规划内容的整体布局，组织构建"四横四纵"架构体系，设计了与省、市、粤港澳大湾区协同发展的总体定位，明确五大主攻方向，包括布局数字政府新底座、开启智慧服务新体验、开创市域治理新格局、提升政府协同新效能、打造数据流通新格局。该规划（征求意见稿）提出，力争在未来五年，继续将广州打造成全国数字政府建设的标杆，实现广州全面数字化发展走在全国前列，并设置了具体可量化的指标。2020～2022 年广州市数字经济产业发展政策汇总见表 3。

表3 2020~2022 年广州市数字经济产业发展政策汇总

政策文件	日期	发布机构
《花都区加快数字文化产业发展扶持办法(试行)》	2020 年 3 月 4 日	广州市花都区人民政府
《广州市黄埔区 广州开发区 广州高新区加快"新基建"助力数字经济发展十条》	2020 年 3 月 29 日	广州市黄埔区人民政府
《广州市加快打造数字经济创新引领型城市的若干措施》	2020 年 4 月 2 日	广州市人民政府
《广州市国民经济和社会发展第十四个五年规划和 2035 年远景目标纲要》第四章:加快数字化发展,建成国际一流智慧城市	2021 年 4 月 20 日	广州市人民政府
《广州市建设国家数字经济创新发展试验区实施方案》	2021 年 7 月 18 日	广州市人民政府
《广州市数字经济促进条例(草案)》公开征询意见	2021 年 8 月 12 日	广州市人大常委会
《广州市数字经济促进条例(草案修改建议稿)》公开征询意见	2021 年 9 月 28 日	广州市人大常委会
《广州市数据要素市场化配置改革行动方案》	2021 年 11 月 24 日	广州市人民政府
《广州市推进制造业数字化转型若干政策措施》	2021 年 12 月 9 日	广州市人民政府
《广州市数字政府改革建设"十四五"规划(征求意见稿)》	2021 年 12 月 9 日	广州市政务服务数据管理局
《广州人工智能与数字经济试验区数字建设导则(试行)》	2021 年 12 月 24 日	广州市工业和信息化局;广州市规划和自然资源局
《广州市数字经济促进条例》出台	2022 年 1 月	广州市人大常委会

资料来源:本报告作者整理。

3. 广东省其他各地市数字经济产业发展政策

除广州市外,广东省其他各地市也积极推进数字经济产业发展。2021年 1 月 14 日,为抢抓数字经济产业密集创新和高速增长的战略机遇,加快推动数字经济产业创新发展,着力打造国家的数字经济创新发展试验区,《深圳市数字经济产业创新发展实施方案 (2021—2023 年)》由深圳市人民政府发布。该方案提出数字经济产业发展的重点领域有 12 个,分别为高端软件产业、人工智能产业、区块链产业、大数据产业、云计算产业、信息安全产业、互联网产业、工业互联网产业、智慧城市产业、金融科技产业、电子商务产业、数字创意产业。该实施方案围绕数字经济产业发展的痛点难点问题，提出深圳市数字经济产业发展的9项重点任务，具体包括提升科技创新引领能力、推动信息技术应用创新、深化制造业数字化转型、加快服务业数字化应用、优化数字经济产业布局、发挥数据要素核心价值、夯实新型信息基础设施、打造数字经济公共服务平台、深化国内外合作与交流等。

2020年4月，佛山市为探索高质量发展之路，制定了《佛山市推动数字经济发展实施方案》。该方案制定了"三步走"战略：一是到2022年，佛山市发展成为省内数字经济发展的重要生力军；二是到2025年，佛山市数字经济综合实力在全国地级市中名列前茅，发展成为新型的全国数字经济发展基地，成为全国制造业数字化转型示范区的先锋模范；三是到2035年，佛山市力求位居全国数字经济发展标杆城市行列。结合其发展根基、经济模式、要素特色，佛山市部署五大重点任务：一是建设新型基础设施，二是发展数字产业化，三是转型升级产业数字化，四是实现数字经济发展生态优化，五是构建创新发展数字经济的格局。

2021年5月，清远市为加快数字经济发展，推动全市经济社会发展实现质量变革、效率变革和动力变革，制定了《清远市推进数字经济发展实施方案》。该方案确定到2022年，新型数字基础设施全面升级，公共领域数据资源共享开放机制建立健全；数字经济体系基本建立，数字创新要素高度集聚，数字技术与产业发展实现深度融合，实现蓬勃发展工业、农业、服务业转型数字化、智能化的目标；培育一系列有关数字产业的项目，建成全省领先、国内有重要影响力的数据中心集聚区，形成3个以上产业集聚度高、规模效益显著的数字产业基地。在此基础上，该方案提出4项主要任务：一是推进数字政府建设，二是提升数字基础设施服务能力，三是加快数字产业发展，四是加快产业数字化转型。

2021年5月24日，东莞市为深入贯彻制造业高质量发展有关工作部署，印发了《东莞市工业和信息化专项资金管理办法》。由东莞市财政预算安排用于支持产业发展的专项资金，主要用于推进智能制造、技术改造、信息化发展、中小企业（民营经济）发展、产业链补强、绿色制造、工业设计能力提升以及落实上级部门和市委市政府部署的各类工业和信息化工作。

2021年7月，惠州市为抓住"新基建"的发展机会，完成数字产业化和产业数字化双引擎的启动工作，加快打造数字经济产业生态的步伐，形成发展的新动力，制定了《惠州市促进数字经济产业发展若干措施》。围绕促进数字经济产业发展，该措施分为6个部分：一是完成数字经济产业重点项目的引进工作，二是加快产业数字化转型的步伐，三是落实扶持数字经济产业企业的研发创新任务，四是发展数字经济新业态，五是建设强化数字经济产业载体，六是完善数字经济产业的人才服务体系。

2021年9月，韶关市为抢抓新一轮科技革命及产业变革的机遇，加大信息基础设施建设力度，实现数字经济起步发展，制定了《韶关市信息基础设施及数字经济"十四五"发展规划（公示稿）》。该规划提出：截至2025年，韶关市要形成具备高速、安全、移动、泛在特点的信息基础设施体系的雏形，其水平能达到国内先进的级别；深入融合传统产业和数字技术，完成一批具有借鉴意义的、优秀的示范项目的培育工作；不断扩大数字产业化规模，大数据及软件信息技术服务业形成一批骨干企业，培育一批数字经济创新型中小企业，催生一批数字经济新业态；全市数字化治理水平显著提升，更好地服务于社会民生；全市数字经济内生发展的产业体系初步建立，数字经济成为全市经济高质量发展的新引擎。在此基础上，还提出4项主要任务和5个重点工程，其中主要任务包括：一是推动数字经济基础设施体系的建设，二是挖掘数字经济发展的新动能，三是加快转型升级实体经济数字化的步伐，四是政府数字化治理能力得到全面提升。重点工程包括：一是以招商"引源"工程促数字产业，二是以人才"留根"工程发展数字经济，三是以"培土"工程形成数字经济园区，四是以"育苗"工程实现数字技术创新，五是以"扬名"工程影响数字经济。

2021年11月，河源市为加快数字化发展，全面推进制造业数字化转型升级，实现形成河源市战略性支柱产业集群的目标，促进高质量发展战略性新兴产业集群，制定了《河源市制造业数字化转型实施方案（2021—2025年）》。该方案以广东省培育发展的 20 个战略性产业集群为依据，立足河源市现有产业基础及新兴产业未来发展走向，重点关注以新一代电子信息、先进材料、汽车等为代表的六大战略性支柱产业集群，聚焦以半导体与集成电路、前沿新材料等为代表的五大战略性新兴产业集群，发挥行业龙头骨干企业、中小型制造企业、产业园和产业集聚区、产业链供应链的数字转型的切入点作用，将智能硬件及装备、工业软件、平台、网络等作为基本支柱，由此拉动相关产业发展的应用，蓬勃发展数字经济的新业态。在此基础上，为实现《河源市制造业数字化转型实施方案（2021—2025 年）》的深入贯彻落实，着重发展战略性支柱产业集群和战略性新兴产业集群，加快转型升级制造业数字化步伐，河源市又制定了《河源市制造业数字化转型若干政策措施》。该措施提出了 9 个方面的举措：一是扶持龙头骨干企业，完成数字化转型任务；二是助力中小型制造企业，促其数字化转型；三是支持产业园、产业集聚区，实现数字化改造；四是推动针对工业软件的研发及应用推广工作；五是大力建设数字化基础设施；六是完成制造业数字化转型服务商的培育工作；七是留住人才，强化支撑；八是加强金融服务模式创新；九是提升公共服务能力。

2021 年 11 月，珠海市为进一步打通数据壁垒，促进数据流动，全面发挥数据要素助力特区经济社会高质量发展的战略性和全局性作用，制定了《珠海市数据要素市场化配置改革行动方案》。该方案的预期成效分为 2 个阶段，第一个阶段是到 2023 年，数字经济总体规模进入粤港澳大湾区第一梯队；第二个阶段是到 2030 年，全市数据资源配置能级全面提升，打造成为国内数据要素资源高地和国际化数据融合支点。在此基础上，还提出 5 项主要任务：一是加快制度建设，建立数据要素规范保障体系，为全面数据赋能提供坚实的制度保障；二是深化珠澳合作，打造跨境数据服务能力体系，为两地全方位合作提供坚实数据底座；三是变革管理模式，健全公共数据开发利用体系，为经济社会转型发展提供强劲主动力；四是坚持双轮驱动，培育特色数据要素市场体系，让数据成为特区城市能级壮大倍增器；五是兜牢安全底线，完善数据安全运行保护体系，为数据市场的健康发展提供安全保障。

2021 年 11 月，揭阳市为加快数字化发展的战略部署，深刻把握数字经济发展走向及发展特点，稳抓在新一轮科技革命和产业变革中的新机会，促进数字技术与实体经济深度融合，全面推进制造业数字化转型，促使数字技术对经济发展形成增效作用，挖掘数字经济新动能，推动高质量地发展揭阳市经济工作，制定了《揭阳市制造业数字化转型实施方案（2021—2025年）》。该方案提出了两阶段总体目标。一是到 2023 年，要完成发展向数字化转型的标杆制造业企业的培育工作。具体要求包括扶持 800 家规模以上工业企业，推动其进行数字化转型；引领 2000 家企业上云用云，实现降本、提质、增效效果。二是到 2025 年，要显著升级数字化转型。具体要求包括显著提升揭阳市的战略性支柱产业集群和战略性新兴产业集群数字化水平；促进超过 1350 家规模以上工业企业广泛应用新一代信息技术，实现数字化转型。在此基础上，该方案还提出如下工作任务：一是扶持龙头骨干企业，完成数字化转型；二是支持中小型制造企业，促其数字化转型；三是支持产业园、产业集聚区，实现数字化改造；四是推广工业软件研发及应用范围；五是大力建设数字化基础设施；六是完成制造业数字化转型服务商的培育工作。该方案同时提出了数字化转型及赋能重点方向，即战略性支柱产业集群，包括现代轻工纺织产业集群、智能家电产业集群、绿色石化产业集群、先进材料产业集群、新一代电子信息产业集群、软件与信息服务产业集群、生物医药与健康产业集群和现代农业与食品产业集群；战略性新兴产业集群，包括高端装备制造产业集群、新能源产业集群、安全应急与环保产业集群。

2021 年 11 月，中山市为落实《广东省数字经济促进条例》《广东省人民政府关于印发广东省制造业数字化转型实施方案及若干政策措施的通知》，发展先进制造业，推动工业互联网、5G、人工智能、大数据等数字技术和实体经济深度融合，加快制造业数字化转型和智能化改造，制定了《中山市推进制造业数字化智能化转型发展若干措施（征求意见稿）》。该文件提出 5 个方面的措施：一是树立制造业企业数字化智能化转型标杆示范；二是推动制造业企业数字化智能化转型；三是做强数字化智能化供给能力；四是支持建设数字化示范产业园区、产业集群试点；五是促进制造业数字化智能化转型，加大金融财政支持力度。2020~2021年其他各地市数字经济产业发展政策汇总见表4。

表4　2020~2021年其他各地市数字经济产业发展政策汇总

政策文件	日期	城市
《佛山市推动数字经济发展实施方案》	2020年4月23日	佛山市
《深圳市数字经济产业创新发展实施方案（2021—2023年）》	2021年1月14日	深圳市
《清远市推进数字经济发展实施方案》	2021年5月11日	清远市
《东莞市工业和信息化专项资金管理办法》	2021年5月24日	东莞市
《惠州市促进数字经济产业发展若干措施》	2021年7月11日	惠州市
《韶关市信息基础设施及数字经济"十四五"发展规划（公示稿）》	2021年9月10日	韶关市
《河源市制造业数字化转型实施方案（2021—2025年）》和《河源市制造业数字化转型若干政策措施》	2021年11月1日	河源市
《珠海市数据要素市场化配置改革行动方案》	2021年11月12日	珠海市
《揭阳市制造业数字化转型实施方案（2021—2025年）》	2021年11月15日	揭阳市
《中山市推进制造业数字化智能化转型发展若干措施（征求意见稿）》	2021年11月16日	中山市

资料来源：本报告作者整理。

其他各地市围绕"数字政府"出台了一系列政策。2019年4月，云浮市作为广东省"数字政府"改革建设的5个试点地市之一，承接广东省"数字政府"改革建设的要求，找准自身定位，提出具有云浮本地特色的整体解决方案，制定了《云浮市"数字政府"建设总体规划（2019—2021年）》，助力云浮市加快融入粤港澳大湾区，建设并提供一流的政务服务环境，带动社会治理能力的提升，促进数字产业升级发展。

2019年12月，潮州市为落实国家"互联网+政务服务"和广东省"数字政府"改革建设的决策部署，推动政务信息化建设体制改革，制定了《潮州市"数字政府"建设总体规划（2019—2021年）》，以加快推进"数字政府"改革建设工作，努力实现后发赶超、弯道超车，为潮州市全力打造沿海经济带上的特色精品城市增添新动能、培育新优势。

2019 年 12 月，汕头市为推进"数字政府"改革建设，提升政府履职能力、实现治理体系和治理能力现代化，分别制定了《汕头市"数字政府"建设规划（2019—2021 年）》和《汕头市"数字政府"建设规划（2019—2021 年）实施方案》，并成立汕头市"数字政府"改革建设工作领导小组、"数字政府"改革建设专家委员会以及"数字政府"运营中心等，以加快"数字政府"改革建设。

2019 年 12 月，汕尾市高度重视"数字政府"改革建设工作，将其作为推动社会经济高质量发展、优化营商环境的重要抓手和重要引擎，制定了《汕尾市"数字政府"建设总体规划（2019—2021 年）》，以系统推进政务信息化应用建设和数据治理，促进政府治理体系和治理能力现代化。

2020 年 4 月，江门市作为广东省"数字政府"改革建设的 5 个试点地市之一，为深化"数字政府"综合改革及"政务服务无堵点城市"建设，提升政府治理能力和水平，制定了《江门市"数字政府"综合改革试点 2020 年工作要点》。这有助于江门市全方位融入粤港澳大湾区，建设珠江西岸新增长极，为沿海经济带上的江海门户增添新动能新优势。

2020 年 12 月，湛江市以"数字政府"建设为重大契机，以"放管服"改革为抓手，全面推进"数字政府"的建设工作，制定了《湛江市"数字政府"建设总体规划（2020—2022 年）》，以加快推动治理体系和治理能力现代化，推动大数据与政府治理深度融合。

2021 年 4 月，阳江市为做好 2021 年数字政府改革建设工作，进一步夯实阳江市数字政府基础能力，打造数字政府改革建设的欠发达地市样板，深化"放管服"改革，制定了《阳江市数字政府改革建设 2021 年工作要点》，以加快政府职能转变，提升政府治理能力和水平，推动营商环境不断改善。

2021 年 5 月，韶关市坚持大平台共享、大数据慧治、大系统共治，大力支持数字化发展工作，全力构建数字政府改革建设新格局，制定了《韶关市数字政府改革建设 2021 年工作要点》，全力推动夯实粤北生态屏障，打造韶关绿色发展标杆。

2021年7月，肇庆市作为广东省数字政府改革建设的5个试点地市之一，为了推进政府治理体系和治理能力现代化的目标，借助大平台共享、大数据慧治、大系统共治，大力形成数字政府的改革建设新格局，制定了《肇庆市数字政府改革建设2021年工作要点》，引领肇庆市"走对走实走好"高质量发展的路径，加快绿色崛起步伐，力争跻身大湾区新秀行列。

2021年9月，梅州市为深入推进数字政府改革建设，发展数字经济。同时为融入粤港澳大湾区、深圳先行示范区建设，积极对接广州"四个出新出彩"，推动老区苏区振兴发展及争当北部生态发展区先行示范市提供强有力的支撑，制定了《梅州市数字政府改革建设"十四五"规划》，以促进政府治理能力和水平的不断提升。

2021年11月，茂名市为深化数字政府改革建设，充分发挥数据的关键价值，打造理念先进、管理科学、平战结合、全市一体的"一网统管"体系，制定了《茂名市数字政府市域治理"一网统管"三年行动计划》，促进市域治理体系和治理能力现代化，实现与政务服务"一网通办"、市民生活"一码慧民"相互促进、融合发展，不断增强人民群众的获得感、幸福感和安全感。2019~2021年其他各地市"数字政府"建设相关政策汇总见表5。

表5 2019~2021年其他各地市"数字政府"建设相关政策汇总

政策文件	时间	城市
《云浮市"数字政府"建设总体规划(2019—2021年)》	2019年4月	云浮市
《潮州市"数字政府"建设总体规划(2019—2021年)》	2019年12月12日	潮州市
《汕头市"数字政府"建设规划(2019—2021年)》	2019年12月24日	汕头市
《汕尾市"数字政府"建设总体规划(2019—2021年)》	2019年12月31日	汕尾市
《江门市"数字政府"综合改革试点2020年工作要点》	2020年4月8日	江门市
《湛江市"数字政府"建设总体规划(2020—2022年)》	2020年12月26日	湛江市
《阳江市数字政府改革建设2021年工作要点》	2021年4月27日	阳江市
《韶关市数字政府改革建设2021年工作要点》	2021年5月11日	韶关市
《肇庆市数字政府改革建设2021年工作要点》	2021年7月4日	肇庆市
《梅州市数字政府改革建设"十四五"规划》	2021年9月27日	梅州市
《茂名市数字政府市域治理"一网统管"三年行动计划》	2021年11月12日	茂名市

资料来源：本报告作者整理。

三 广东省数字经济创新水平总体情况

2020 年广东省数字经济增加值规模约为 5.2 万亿元，居全国第一位。整体而言，广东省的数字经济区域发展水平呈现梯队发展的特征，以珠三角核心区为中心的区域数字经济创新水平位于广东省前列；其他地区在数字经济创新发展方面尚未有突出贡献，但蕴含较大潜力。基于广东省数字经济各区域的发展现状，本报告从区域、行业和企业类型等方面多维度全景式刻画广东省数字经济创新水平，并评估数字经济发展态势。报告建议建立全省数字经济发展简报机制，按季度收集数字经济发展的动态信息，分析全省各地市、各数字经济产业以及相关企业的发展态势，为准确研判全省数字经济发展状况提供数据支持，为进一步促进数字经济发展、推进数字产业化和产业数字化、推动数字技术与实体经济深度融合、打造具有国际竞争力的数字产业集群、全面建设数字经济强省提供决策依据。

本报告收集了广东省 21 个地市 42295 家高新技术企业和科技型中小企业 2016~2020 年的有效授权专利和专利申请数据，通过检索专利的 IPC 号及专利摘要的关键词，筛选得到数字经济相关专利数据 2385623 条。采用因子分析、主成分分析、层次分析等多种方法，构建广东省（大湾区）数字经济创新水平指标，从数字经济行业大类、中类、小类，以及地市、区县等不同维度开展数字经济创新水平全景式评估，分析各地市、各产业、各企业的数字经济创新发展态势。

（一）全省三大经济区数字经济创新水平总体情况

本部分主要从高新技术企业数、科技型中小企业数、企业总数、专利总数、综合创新水平、周期创新水平、持续创新水平以及价值创新水平等维度对广东省三大经济区的数字经济创新水平进行评估。广东省三大经济区划分如下："一核"为珠三角核心区 9 市，"一带"为沿海经济带（东西两翼）7 市，"一区"为北部生态发展区 5 市。广东省数字经济企业数量见表 6。

表6 广东省数字经济企业数量分布

单位：家

区域	数字经济企业数量
一核（珠三角核心区）	40237
一带［沿海经济带（东翼）］	639
一带［沿海经济带（西翼）］	344
一区（北部生态发展区）	1075

资料来源：本报告作者整理。

从全省三区的整体数字经济创新水平来看，珠三角核心区的企业总数、专利总数和综合创新水平占据绝对优势，占比分别为95%、99%和97%，具有明显集聚效应。沿海经济带的专利总数比北部生态发展区的多1819条，但其综合创新水平却比北部生态发展区的低9616，说明北部生态发展区企业的平均创新水平更高，具有后发优势。

珠三角核心区数字经济创新水平情况分析。如图3所示，珠三角核心区的高新技术企业为33314家，科技型中小企业为27298家，企业总数为40237家，可见高新技术企业是促进珠三角核心区数字经济创新发展的中坚力量。专利总数为401467条，占比为99.03%；综合创新水平为1657757，平均创新水平为41.2。通过上述数据可以看出，广东省的数字经济创新主要力量和驱动力集中在珠三角核心区，是衡量广东数字经济创新水平的重要区域。

沿海经济带数字经济创新水平情况分析。如图3所示，沿海经济带的高新技术企业为804家，科技型中小企业为720家，企业总数为983家。专利总数为2882条，占比为0.71%，综合创新水平为20871，平均创新水平为21.2。相较于珠三角核心区，沿海经济带7个地市在企业数量、专利数量和创新能力等方面有较大的差距。

北部生态发展区数字经济创新水平情况分析。如图3所示，北部生态发展区的高新技术企业为813家，科技型中小企业为820家，企业总数为1075家。专利总数为1603条，占比为0.4%；综合创新水平为30487，平均创新水平为28.4。可见，相较于沿海经济带，北部生态发展区尽管专利数量略少，其在企业

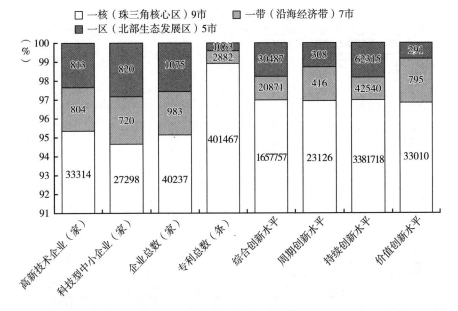

图3 广东省三大经济区的总体情况

注：一核（珠三角核心区）9市包括广州、深圳、珠海、佛山、惠州、东莞、中山、江门、肇庆，一带（沿海经济带）7市包括东翼4市（汕尾、揭阳、汕头、潮州）和西翼3市（湛江、茂名、阳江），一区（北部生态发展区）5市包括韶关、河源、梅州、清远、云浮，下同；一个企业可能归属于两种企业类型，下同。

资料来源：本报告作者整理绘制。

数量、综合创新水平和平均创新水平上都略胜一筹。这说明了北部生态发展区虽然目前数字经济创新水平较为落后，但整体呈现不断向上的发展趋势。

（二）各地市与区县数字经济创新水平总体情况

广东省21地市的数字经济创新水平如图4所示。从各地市数字经济综合创新水平看，珠三角核心区的数字经济创新水平位于全省前列，其中深圳、广州、东莞、佛山、珠海列前5位。北部生态发展区5市整体表现较好，除了云浮以外，其他4个城市的数字经济创新水平位列沿海经济带（东西两翼）6个城市之前，清远表现抢眼，列全省第10位。沿海经济带7个城市中，只有东翼的汕头排在全省第11位，其他城市均在15位以后。

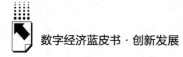

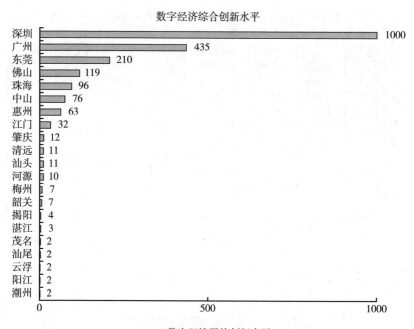

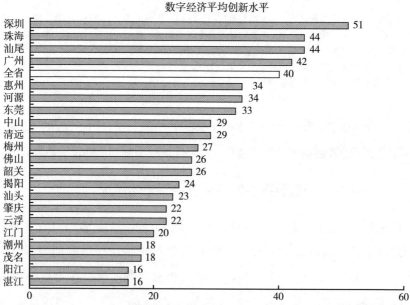

图 4　广东省 21 地市数字经济创新水平

资料来源：本报告作者整理绘制。

从各地市数字经济平均创新水平看（各地市综合创新水平与各地市数字经济相关企业数量的比值，反映了某地区数字经济创新活动的集中程度），"一核一带一区"各地市平均创新水平排名和综合创新水平排名表现出较大差异。珠三角核心区9市只有深圳、珠海、广州3个城市处于全省平均创新水平以上，6个城市进入全省前10位。沿海经济带7个城市中，东翼的汕尾平均创新水平列全省第3位。北部生态发展区的河源、清远、梅州、韶关4市处于全省中间位置，整体好于沿海经济带。

广东省179个区县数字经济创新水平前20位的情况如图5所示。从各区县数字经济综合创新水平看，前20位的区县均属于珠三角核心区城市，深圳市有7个区进入前20名，其中宝安区、南山区、龙华区、龙岗区列前4位；广州有7个区进入前20名，黄埔区、天河区分别列第5位、第6位；珠海的香洲区列第7位。

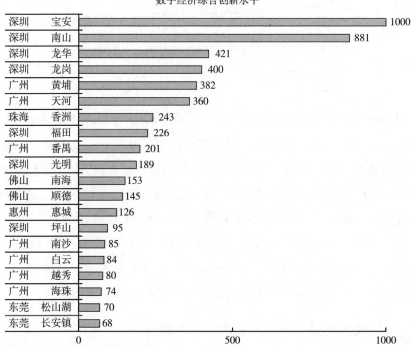

数字经济综合创新水平

深圳	宝安	1000
深圳	南山	881
深圳	龙华	421
深圳	龙岗	400
广州	黄埔	382
广州	天河	360
珠海	香洲	243
深圳	福田	226
广州	番禺	201
深圳	光明	189
佛山	南海	153
佛山	顺德	145
惠州	惠城	126
深圳	坪山	95
广州	南沙	85
广州	白云	84
广州	越秀	80
广州	海珠	74
东莞	松山湖	70
东莞	长安镇	68

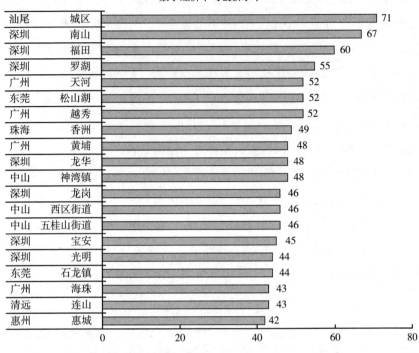

数字经济平均创新水平

图5　全省各区县数字经济创新水平排名（TOP20）

资料来源：本报告作者整理绘制。

从各区县数字经济平均创新水平看，全省有25个区高于全省平均创新水平，占比14%，有154个区低于全省平均创新水平，占比86%。东翼汕尾市的城区列全省第1位，表现突出；深圳的南山区、福田区、罗湖区分别列第2~4位，广州市天河区列第5位，东莞市的松山湖列第6位。中山市有3个区、北部生态发展区的清远市有1个区进入全省前20位。

图6给出了各区县人均GDP与各区县数字经济平均创新水平的关系。可以看出，各区县人均GDP与各区县数字经济平均创新水平总体呈现正相关关系，当人均GDP超过200000元后，其正相关性更加明显。

（三）数字经济各产业创新水平总体情况

按照国家统计局给出的分类方法，数字经济产业一共分5个大类32个

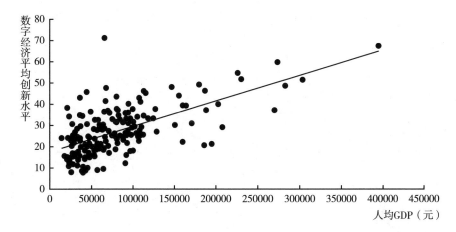

图6 广东省各区县人均 GDP 与数字经济平均创新水平之间的关系

资料来源：本报告作者整理绘制。

中类 156 个小类。经过数据筛选，广东省数字经济创新活动一共涉及数字经济 5 个大类产业中的 16 个中类产业 96 个小类产业，但数字产品服务业中的数字产品批发，数字要素驱动业中的互联网金融、数字内容与媒体、数据资源与产权交易，数字化效率提升业中的智能交通、智慧物流、数字金融、数字商贸、数字社会、数字政府等 16 个中类的 60 个小类产业未进入此次测算范围（从近 5 年有效专利角度来看，未发现相关数字经济创新活动）。

从大类产业综合创新水平看，全省的数字产品制造业、数字技术应用业综合创新水平居于五大类产业前 2 位，数字化效率提升业、数字要素驱动业和数字产品服务业分别排在第 3 位、第 4 位和第 5 位。珠三角核心区综合创新水平居于全省前列，北部生态发展区 5 市（除数字要素驱动业外）综合创新水平高于沿海经济带（东西两翼）7 市，沿海经济带（东翼）4 市的数字产品制造业、数字产品服务业创新水平高于沿海经济带（西翼）3 市，沿海经济带（西翼）3 市在数字技术应用业、数字要素驱动业和数字化效率提升业方面略高于沿海经济带（东翼）4 市。全省来看，除了数字产品制造业各地区创新水平差异较大和珠三角核心区 9 市在数字产品制造业、数字技术应用业领先较多以外，各地市在数字化效率提升业、数字要素驱动业和数字产品服务业领域的综合创新水平差异不是很明显。广东省大类产业数字经济综合创新水平如图 7 所示。

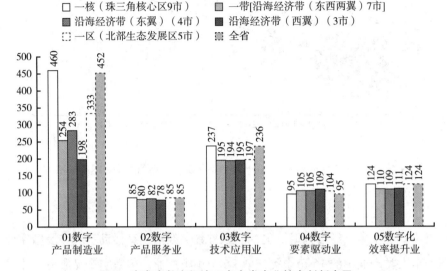

图 7　广东省数字经济 5 个大类产业综合创新水平

注：一个企业可能归属于多个数字经济大类产业。下同。
资料来源：本报告作者整理绘制。

从中类产业综合创新水平看，电子元器件及设备制造、智能设备制造、数字媒体设备制造、计算机制造、其他数字产品制造业列全省前 5 位，这 5 个中类产业均属于大类产业中的数字产品制造业。数字技术应用业有 3 个中类产业进入前 10 位，分别是互联网相关服务、信息技术服务和软件开发。数字化效率提升业的智能制造列第 10 位；数字产品服务业仅涉及数字产品维修。数字要素驱动业中的互联网平台、信息基础设施建设排名靠后，分别列第 14 位、第 15 位。广东省数字经济 16 个中类产业的创新水平排名如图 8 所示。

同时，从中类产业平均创新水平看，电子元器件及设备制造、数字媒体设备制造、智能设备制造的平均创新水平依然处于前 3 位；通讯及雷达设备制造、智慧农业进入前 5 位；信息基础设施建设平均创新水平排名较综合创新水平有所提升，进入前 10 位；智能制造依然处于全省中间位置，数字产

数字经济中类产业综合创新水平

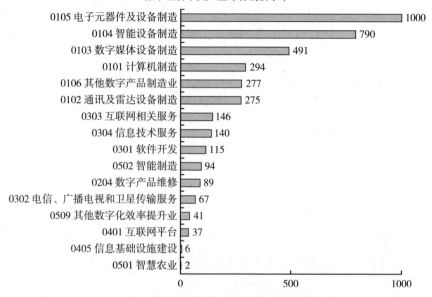

数字经济中类产业平均创新水平

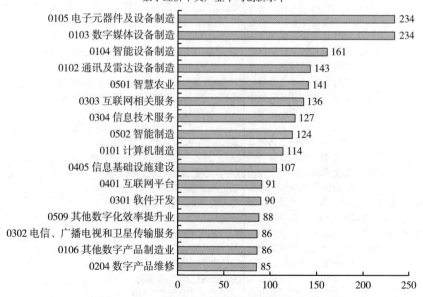

图8 广东省数字经济16个中类产业创新水平排名

资料来源：本报告作者整理绘制。

品维修平均创新水平处于全行业最后。

从小类产业综合创新水平（TOP20）排名看，可穿戴智能设备制造、智能车载设备制造、增材制造装备制造、其他元器件及设备制造、计算机零部件制造列前5位，智能照明器具制造、电力电子元器件制造、集成电路制造、电视机制造、通信系统设备制造分别列第6~10位，如图9所示。

位列前20的数字经济小类产业中有19个均属于大类产业中的数字产品制造业，说明目前数字产品制造业是广东省数字经济创新活动的核心产业领域。排名前20的数字经济小类产业中，智能设备制造（6个小类产业）、电子元器件及设备制造（6个小类产业）产业所占比重较大，共涉及12个小类产业，占比60%；数字媒体设备制造（3个小类产业）、通讯及雷达设备制造（2个小类产业），共涉及5个小类产业，占比25%；其他数字产品制造业、计算机制造、软件开发各涉及1个小类产业。

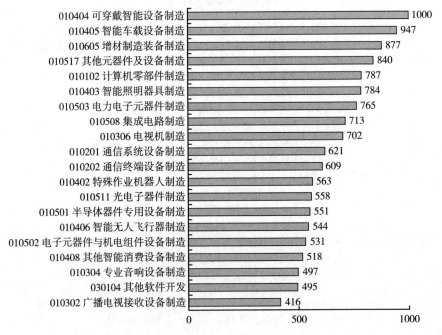

数字经济小类产业综合创新水平（TOP20）

产业	数值
010404 可穿戴智能设备制造	1000
010405 智能车载设备制造	947
010605 增材制造装备制造	877
010517 其他元器件及设备制造	840
010102 计算机零部件制造	787
010403 智能照明器具制造	784
010503 电力电子元器件制造	765
010508 集成电路制造	713
010306 电视机制造	702
010201 通信系统设备制造	621
010202 通信终端设备制造	609
010402 特殊作业机器人制造	563
010511 光电子器件制造	558
010501 半导体器件专用设备制造	551
010406 智能无人飞行器制造	544
010502 电子元器件与机电组件设备制造	531
010408 其他智能消费设备制造	518
010304 专业音响设备制造	497
030104 其他软件开发	495
010302 广播电视接收设备制造	416

数字经济小类产业综合创新水平（Last20）

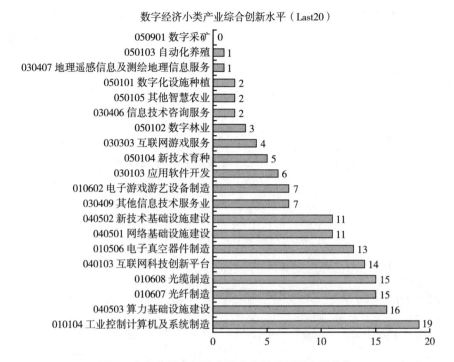

图9　广东省数字经济小类产业综合创新水平排名

资料来源：本报告作者整理绘制。

96个小类产业中，数字技术应用业中的基础软件开发、互联网数据服务、支撑软件开发分别列第57、58、59位，集成电路设计列第73位，数字要素驱动业中的算力基础设施建设（78位）、互联网科技创新平台（81位）、网络基础设施建设（83位）、新技术基础设施建设（84位）综合创新水平相对较低。

（四）企业数字经济创新水平总体情况

广东省数字经济五大类产业涉及的企业数量及其分布如表7所示，从总体的数字经济创新水平看，分产业与按企业类别（高新技术企业和科技型中小企业）的数字经济创新水平总体分布一致，"一核"最强，"一区"次之，"一带"中东翼比西翼略有优势。从图10可知，全省数字经济创新水平100强企业主要集中在深圳、广州、佛山、珠海、东莞、惠州等珠三角核心区城市。沿海经济带（东翼）只有汕尾1家企业进入100强，北部生态发展区清远有1家进入100强。全省数字经济综合创新水平20强企业中，深圳有12家，东莞有3家，珠海有2家，广州、汕尾、惠州各有1家企业进入全省20强。科技型中小企业仅有珠海1家进入全省20强。

表7　广东省数字经济创新发展相关企业总体情况

单位：家

指标	一核（珠三角核心区9市）	一带（沿海经济带7市）	沿海经济带（东翼）（4市）	沿海经济带（西翼）（3市）	一区（北部生态发展区5市）	全省
01 数字产品制造业	38975	937	619	318	1051	40963
02 数字产品服务业	6085	53	28	25	82	6220
03 数字技术应用业	11475	98	71	27	143	11716
04 数字要素驱动业	2593	34	30	4	48	2675
05 数字化效率提升业	6329	127	81	46	145	6601
高新技术企业	33314	804	541	263	813	34931
科技型中小企业	27298	720	464	256	820	28838
企业总数	40237	983	639	344	1075	42295

资料来源：本报告作者整理。

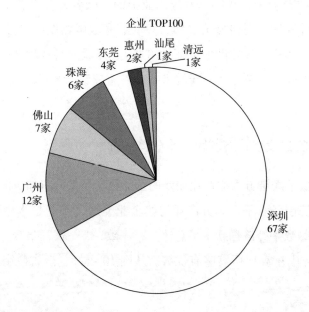

企业TOP100

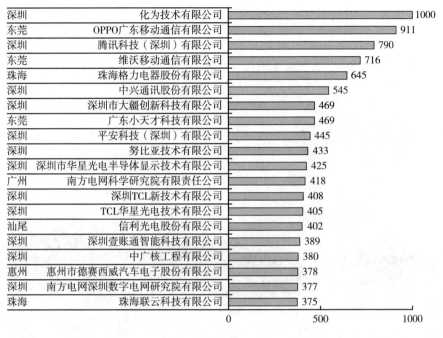

图10 广东省数字经济综合创新水平TOP100企业的地市分布与TOP20企业名单

资料来源：本报告作者整理绘制。

　　根据中类产业综合创新水平排名，电子元器件及设备制造、智能设备制造、数字媒体设备制造列全省数字经济中类产业前3位，均属于数字产品制造业，其中电子元器件及设备制造25243家，智能设备制造29128家，数字媒体设备制造12408家，共涉及35195家企业。从图11可知，在电子元器件及设备制造领域，深圳和东莞的企业占据较大优势，深圳有11家企业进入前20位，东莞有3家企业进入前20位，珠海和汕尾各有2家企业进入前20位，排名第1位的深圳市华星光电半导体显示技术有限公司（SHX）在全省数字经济综合创新水平综合排名中列第11位。在智能设备制造领域，深圳和东莞的企业占据较大优势，深圳有10家企业进入前20位，东莞有3家企业进入前20位，珠海、广州和佛山各有2家企业进入前20位，排名第1位的腾讯科技（深圳）有限公司（TX）在全省数字经济综合创新水平排名中列第 3 位。在数字媒体设备制造领域，深圳和东莞的企业占据较大优势，深圳有 11 家企业进入前 20 位，东莞有 3 家企业进入前 20 位，珠海和广州各有 2 家企业进入前 20 位，排名第 1 位的 OPPO 广东移动通信有限公司在全省数字经济综合创新水平排名中列第 2 位。

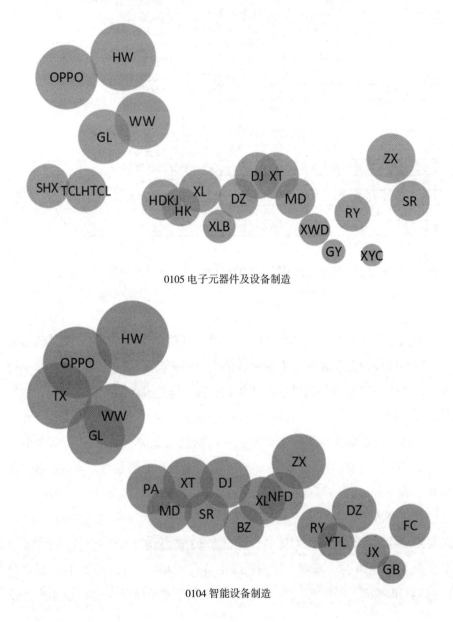

0105 电子元器件及设备制造

0104 智能设备制造

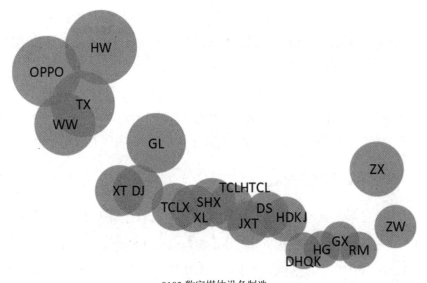

0103 数字媒体设备制造

图 11　广东省综合创新水平前 3 位数字经济中类产业 20 强企业

注：以气泡规模大小表示综合创新水平规模，下同；英文缩写对应的企业全称见附录 4。
资料来源：本报告作者整理绘制。

四　广东省数字经济创新发展态势分析

从评估结果可以发现，广东省数字经济创新发展呈现以下主要态势。

（一）从城市角度来看

第一，珠三角核心区的深圳、广州、东莞、佛山、珠海数字经济综合创新水平居全省前 5 位；深圳、珠海居全省数字经济平均创新水平前 2 位，沿海经济带东翼的汕尾进入全省数字经济平均创新水平第 3 位，广州列第 4 位，其他城市数字经济平均创新水平排名均低于全省数字经济平均创新水平。

第二，珠三角核心区 9 市是全省数字经济创新发展的核心区域，数字经济整体创新水平位居全省前列，但各市数字经济平均创新水平差异较大。

"一带一区"个别地市（如汕尾、河源、清远）数字经济平均创新水平超过珠三角核心区某些地市的平均创新水平，北部生态发展区5市整体数字经济创新水平好于沿海经济带（东西两翼）7市。

第三，沿海经济带东翼的汕尾和汕头、北部生态发展区的河源和清远数字经济创新发展表现不俗，清远、汕头分别列全省数字经济综合创新水平第10位、第11位，汕尾、河源分别列全省数字经济平均创新水平第3位、第6位。

（二）从区县角度来看

第一，全省各区县数字经济平均创新水平与各区县人均GDP具有正相关性，人均GDP超过20万元后，其正相关性更加显著。

第二，深圳市的宝安区、南山区、龙华区、龙岗区以及广州的黄埔区数字经济整体创新水平居全省区县排名前5位；深圳市南山区居全省区县数字经济平均创新水平第2位，其他区县数字经济平均创新水平排名均低于全省数字经济平均创新水平排名。

第三，北部生态发展区清远的连山壮族瑶族自治县、河源的紫金县，以及沿海经济带（东翼）汕尾的城区数字经济平均创新水平能力表现不俗，连山壮族瑶族自治县、紫金县分别列全省数字经济平均创新水平第19位、第27位，城区列全省数字经济平均创新水平第1位。

（三）从产业角度来看

第一，广东省数字经济创新活动主要集中在数字产品制造业和数字技术应用业；数字产品制造业是目前广东省数字经济综合创新水平最高和企业最集中的产业；数字化效率提升业综合创新水平处于全省中游，数字要素驱动业和数字产品服务业整体创新水平相对较低。

第二，从全省来看，除了数字产品制造业各地区综合创新水平差异较大和珠三角核心区9市在数字技术应用业领先较多以外，各地市在数字产品服务业、数字要素驱动业和数字化效率提升业领域的综合创新水平差异不是很明显。

第三，电子元器件及设备制造、智能设备制造、数字媒体设备制造是全省数字经济创新水平最高的 3 个数字经济中类产业。

第四，数字技术应用业中的集成电路设计、基础软件开发、互联网数据服务、支撑软件开发，数字要素驱动业中的算力基础设施建设、互联网科技创新平台、网络基础设施建设、新技术基础设施建设综合创新水平处于全省数字经济行业低位。

第五，在珠三角核心区，平均创新水平排在前 3 位的数字经济中类产业分别是智慧农业、智能设备制造、通讯及雷达设备制造；在沿海经济带（东翼），平均创新水平排在前 3 位的数字经济中类产业分别是智能设备制造、互联网相关服务、通讯及雷达设备制造；在沿海经济带（西翼），平均创新水平排在前 3 位的数字经济中类产业分别是智能设备制造、智慧农业、信息基础设施建设；在北部生态发展区，平均创新水平排在前 3 位的数字经济中类产业分别是智慧农业、智能设备制造、通讯及雷达设备制造。

第六，沿海经济带（东翼）在互联网相关服务上的平均创新水平表现不俗，与其他地区相比有着极大的优势。

第七，从数字经济小类产业综合创新水平排名看，可穿戴智能设备制造、智能车载设备制造、增材制造装备制造、其他元器件及设备制造、计算机零部件制造列前 5 位，智能照明器具制造、电力电子元器件制造、集成电路制造、电视机制造、通信系统设备制造分别列第 6~10 位。前 10 位产业均属于大类产业中的数字产品制造业，说明目前数字产品制造业是广东省数字经济创新活动的核心产业领域。

第八，数字经济小类产业平均创新水平离散幅度不大，并且较为集中。三大地区的平均创新水平和全省的平均创新水平差别不大，趋近于一个稳定水平。

（四）从企业角度来看

第一，高新技术企业和科技型中小企业是全省数字经济创新发展的主力军；头部科技型企业是全省数字经济创新活动的重要力量，对各地区创新水平具有显著的拉动作用；科技型中小企业在数字经济某些产业领域创新水平高于高新技术企业。

第二，广东省上市公司整体数字经济创新水平均衡，创新发展潜力较大，相关数字经济创新活动活跃，珠三角核心区是上市公司数字经济发展的活跃区域，北部生态发展区（如韶关）以及沿海经济带的东翼地区（如潮州）在珠三角核心区的带动下，也注入了数字经济创新发展的新鲜血脉。

五　促进广东省数字经济创新发展的建议

习近平总书记在主持 2021 年中共中央政治局就推动我国数字经济健康发展第三十四次集体学习时强调，"要做好我国数字经济发展顶层设计和体制机制建设，加强形势研判，抓住机遇，赢得主动"。广东省及广州市等各地市相继提出的建设国家数字经济创新发展试验区工作方案或实施方案中明确提出要"加强对数字经济的统计监测和评估，探索数字经济统计监测方法"。

开展数字经济发展态势评估与预测，是开展数字经济发展形势科学研判的基础性工作，有助于各部门清晰地把握数字经济发展的规模、结构、技术水平、创新水平，为各级党委、政府和相关部门推动数字经济健康发展、高质量发展的决策部署提供客观数据支持，是推动数字经济健康发展、提高数字经济治理体系和治理能力现代化水平的重要手段。根据前期评估结果和研究结论，我们提出以下建议。

第一，做好数字经济发展评估顶层设计，建立全省数字经济发展评估部门联席会议制度，协调各部门数字经济统计口径与评估标准，组织开展数字经济发展形势研判工作，建立全省数字经济运行动态监测机制，充分利用高校等第三方智力资源，尽快开展全省数字经济发展评估与预测分析，提升数字经济治理水平。

数字经济关系国家发展大局。数字经济是以使用数字化的知识和信息作为关键生产要素、以现代信息网络作为重要载体、以信息通信技术的有效使用作为效率提升和经济结构优化的重要推动力的一系列经济活动，具有高创新性、强渗透性、广覆盖性的基本特征。这些特征增加了数字经济测算的复杂性。作为一种新的社会经济形态，目前有关数字经济发展的统计、监测、评价等理论和方法还很不完善，发改委、科技、工信、工商等政府行业管理相关部门无法准确掌握数字经济发展状况，制约了数字经济治理水平的提升。

建议建立由工信、科技、商务、统计等多部门共同参加的全省数字经济发展评估联席会议制度，负责领导、组织、协调全省数字经济统计口径与评估标准的制定、发展态势评估、运行状态监测等工作；积极利用有前期工作基础和数据的高校等第三方智力资源，尽快开展数字经济发展态势评估分析、数字经济对经济社会发展贡献测算等评估与预测工作的具体实施。

第二，研究制定全省数字经济发展评估指南，坚持系统观与大数据思维，充分挖掘作为创新主体的微观企业数据，全景式刻画分析数字经济宏观系统发展态势，建立数字经济发展简报机制，及时掌握各地市、各行业以及企业等数字经济发展动态，为准确研判全省数字经济发展状况提供决策依据。

建议参照国家统计局发布的《数字经济及其核心产业统计分类（2021）》中给出的 5 个大类 32 个中类 156 个小类的数字经济产业领域，突破目前国内外关于数字经济发展状况分析以及创新水平测算主要局限于省域、国家层面的思路，采用以企业微观数据反映数字经济宏观发展态势的大数据思维方式，研究制定全省数字经济发展评估指南，指导各地市科学开展数字经济发展态势评估。

建议选择广东省经过认定且在有效期内的全部高新技术企业和科技型中小企业作为评估范畴，设定合理的数据采集周期，坚持数据的客观性，考虑数据的可获得性、周期性、持续性，分析的精确度及深度等因素，近期可以将高新技术企业和科技型中小企业的专利等知识产权数据作为核心数据（知识产权是刻画企业创新活动的重要载体），从全省、地市、区县以及各个数字经济行业类别、不同类型企业等方面多维度全景式刻画分析数字经济宏观系统发展态势，建立全省数字经济发展简报机制，按季度收集数字经济发展的动态信息，分析全省各地市、各数字经济产业以及相关企业的发展态势，为准确研判全省数字经济发展状况提供决策依据。

第三，以科技创新为主线，研究建立中国（广东）数字经济创新指数，定期发布《中国（广东）数字经济创新发展报告》，总结全省各地市、各行业、各类企业数字经济创新发展的新思路、新模式、新路径、带动效应，总结可复制推广的创新发展经验，建立全省数字经济创新发展典型案例库，为全国数字经济高质量发展提供广东示范、广东经验。

数字经济是以数字技术创新为驱动力、数据为重要生产要素的一种新经济形态。科技创新是数字经济发展的内在驱动力，是加快数字经济发展，实现经济发展质量变革、效率变革和动力变革的核心关键力量。《广东省人民政府关于印发广东省建设国家数字经济创新发展试验区工作方案的通知》（粤府函〔2020〕328 号）明确提出要"定期发布数字经济运行监测分析及对经济社会发展贡献评估报告"。

建议以科技创新为切入点，将国家统计局发布的《数字经济及其核心产业统计分类（2021）》中的 156 个小类产业作为数字经济创新发展评估范畴，将数字经济小类产业对应的企业作为最小评估单元，从周期创新水平、持续创新水平、价值创新水平等维度建立评价指标体系，从数字经济行业大类、中类、小类，以及地市、区县等不同层次开展数字经济创新水平全景式评估，构建中国（广东）数字经济创新指数，分析各地市、各产业、各企业的数字经济创新发展态势，对广东省及各地市数字经济创新发展形势做出分析研判与预测，分析各地市数字经济创新发展存在的差距，提出建议措施。

按年定期发布《中国（广东）数字经济创新发展报告》，总结全省各地市、各行业、各类企业数字经济创新发展的新思路、新模式、新路径，分析全省、"一核一带一区"区域、21 地市的数字经济发展态势，对区域生产总值、人均生产总值的带动效应，对就业结构以及产业转型发展的影响等，总结一批可复制推广的创新发展经验，建立地市、行业、企业数字经济创新发展典型案例库，为全国数字经济高质量发展提供广东示范、广东经验。

参考文献

国家统计局：《数字经济及其核心产业统计分类（2021）》，2021 年 6 月 3 日。

方兴起：《西方主流宏观经济分析的微观化——一种马克思主义经济学的解析》，《中国社会科学》2007 年第 2 期。

朱平芳、徐伟民：《政府的科技激励政策对大中型工业企业 R&D 投入及其专利产出的影响——上海市的实证研究》，《经济研究》2003 年第 6 期。

易纲、林明：《理解中国经济增长》，《中国社会科学》2003 年第 2 期。

刘照德、詹秋泉、田国梁：《因子分析综合评价研究综述》，《统计与决策》2019 年第 19 期。

李秀丽、马建：《基于因子分析法的地区专利发展水平比较研究》，《经济研究导刊》2010 年第 35 期。

叶春明、耿文龙、陆静：《基于主成分分析的我国区域专利评价研究》，《科技管理研究》2010 年第 19 期。

黎薇、金泳锋、陈媛：《层次分析法在评价企业专利竞争力中的应用》，《科技进步与对策》2007 年第 2 期。

王胜兰、魏凤、牟乾辉：《企业技术创新能力评价新方法的研究》，《运筹与管理》2021 年第 6 期。

冯立杰、尤鸿宇、王金凤：《专利技术创新路径识别及其新颖性评价研究》，《情报学报》2021 年第 5 期。

马子斌：《〈2020 年全球创新指数报告〉的概述与启示》，《中国发明与专利》2021 年第 4 期。

张振刚、林丹：《一流制造企业创新能力评价体系的构建》，《统计与决策》2021 年第 4 期。

张婧、何彬、彭大敏、曾婷：《区域创新能力指数体系构建、监测与评价——基于四川省 21 个地区的研究与实践》，《软科》2021 年第 6 期。

李正东、李维：《地方性城市企业技术创新能力评价分析研究——以江苏省徐州市为例》，《西安石油大学学报》（社会科学版）2021 年第 1 期。

李妍、幸雯：《广东科技创新指数构建与评价研究》，《科技管理研究》2018 年第 20 期。

陈蒙来：《大数据背景下的科技企业创新与发展能力评价体系构建》，硕士学位论文，天津大学，2018。

刘锦志：《我国高专利密集度产业技术创新效率评价及影响因素研究》，硕士学位论文，哈尔滨工程大学，2015。

陈战波、朱喜安：《科技型中小企业持续创新能力评价体系研究》，《技术经济与管理研究》2015 年第 3 期。

技 术 报 告
Technical Report

B.2

广东省数字经济创新水平
测算方法与评估过程报告

薛小龙　谭宪宇　陈建硕　崔　霞*

摘　要： 数字经济测算与评估是国内外关注的热点，现有数字经济测度研究主要是从宏观、中观层面关注国家之间、地区之间的数字经济规模，微观层面的测算研究相对较少。本报告重点参照了《数字经济及其核心产业统计分类（2021）》，提出了数字经济产业专利数据分类方法和广东省数字经济创新水平测算方案；选择广东省经过认定且在有效期内的高新技术企业和科技型中小企业作为数据采集对象，运用大数据分析技术获取数字经济产业专利；将数字经济小类产业对应的企业作为最小评估

* 薛小龙，博士，教授，博士生导师，广州大学管理学院院长，研究方向：数字经济创新管理、重大工程管理、数字化转型与管理创新、智能建造与智慧城市。谭宪宇，广州大学管理学院博士研究生，研究方向：数字经济创新管理、工程与项目管理等。陈建硕，广州大学管理学院博士研究生，研究方向：数字经济与管理创新研究。崔霞，博士，教授，广州大学经济与统计学院统计系博士生导师，研究方向：缺失数据分析、因果推断、高维数据建模。

决策单元，构建基于微观企业大数据的数字经济创新水平评价指标体系。研究发现：广东省有 42295 家科技型企业存在数字经济创新行为；在数字经济大类产业维度，5 个数字经济大类产业均筛选出相关专利数据；在数字经济中类产业维度，16 个数字经济中类产业筛选出相关专利数据；在数字经济小类产业维度，96 个数字经济小类产业筛选出相关专利数据。

关键词： 数字经济　数字专利　数字测算

一　数字经济的行业分类

中国社会科学院数量经济与技术经济研究所在《中国数字经济规模测算与"十四五"展望研究报告》中，将数字经济分为"数字产业化"和"产业数字化"两部分。[①] "数字产业化"是指与数字技术直接相关的特定产业部门[②]，等同于传统的信息产业，包括国民经济行业分类中的计算机、通信和其他电子设备制造业，电信、广播电视和卫星传输服务业，互联网和相关服务业，软件和信息技术服务业。"数字产业化"不仅自身是数字经济不可或缺的组成部分，也为产业数字化技术、产品、服务和解决方案的提出起重要作用。[③] "产业数字化"是指融入数字元素后的新经济、新模式、新业态，即信息通信技术渗透效应带来的"产业数字化"部分，亦即各类传统产业应用数字技术所带来的产出增加和效率提升，从比重上看，这是数字经济发展的主阵地，其新增产出构成数字经济的主要组成部

[①] 中国社会科学院数量经济与技术经济研究所：《中国数字经济规模测算与"十四五"展望研究报告》，2020。

[②] 陈玲、薛澜主编《测度全球科技创新中心指标、方法与结果》，社会科学文献出版社，2021。

[③] 江小涓、靳景：《中国数字经济发展的回顾与展望》，《中共中央党校（国家行政学院）学报》2022 年第 1 期，第 69~77 页。

分，包括除数字产业化部分之外的数字农业、数字制造、数字服务、数字两化融合等广泛产业领域。

2021年6月，国家统计局发布《数字经济及其核心产业统计分类（2021）》（见表1），将数字经济产业范围确定为五大类产业，分别为01数字产品制造业、02数字产品服务业、03数字技术应用业、04数字要素驱动业、05数字化效率提升业，下含32个中类产业和156个小类产业。该分类中的前4个大类产业为数字经济核心产业，数字经济核心产业是指为产业数字化发展提供数字技术、产品、服务、基础设施和解决方案，以及完全依赖数字技术、数据要素的各类经济活动。数字经济核心产业对应数字产业化部分，主要包括计算机、通信和其他电子设备制造业，电信、广播电视和卫星传输服务业，互联网和相关服务业，软件和信息技术服务业等，是数字经济发展的基础。第5个大类产业为产业数字化部分，指应用数字技术和数据资源为传统产业带来的产出增加和效率提升，是数字技术与实体经济的融合。[①]

表1 数字经济及其核心产业统计分类（2021）

大类产业代码	中类产业代码	小类产业代码	名称		
01	0101	010101	数字产品制造业	计算机制造	计算机整机制造
		010102			计算机零部件制造
		010103			计算机外围设备制造
		010104			工业控制计算机及系统制造
		010105			信息安全设备制造
		010106			其他计算机制造
	0102	010201		通讯及雷达设备制造	通信系统设备制造
		010202			通信终端设备制造
		010203			雷达及配套设备制造

---

① 国家统计局：《数字经济及其核心产业统计分类（2021）》，2021年6月3日。

续表

大类产业代码	中类产业代码	小类产业代码	名称	
01	0103	010301	数字媒体设备制造	广播电视节目制作及发射设备制造
		010302		广播电视接收设备制造
		010303		广播电视专用配件制造
		010304		专业音响设备制造
		010305		应用电视设备及其他广播电视设备制造
		010306		电视机制造
		010307		音响设备制造
		010308		影视录放设备制造
	0104	010401	智能设备制造	工业机器人制造
		010402		特殊作业机器人制造
		010403		智能照明器具制造
		010404		可穿戴智能设备制造
		010405		智能车载设备制造
		010406		智能无人飞行器制造
		010407		服务消费机器人制造
		010408		其他智能消费设备制造
	0105	010501	电子元器件及设备制造	半导体器件专用设备制造
		010502		电子元器件与机电组件设备制造
		010503		电力电子元器件制造
		010504		光伏设备及元器件制造
		010505		电气信号设备装置制造
		010506		电子真空器件制造
		010507		半导体分立器件制造
		010508		集成电路制造
		010509		显示器件制造
		010510		半导体照明器件制造
		010511		光电子器件制造
		010512		电阻电容电感元件制造
		010513		电子电路制造
		010514		敏感元件及传感器制造
		010515		电声器件及零件制造
		010516		电子专用材料制造
		010517		其他元器件及设备制造

注：大类产业代码"01"对应"数字产品制造业"

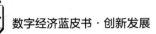

续表

大类产业 代码	中类产业 代码	小类产业 代码	名称		
01	0106	010601	数字产品 制造业	其他数字产 品制造业	记录媒介复制
		010602			电子游戏游艺设备制造
		010603			信息化学品制造
		010604			计算器及货币专用设备制造
		010605			增材制造装备制造
		010606			专用电线、电缆制造
		010607			光纤制造
		010608			光缆制造
		010609			工业自动控制系统装置制造
02	0201	020101	数字产品 服务业	数字产品 批发	计算机、软件及辅助设备批发
		020102			通讯设备批发
		020103			广播影视设备批发
	0202	020201		数字产品 零售	计算机、软件及辅助设备零售
		020202			通信设备零售
		020203			音像制品、电子和数字出版物零售
	0203	020301		数字产品 租赁	计算机及通讯设备经营租赁
		020302			音像制品出租
	0204	020401		数字产品 维修	计算机和辅助设备修理
		020402			通讯设备修理
	0205	020500		其他数字产 品服务业	
03	0301	030101	数字技术 应用业	软件开发	基础软件开发
		030102			支撑软件开发
		030103			应用软件开发
		030104			其他软件开发
	0302	030201		电信、广播 电视和卫星 传输服务	电信
		030202			广播电视传输服务
		030203			卫星传输服务
	0303	030301		互联网相 关服务	互联网接入及相关服务
		030302			互联网搜索服务
		030303			互联网游戏服务
		030304			互联网资讯服务
		030305			互联网安全服务
		030306			互联网数据服务

续表

大类产业代码	中类产业代码	小类产业代码	名称		
03	0303	030307	数字技术应用业	互联网相关服务	其他互联网相关服务
	0304	030401		信息技术服务	集成电路设计
		030402			信息系统集成服务
		030403			物联网技术服务
		030404			运行维护服务
		030405			信息处理和存储支持服务
		030406			信息技术咨询服务
		030407			地理遥感信息及测绘地理信息服务
		030408			动漫、游戏及其他数字内容服务
		030409			其他信息技术服务业
	0305	030501		其他数字技术应用业	三维(3D)打印技术推广服务
		030502			其他未列明数字技术应用业
04	0401	040101	数字要素驱动业	互联网平台	互联网生产服务平台
		040102			互联网生活服务平台
		040103			互联网科技创新平台
		040104			互联网公共服务平台
		040105			其他互联网平台
	0402	040201		互联网批发零售	互联网批发
		040202			互联网零售
	0403	040301		互联网金融	网络借贷服务
		040302			非金融机构支付服务
		040303			金融信息服务
	0404	040401		数字内容与媒体	广播
		040402			电视
		040403			影视节目制作
		040404			广播电视集成播控
		040405			电影和广播电视节目发行
		040406			电影放映
		040407			录音制作
		040408			数字内容出版
		040409			数字广告
	0405	040501		信息基础设施建设	网络基础设施建设
		040502			新技术基础设施建设

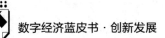

续表

大类产业代码	中类产业代码	小类产业代码	名称		
04	0405	040503	数字要素驱动业	信息基础设施建设	算力基础设施建设
		040504			其他信息基础设施建设
	0406	040600		数据资源与产权交易	
	0407	040701		其他数字要素驱动业	供应链管理服务
		040702			安全系统监控服务
		040703			数字技术研究和试验发展
05	0501	050101	数字化效率提升业	智慧农业	数字化设施种植
		050102			数字林业
		050103			自动化养殖
		050104			新技术育种
		050105			其他智慧农业
	0502	050201		智能制造	数字化通用、专用设备制造
		050202			数字化运输设备制造
		050203			数字化电气机械、器材和仪器仪表制造
		050204			其他智能制造
	0503	050301		智能交通	智能铁路运输
		050302			智能道路运输
		050303			智能水上运输
		050304			智能航空运输
		050305			其他智能交通
	0504	050401		智慧物流	智慧仓储
		050402			智慧配送
	0505	050501		数字金融	银行金融服务
		050502			数字资本市场服务
		050503			互联网保险
		050504			其他数字金融
	0506	050601		数字商贸	数字化批发
		050602			数字化零售
		050603			数字化住宿
		050604			数字化餐饮
		050605			数字化租赁
		050606			数字化商务服务

大类产业代码	中类产业代码	小类产业代码	名称		
05	0507	050701	数字化效率提升业	数字社会	智慧教育
		050702			智慧医疗
		050703			数字化社会工作
	0508	050801		数字政府	行政办公自动化
		050802			网上税务办理
		050803			互联网海关服务
		050804			网上社会保障服务
		050805			其他数字政府
	0509	050901		其他数字化效率提升业	数字采矿
		050902			智能化电力、热力、燃气及水生产和供应
		050903			数字化建筑业
		050904			互联网房地产业
		050905			专业技术服务业数字化
		050906			数字化水利、环境和市政设施管理
		050907			互联网居民生活服务
		050908			互联网文体娱乐业

资料来源：根据国家统计局发布的《数字经济及其核心产业统计分类（2021）》整理。

二 数字经济常见的几种测算方法

随着数字经济的快速发展，目前较有影响力的数字经济测算方法与分析报告主要包括以下几种，如图1所示。

一是中国信息通信研究院发布的《中国数字经济发展白皮书》，它的测算方法被纳入《二十国集团衡量数字经济工具箱》。该白皮书主要是总结各地推动数字经济发展的典型模式与经验，侧重全国各地区（省级区域为主）数字经济产业规模的测算与分析。

二是2018年11月G20峰会发布的《二十国集团衡量数字经济工具箱》（G20 Toolkit for Measuring the Digital Economy）。它主要从基础设施、

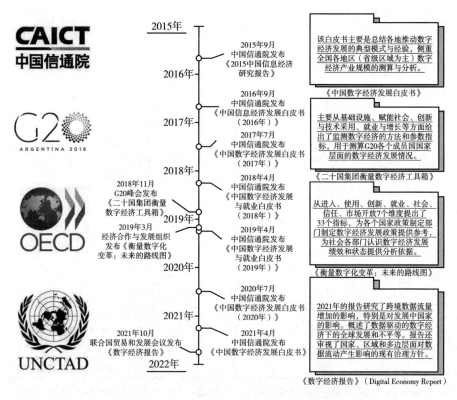

2015年

2015年9月
中国信通院发布
《2015中国信息经济
研究报告》

2016年

2016年9月
中国信通院发布
《中国信息经济发展白皮书
（2016年）》

2017年

2017年7月
中国信通院发布
《中国数字经济发展白皮书
（2017年）》

2018年

2018年11月
G20峰会发布
《二十国集团衡量
数字经济工具箱》

2018年4月
中国信通院发布
《中国数字经济发展
与就业白皮书
（2018年）》

2019年

2019年3月
经济合作与发展组织
发布《衡量数字化
变革：未来的路线图》

2019年4月
中国信通院发布
《中国数字经济发展
与就业白皮书
（2019年）》

2020年

2020年7月
中国信通院发布
《中国数字经济发展白皮书
（2020年）》

2021年

2021年10月
联合国贸易和发展会议发布
《数字经济报告》

2021年4月
中国信通院发布
《中国数字经济发展白皮书》

2022年

该白皮书主要是总结各地推动数字经济发展的典型模式与经验，侧重全国各地区（省级区域为主）数字经济产业规模的测算与分析。

《中国数字经济发展白皮书》

主要从基础设施、赋能社会、创新与技术采用、就业与增长等方面给出了监测数字经济的方法和参数指标，用于测算G20各个成员国国家层面的数字经济发展情况。

《二十国集团衡量数字经济工具箱》

从进入、使用、创新、就业、社会、信任、市场开放7个维度提出了33个指标，为各个国家政策制定部门制定数字经济发展政策提供参考，为社会各部门认识数字经济发展绩效和状态提供分析依据。

《衡量数字化变革：未来的路线图》

2021年的报告研究了跨境数据流量增加的影响，特别是对发展中国家的影响。概述了数据驱动的数字经济下的全球发展和不平等。报告还审视了国家、区域和多边层面对数据流动产生影响的现有治理方针。

《数字经济报告》（Digital Economy Report）

图 1　国内外几种主要的数字经济测算方法

资料来源：本报告作者整理绘制。

赋能社会、创新与技术采用、就业与增长等方面给出了监测数字经济的方法和参数指标，用于测算 G20 各个成员国国家层面的数字经济发展情况。

三是经济合作与发展组织（OECD）2019 年提出的《衡量数字化变革：未来的路线图》（*Measuring the Digital Transformation：A Roadmap for the Future*）。它从进入、使用、创新、就业、社会、信任、市场开放 7 个维度提出了 33 个指标，为各个国家政策制定部门制定数字经济发展政策提供参考，为社会各部门认识数字经济发展绩效和状态提供分析依据。

四是联合国贸易和发展会议（United Nations Conference on Trade and Development，UNCTAD）发布的《数字经济报告》（*Digital Economy Report*）。

该报告每 2 年发布一次，每次会选择一个当年世界关注的主题进行分析。例如，2021 年的报告研究了跨境数据流量增加的影响，特别是对发展中国家的影响。报告回顾了基于不同角度对跨境数据流动的研究，概述了数据驱动的数字经济下的全球发展和不平等。报告还审视了国家、区域和多边层面对数据流动产生影响的现有治理方针。

上述几种测算方法和分析报告具有以下几个特点：测算分析的维度以国家、省份等宏观、中观视角为主；采用的数据以调查获取、公开数据获取的方式获得；指标体系较多，以行业数据为主。这些既有测算方法和分析报告的优点是能够为把握数字经济全球发展趋势、国家宏观层面数字经济发展态势提供参考，缺点是无法在地市、区县等微观层面对数字经济进行分析，特别是无法分析作为创新主力军的企业的数字经济情况，而且行业和国家层面数据获取的可靠性和精确度较难控制。

三　广东省数字经济创新水平测算方案

数字经济创新水平测算应当遵循大数据思维原则，充分利用大数据技术开展多层次、多维度的系统分析，既注重测算指标的多维性、科学性，又注重数据的客观性、可获取性。

我们提出的广东省数字经济创新水平测算的初步方案如图 2 所示。

（一）大数据思维与数据采集对象

突破目前国内外关于数字经济发展状况分析以及创新水平的测算数据分析更多集中在省域、国家层面的思路，我们提出以企业微观数据反映数字经济宏观系统行为规律的大数据思维方式，以技术创新的视角为切入点，选择广东省经过认定且在有效期内的高新技术企业和科技型中小企业作为数据采集对象（我们进行了宏观数据分析，发现高新技术企业和科技型中小企业的专利数据占比在广东省企业专利总数的 85% 以上，具有广泛的代表性）。

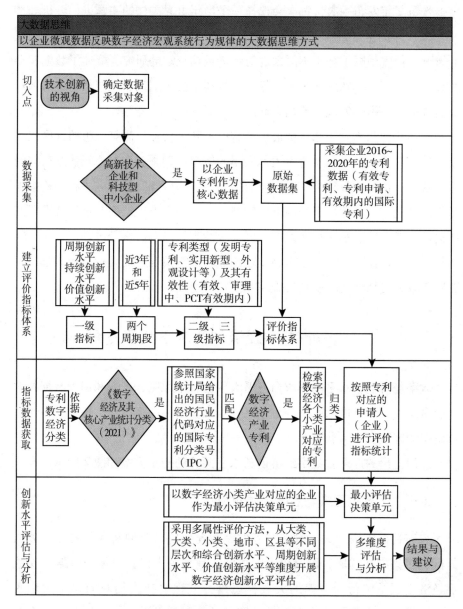

图2 广东省数字经济创新水平测算的初步方案

资料来源：本报告作者整理绘制。

（二）数据采集

考虑数据的可获得性、周期性，分析的精确度及深度等因素，以企业专利为核心数据，采集企业近 5 年（2016~2020 年）的专利数据（有效专利、专利申请、有效期内的国际专利）作为原始数据集。

（三）评价指标体系

以周期创新水平、持续创新水平、价值创新水平三个维度为一级指标，分近 3 年（2018~2020 年）和近 5 年（2016~2020 年）两个周期段，以不同专利类型（发明专利、实用新型、外观设计等）及其有效性（有效、审理中、PCT 有效期内）为二级和三级指标，构建数字经济创新水平评价指标体系。

（四）指标数据获取

按照国家统计局 2021 年 5 月 27 日发布的《数字经济及其核心产业统计分类（2021）》（国家统计局令第 33 号）给出的数字经济 5 个大类 32 个中类 156 个小类产业的划分说明及其对应的国民经济行业，参照国家统计局给出的国民经济行业代码对应的国际专利分类号（IPC），得到数字经济小类产业对应涵盖的国际专利分类号；从检索得到的企业专利数据中，检索数字经济各个小类产业对应的专利，并按照专利对应的申请人（企业）进行评价指标统计。

（五）创新水平评估与分析

以数字经济小类产业对应的企业为最小评估决策单元，采用多属性评价方法，从大类、中类、小类、地市、区县等不同层次和综合创新水平、周期创新水平、价值创新水平等维度开展数字经济创新水平评估，分析各地市、各产业数字经济创新发展情况，提出相关建议。

四 评估过程

（一）样本数据描述

样本数据的收集分两部分三阶段进行。第一阶段是样本企业的筛选，第二阶段是数字经济专利的筛选。在此基础上，第一阶段筛选出广东省知识产权企业57674家科技型企业；第二阶段筛选出符合数字经济产业专利数据200余万条；第三阶段将广东省57674家科技型企业与数字经济产业专利进行匹配，最终得到拥有数字经济产业专利的科技型企业42295家。样本数据获取流程见图3。

第一阶段，样本企业筛选。初步筛选得到74531家企业，其中54365家高新技术企业，53135家科技型中小企业。[①] 初步筛选得到的样本企业情况见表2。

表2 初步筛选得到的样本企业情况

单位：家

区域	高新+科技 (1)	仅高新 (2)	仅科技 (3)	高新技术企业 (4)=(1)+(2)	科技型中小企业 (5)=(1)+(3)	企业总数 (6)=(1)+(2)+(3)
珠三角(大湾区)9市	31070	20470	18854	51540	49924	70394
其他12地市	1899	926	1312	2825	3211	4137
全省	32969	21396	20166	54365	53135	74531

注：珠三角（大湾区）9市包括广州市、深圳市、珠海市、佛山市、惠州市、东莞市、中山市、江门市、肇庆市；高新技术企业简称"高新"，科技型中小企业简称"科技"，下同。

资料来源：本报告作者整理。

---

① 高新技术企业是指在《国家重点支持的高新技术领域》内，持续进行研究开发与技术成果转化，形成企业核心自主知识产权，并以此为基础开展经营活动，在中国境内（不包括港、澳、台地区）注册的居民企业；科技型中小企业是指主要从事高新技术产品研发、生产和服务的中小企业群体。

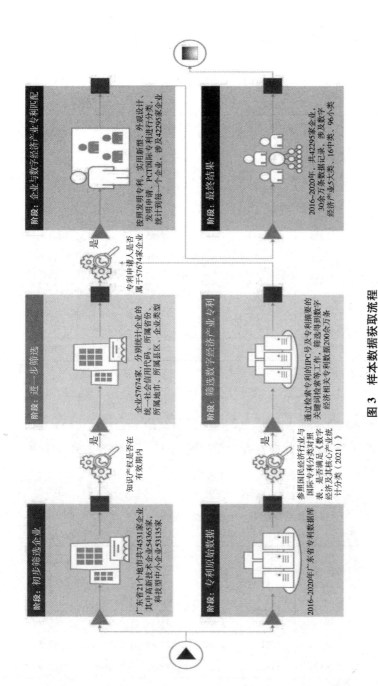

图3 样本数据获取流程

资料来源：本报告作者整理绘制。

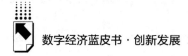

进一步筛选得到 57674 家企业，其中 46243 家高新技术企业，39783 家科技型中小企业。进一步筛选得到的样本企业情况见表 3。

表 3　进一步筛选得到的样本企业情况

单位：家

区域	高新+科技 （1）	仅高新 （2）	仅科技 （3）	高新技术 企业 （4）= （1）+（2）	科技型中 小企业 （5）= （1）+（3）	企业总数 （6）=（1）+ （2）+（3）
一核（珠三角9市）	26625	17070	10630	43695	37255	54325
一核一带（14市）	24267	15104	9877	39371	34144	49248
其中：珠三角（7市）	23345	14640	9493	37985	32838	47478
一带（7市）	922	464	384	1386	1306	1770
其中：东翼（4市）	623	303	225	926	848	1151
西翼（3市）	299	161	159	460	458	619
一区（5市）	805	357	417	1162	1222	1579
全省	28352	17891	11431	46243	39783	57674

资料来源：本报告作者整理。

最终筛选得到 42295 家企业，其中 34931 家高新技术企业，28838 家科技型中小企业。最终筛选得到的样本企业情况见表 4，广东省 42295 家样本企业总体情况见图 4。

表 4　最终筛选得到的样本企业情况

单位：家

区域	高新+科技 （1）	仅高新 （2）	仅科技 （3）	高新技术 企业 （4）= （1）+（2）	科技型中 小企业 （5）= （1）+（3）	企业总数 （6）=（1）+ （2）+（3）
一核（珠三角9市）	20375	12939	6923	33314	27298	40237
一核一带（14市）	18866	11719	6510	30585	25376	37095
其中：珠三角（7市）	18325	11456	6331	29781	24656	36112

续表

区域	高新+科技 （1）	仅高新 （2）	仅科技 （3）	高新技术 企业 （4）= （1）+（2）	科技型中 小企业 （5）= （1）+（3）	企业总数 （6）=（1）+ （2）+（3）
一带（7市）	541	263	179	804	720	983
其中:东翼（4市）	366	175	98	541	464	639
西翼（3市）	175	88	81	263	256	344
一区（5市）	558	255	262	813	820	1075
全省	21474	13457	7364	34931	28838	42295

资料来源：本报告作者整理。

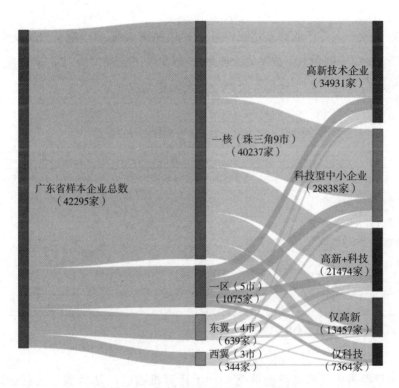

图4　广东省42295家样本企业总体情况

资料来源：本报告作者整理绘制。

最终筛选得到的42295家企业占进一步筛选得到的57674家企业的比重为73.33%，其中高新技术企业34931家（占比82.59%），科技型中小企业28838家（占比68.18%）。

第二阶段，数字经济产业专利筛选。在数字经济大类产业维度，5个数字经济大类产业专利均筛选出相关专利数据；在数字经济中类产业维度，32个数字经济中类产业筛选出16个，未筛选出中类产业16个；在数字经济小类产业维度，156个数字经济小类产业筛选出96个，未筛选出小类产业60个。其中，数字经济中类产业0401互联网平台、0405信息基础设施建设、0509其他数字化效率提升业筛选出的小类产业不完整。

数字经济大类产业筛选情况：01数字产品制造业、02数字产品服务业、03数字技术应用业、04数字要素驱动业、05数字化效率提升业等五大类均筛选出相关专利。数字经济大类产业专利筛选情况见表5。

表5　数字经济大类产业专利筛选情况汇总

单位：个

数字经济大类产业	数字经济中类产业数量	数字经济小类产业数量
01 数字产品制造业	6	51
02 数字产品服务业	1	2
03 数字技术应用业	4	23
04 数字要素驱动业	2	7
05 数字化效率提升业	3	13
总计	16	96

资料来源：本报告作者整理。

数字经济中类产业筛选情况：0101计算机制造，0102通讯及雷达设备制造，0103数字媒体设备制造，0104智能设备制造，0105电子元器件及设备制造，0106其他数字产品制造业，0204数字产品维修，0301软件开发，0302电信、广播电视和卫星传输服务，0303互联网相关服务，0304信息技术服务，0401 互联网平台，0405 信息基础设施建设，0501 智慧农业，0502 智能制造，0509 其他数字化效率提升业等 16 个中类产业筛选出相关专利。数字经济中类产业专利筛选情况汇总见表 6。

表 6　数字经济中类产业专利筛选情况汇总

单位：个

数字经济中类产业	数字经济小类产业数量
0101 计算机制造	6
0102 通讯及雷达设备制造	3
0103 数字媒体设备制造	8
0104 智能设备制造	8
0105 电子元器件及设备制造	17
0106 其他数字产品制造业	9
0204 数字产品维修	2
0301 软件开发	4
0302 电信、广播电视和卫星传输服务	3
0303 互联网相关服务	7
0304 信息技术服务	9
0401 互联网平台	4
0405 信息基础设施建设	3
0501 智慧农业	5
0502 智能制造	4
0509 其他数字化效率提升业	4
总计	96

资料来源：本报告作者整理。

第一，在数字产品制造业方面，从其下 6 个数字经济中类产业、51 个数字经济小类产业专利中均筛选出专利数据（占比为 100%）。数字产品制造业专利筛选情况见表 7。

表7 数字产品制造业专利筛选情况

单位：个

筛选出		未筛选出	
数字经济中类产业	数字经济小类产业数量	数字经济中类产业	数字经济小类产业数量
0101 计算机制造	6	—	—
0102 通讯及雷达设备制造	3	—	—
0103 数字媒体设备制造	8	—	—
0104 智能设备制造	8	—	—
0105 电子元器件及设备制造	17	—	—
0106 其他数字产品制造业	9	—	—
总计	51	总计	0

资料来源：本报告作者整理。

第二，在数字产品服务业方面，从其下5个数字经济中类产业专利中筛选出0204数字产品维修1个中类产业，从11个数字经济小类产业专利中筛选出2个小类产业（占比为18.18%）。未筛选出0201数字产品批发、0202数字产品零售、0203数字产品租赁、0205其他数字产品服务业4个中类产业，故该4个中类产业包含的9个数字经济小类产业专利亦未筛选出专利数据。数字产品服务业专利筛选情况见表8。

表8 数字产品服务业专利筛选情况

单位：个

筛选出		未筛选出	
数字经济中类产业	数字经济小类产业数量	数字经济中类产业	数字经济小类产业数量
0204 数字产品维修	2	0201 数字产品批发	3
—	—	0202 数字产品零售	3
—	—	0203 数字产品租赁	2
—	—	0205 其他数字产品服务业	1
总计	2	总计	9

资料来源：本报告作者整理。

第三，在数字技术应用业方面，从其下 5 个数字经济中类产业专利中筛选出 4 个中类产业，从 25 个数字经济小类产业专利中筛选出 23 个小类产业（占比达到 92%）。未筛选出 0305 其他数字技术应用业 1 个中类产业，故该中类产业包含的 2 个数字经济小类产业 030501 三维（3D）打印技术推广服务、030502 其他未列明数字技术应用业亦未筛选出专利数据。数字技术应用业专利筛选情况见表 9。

表 9　数字技术应用业专利筛选情况

单位：个

筛选出		未筛选出	
数字经济中类产业	数字经济小类产业数量	数字经济中类产业	数字经济小类产业数量
0301 软件开发	4	0305 其他数字技术应用业	2
0302 电信、广播电视和卫星传输服务	3	—	—
0303 互联网相关服务	7	—	—
0304 信息技术服务	9	—	—
总计	23	总计	2

资料来源：本报告作者整理。

第四，在数字要素驱动业方面，从其下 7 个数字经济中类产业专利中筛选出 2 个中类产业，从 27 个数字经济小类产业专利中筛选出 7 个小类产业（占比不足 25.93%）。未筛选出 0402 互联网批发零售、0403 互联网金融、0404 数字内容与媒体、0406 数据资源与产权交易、0407 其他数字要素驱动业 5 个中类产业，故该 5 个中类产业包含的 18 个数字经济小类产业专利亦未筛选。另外，在 0401 互联网平台中类产业下，未筛选出 040105 其他互联网平台 1 个小类产业；在 0405 信息基础设施建设中类产业下，未筛选出 040504 其他信息基础设施建设 1 个小类产业。数字要素驱动业专利筛选情况见表 10。

表 10　数字要素驱动业专利筛选情况

单位：个

筛选出		未筛选出	
数字经济中类产业	数字经济小类产业数量	数字经济中类产业	数字经济小类产业数量
0401 互联网平台	4	0401 互联网平台	1
0405 信息基础设施建设	3	0402 互联网批发零售	2
—	—	0403 互联网金融	3
—	—	0404 数字内容与媒体	9
—	—	0405 信息基础设施建设	1
—	—	0406 数据资源与产权交易	1
—	—	0407 其他数字要素驱动业	3
总计	7	总计	20

资料来源：本报告作者整理。

第五，在数字化效率提升业方面，从其下 9 个数字经济中类产业专利中筛选出 3 个中类产业，从 42 个数字经济小类产业专利中筛选出 13 个小类产业（占比 30.95%）。未筛选出 0503 智能交通，0504 智慧物流，0505 数字金融，0506 数字商贸，0507 数字社会，0508 数字政府 6 个数字经济中类产业专利数据，故该 6 个中类产业包含的 25 个数字经济小类产业专利亦未筛选出专利数据。另外，从数字经济中类产业 0509 其他数字化效率提升业下，未筛选出 050904 互联网房地产业，050905 专业技术服务业数字化，050906 数字化水利、环境和市政设施管理，050908 互联网文体娱乐业 4 个小类产业。数字化效率提升业专利筛选情况见表 11。

表 11　数字化效率提升业专利筛选情况

单位：个

筛选出		未筛选出	
数字经济中类产业	数字经济小类产业数量	数字经济中类产业	数字经济小类产业数量
0501 智慧农业	5	0503 智能交通	5
0502 智能制造	4	0504 智慧物流	2
0509 其他数字化效率提升业	4	0505 数字金融	4

续表

筛选出		未筛选出	
数字经济中类产业	数字经济小类产业数量	数字经济中类产业	数字经济小类产业数量
—	—	0506 数字商贸	6
—	—	0507 数字社会	3
—	—	0508 数字政府	5
—	—	0509 其他数字化效率提升业	4
总计	13	总计	29

资料来源：本报告作者整理。

（二）数字经济创新水平评价指标体系

最终，研究团队收集了广东省 21 个地市 42295 家科技型企业 2016~2020 年的有效授权专利和专利申请（受理的专利申请）数据，按照发明专利、实用新型、外观设计、发明申请、PCT 国际专利进行分类统计到每一个企业。

按照设计的数字经济创新水平评估方案，建立数字经济创新水平评价指标体系，如表 12 所示。以企业为最小评估单元，按企业专利所属数字经济小类产业进行指标汇总计算。通过小类产业创新水平综合汇总后反映中类产业创新水平，通过汇总中类产业创新水平反映大类产业创新情况。为保证评估结果的稳健性，我们分别用主成分分析法、因子分析法、层次分析法进行测算后，对三种方法进行综合平均，得到最终评估结果。

表 12　数字经济创新水平评价指标体系

数字经济创新水平	一级指标	二级指标	三级指标
数字经济创新水平（小类产业）	周期创新水平	近 3 年专利数	发明专利数
			实用新型数
			外观设计数
		近 5 年专利数	发明专利数
			实用新型数
			外观设计数

续表

数字经济创新水平	一级指标	二级指标	三级指标
数字经济创新水平（小类产业）	持续创新水平	近3年专利平均增长数量	发明专利平均增长数量
			实用新型平均增长数量
			外观设计平均增长数量
		近5年专利平均增长数量	发明专利平均增长数量
			实用新型平均增长数量
			外观设计平均增长数量
	价值创新水平	近3年市场价值	专利许可次数
			专利转让次数
			被引证次数
		近5年市场价值	专利许可次数
			专利转让次数
			被引证次数

资料来源：本报告作者构建。

参考文献

国家知识产权局：《国际专利分类与国民经济行业分类参照关系表（2018）》，2018。

国家统计局：《2017年国民经济行业分类注释》，2018。

国家统计局：《国民经济行业分类：（GB/T 4754-2017）》，2017。

中国信息通信研究院：《2015中国信息经济研究报告》，2015。

中国信息通信研究院：《中国信息经济发展白皮书（2016年）》，2016。

中国信息通信研究院：《中国数字经济发展与就业白皮书（2018年）》，2018。

中国信息通信研究院：《中国数字经济发展与就业白皮书（2019年）》，2019。

中国信息通信研究院：《中国数字经济发展白皮书（2017年）》，2017。

中国信息通信研究院：《中国数字经济发展白皮书（2020年）》，2020。

中国信息通信研究院：《中国数字经济发展白皮书》，2021。

G20, "G20 Toolkit for Measuring the Digital Economy," https://www.oecd.org/g20/summits/buenos-aires/G20-Toolkit-for-measuring-digital-economy.pdf#:~:text=The%20Toolkit%20aims%20to%20provide%20a%20first%20as-, guide%20for%20countries%20to%20implement%20standardized%20measurement%20activities.

OECD, *Measuring the Digital Transformation: A Roadmap for the Future* (Paris: OECD Publishing, 2019).

UNCTAD, *Digital Economy Report* 2021 (Geneva: UNCTAD Publishing, 2021).

分 报 告
Sub-Reports

B.3

广东省地市与区县
数字经济创新水平报告*

朱 慧 张 昭 贾云峰 蒙映楠**

摘 要: 广东省坚持数字经济高质量发展,数字经济规模一直居全国首位。本报告基于广东省21个地级市的数字经济发展现状,从综合创新水平与平均创新水平两个不同角度来衡量城市的数字经济创新水平,并计算出21个地级市数字企业数量排名、综合创新水平排名、周期创新水平排名、持续创新水平排名以及价值创新水平排名。同时,以"一核一带一区"三大经济区为维度观测各个城市排前5位的区县情况,最后运用四分位分析法对数字经济创新水

---

* 本报告为国家自然科学基金青年项目(71901075)、教育部人文社会科学研究青年基金项目(19YJCZH278)、广东省自然科学基金面上项目(2020A151501507)、广东省哲学社会科学规划共建项目(GD18XGL37)阶段性成果。

** 朱慧,博士,副教授,硕士生导师,广州大学管理学院数据科学与电子商务系主任,研究方向:数字经济产业、大数据分析、数据挖掘。张昭,广州大学管理学院硕士研究生,研究方向:数字经济创新管理。贾云峰,广州大学管理学院本科生,参与企业专利信息收集与筛选。蒙映楠,广州大学管理学院本科生,参与前期数据处理和数据库管理等工作。

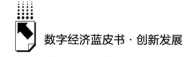

平区县进行全面评估。研究结果发现：第一，企业数量并不是决定地区数字经济创新水平高低的关键因素，与企业从事的科技创新活动与数字经济创新活动更为密切；第二，城市的数字经济企业的平均创新水平与城市所在的区域没有很密切关系，主要还是突出了与数字经济创新政策和企业创新的龙头企业有密切关系；第三，人均GDP与数字经济平均创新水平总体呈现正相关关系，当人均GDP超过200000元后，其正相关性更加明显。

关键词：　一核一带一区　数字创新　数字经济

一　广东各地市数字经济创新水平发展分析

截至2020年底，广东省有21个地级城市（简称"21地市"），基于各个地级市的数字经济发展现状，从综合创新水平与平均创新水平两个不同角度来衡量城市的数字经济创新水平。综合创新水平体现的是各个地级市整体的数字经济创新水平，而平均创新水平更能体现各个地级市企业数字经济创新水平的一般水平。

（一）各地级市数字经济的总体创新水平

广东省21地市的数字经济综合创新水平和企业数量排名如图1、表1所示。从数字经济综合创新水平看，一核（珠三角核心区）整体数字经济创新水平位于全省前列，其中深圳、广州、东莞列前3位，佛山排第4位，珠海排第5位。

值得关注的是，北部生态发展区的清远表现良好，列第10位，而且，除了云浮以外，整体表现较好，位列沿海经济带（东西两翼）6个城市之前。沿海经济带7个城市中，只有东翼的汕头排在全省第11位，其他城市

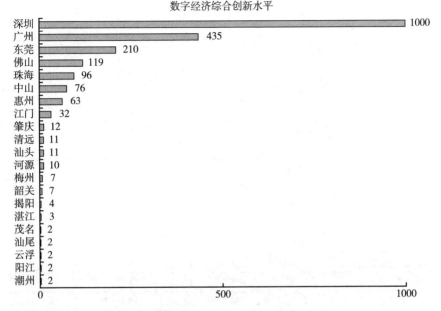

图1　广东省21地市数字经济综合创新水平排名

资料来源：本报告作者整理绘制。

均在15位以后。

从广东省21地市数字经济综合创新水平及企业数量这两个指标来看，企业数量并不是决定地区数字经济创新水平高低的关键因素，例如，珠海、清远、揭阳、汕尾等城市的企业数量与其综合创新水平排名相邻的城市相对比，并不占优势，但是综合创新水平排名相对靠前。因此，这从一个维度反映了各地高新技术企业和科技型中小企业所从事的科技创新活动与数字经济领域的密切程度，即企业数量少但排名靠前的城市，其企业从事的科技创新活动与数字经济创新活动更为密切。表1给出了广东省21地市数字经济企业数量与创新水平的整体排名情况。

可以看出，北部生态发展区5市的整体排名在沿海经济带（东西两翼）的前面，北部生态发展区数字经济产业开展数字经济创新活动态势良好，生态良好的地域更有利于发展数字经济，这也为北部生态发展区寻求持续健康的经济发展方向与发展模式提供了新的思路。

表1 广东省21地市数字经济企业数量与创新水平的整体排名

单位：家

区域	城市	企业数量	综合创新水平排名	周期创新水平排名	持续创新水平排名	价值创新水平排名
一核（珠三角核心区）	深圳	15905	1	1	1	1
	广州	8500	2	3	2	2
	东莞	5088	3	2	3	3
	佛山	3678	4	4	4	5
	珠海	1767	5	5	5	4
	中山	2084	6	7	6	7
	惠州	1501	7	6	7	6
	江门	1267	8	9	8	15
	肇庆	447	9	11	9	11
一区（北部生态发展区）	清远	321	10	13	10	16
一带（东翼）	汕头	405	11	12	11	9
一区（北部生态发展区）	河源	253	12	10	12	10
	梅州	220	13	15	13	18
	韶关	207	14	14	14	12
一带（东翼）	揭阳	123	15	16	15	13
一带（西翼）	湛江	160	16	18	16	19
一带（西翼）	茂名	103	17	20	17	20
一带（东翼）	汕尾	42	18	8	18	8
一区（北部生态发展区）	云浮	74	19	17	19	21
一带（西翼）	阳江	81	20	21	20	17
一带（东翼）	潮州	69	21	19	21	14

资料来源：本报告作者整理。

（二）各地级市数字经济的平均创新水平

广东省21个地级城市数字经济平均创新水平的均值为40，中位数为27。其中深圳、珠海、汕尾、广州都在均值以上，另外，除了上述4个城市，惠州、河源、东莞、中山、清远的数字经济企业平均创新水平在全省数字经济平均创新水平的中位数以上。广东省21地市数字经济平均创新水平和企业数量排名如表2所示。

表2　广东省21地市数字经济平均创新水平和企业数量排名

地市	数字经济平均创新水平	排名	企业数量（家）	排名	区域	排名	与中位数（27）相比较
深圳	51	1	15905	1	一核（珠三角核心区）	1	51
珠海	44	2	1767	6	一核（珠三角核心区）	1	44
汕尾	44	3	42	21	一带（东翼）	3	44
广州	42	4	8500	2	一核（珠三角核心区）	1	42
惠州	34	5	1501	7	一核（珠三角核心区）	1	34
河源	34	6	253	12	一区（北部生态发展区）	2	34
东莞	33	7	5088	3	一核（珠三角核心区）	1	33
中山	29	8	2084	5	一核（珠三角核心区）	1	29
清远	29	9	321	11	一区（北部生态发展区）	2	29
梅州	27	10	220	13	一区（北部生态发展区）	2	27
佛山	26	11	3678	4	一核（珠三角核心区）	1	26
韶关	26	12	207	14	一区（北部生态发展区）	2	26
揭阳	24	13	123	16	一带（东翼）	3	24
汕头	23	14	405	10	一带（东翼）	3	23
肇庆	22	15	447	9	一核（珠三角核心区）	1	22
云浮	22	16	74	19	一区（北部生态发展区）	2	22
江门	20	17	1267	8	一核（珠三角核心区）	1	20
潮州	18	18	69	20	一带（东翼）	3	18
茂名	18	19	103	17	一带（西翼）	4	18
阳江	16	20	81	18	一带（西翼）	4	16
湛江	16	21	160	15	一带（西翼）	4	16

资料来源：本报告作者整理。

　　值得注意的是，珠海、汕尾、惠州、河源、清远、梅州、韶关、揭阳、汕头等城市的数字经济平均创新水平排名与广东省21地市综合创新水平排名的位置有所差异，特别是珠海和汕尾，这表明了城市的数字经济企业的平均创新水平与城市所在的区域没有很大的关系，主要还是与数字经济创新政策和数字经济创新企业的龙头企业有密切的关系。

　　另外，广州、佛山和东莞虽然在企业数量上有很大的优势，但是这三个城市的平均创新水平并不高，广州落后于珠海和汕尾，东莞落后于惠州和河

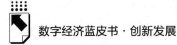

源，而佛山更是落后于中山、清远、梅州。这表明，广州、佛山和东莞三个地区虽然对数字经济创新企业具有聚集效益，但是这些数字经济创新企业的创新能力和水平参差不齐，导致了整体的平均创新水平不高。

同时，本报告给出了广东省 21 地市的周期创新水平排名、持续创新水平排名以及价值创新水平排名。广东省 21 地市数字经济各类创新水平排名变化如图 2 所示。

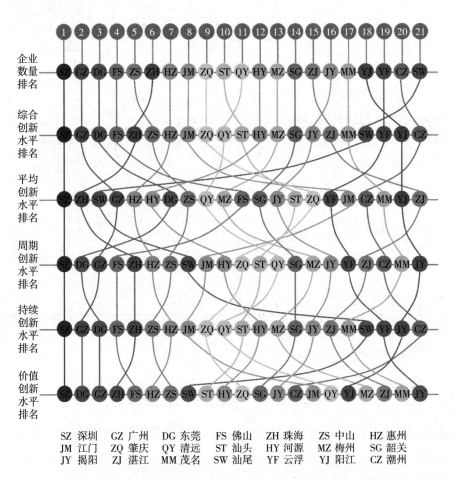

SZ	深圳	GZ	广州	DG	东莞	FS	佛山	ZH	珠海	ZS	中山	HZ	惠州
JM	江门	ZQ	肇庆	QY	清远	ST	汕头	HY	河源	MZ	梅州	SG	韶关
JY	揭阳	ZJ	湛江	MM	茂名	SW	汕尾	YF	云浮	YJ	阳江	CZ	潮州

图 2　广东省 21 地市数字经济各类创新水平排名变化

资料来源：本报告作者整理绘制。

从综合创新水平和平均创新水平的角度来分析，汕尾综合创新水平列第18位，平均创新水平列第3位，表明了汕尾整体的数字经济创新能力虽然较低，但是汕尾的企业还是有较高的数字经济创新水平。值得注意的是，珠海综合创新水平列第5位，平均创新水平上升到第2位；广州综合创新水平列第2位，平均创新水平占据到第4位。

从二级指标的角度来看，在周期创新水平方面（该指标反映近5年，特别是近3年在创新活动总量方面的水平），东莞周期创新水平列第2位，在广州前面，表明其在近5年内，特别是近3年内的数字经济相关创新活动总量保持着较高水平；值得注意的是，东翼的汕尾和北部生态发展区的河源进入了全省数字经济周期创新水平前10位。

在持续创新水平方面（该指标反映近5年，特别是近3年数字经济创新活动持续增长的情况），各地市的表现与综合创新水平基本保持一致。

在价值创新水平方面（该指标反映近5年，特别是近3年数字经济创新活动引起的市场关注情况），东翼的汕头和汕尾、北部生态发展区的河源表现抢眼，进入全省前10位。

二 广东省各区县数字经济创新水平

（一）各区县人均 GDP 与数字经济平均创新水平的关系

图3给出了广东省各区县人均 GDP 与数字经济平均创新水平之间的关系。可以看出，人均 GDP 与数字经济平均创新水平总体呈现正相关关系，当人均 GDP 超过 200000 元后，其正相关性更加明显。

图4显示了广东省各区县数字经济综合创新能力与人均 GDP 发展之间的正向关系。该图的主要内容表现为一条趋势线，该趋势线表明区县之间在一定综合创新能力和人均 GDP 预期水平下的相对关系。相对于人均 GDP 预期水平相当的区县，某区县在这一趋势线上的位置越高，其数字经济综合创新能力表现越强，例如：宝安区与龙华区的人均 GDP 预期水平相当，但是宝安区的数字经济

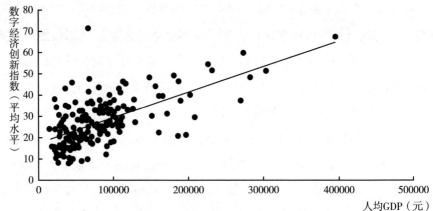

图3　广东省各区县人均GDP与数字经济平均创新水平之间的关系

资料来源：本报告作者整理绘制。

综合创新能力明显比龙华区的强。值得注意的是，在人均GDP为10万元至14万元之间时，深圳宝安的数字经济创新能力最高，南海、顺德次之，但均高于平均趋势，东坑镇则最低，位于趋势线下方。

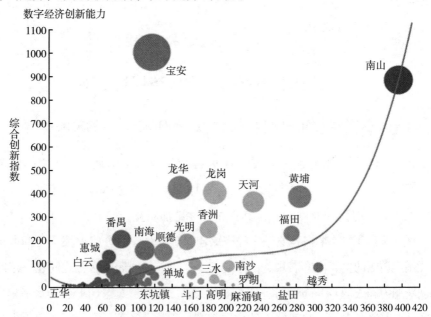

图4　广东省各区县数字经济创新能力与人均GDP发展之间的正向关系

资料来源：本报告作者整理绘制。

（二）各个地级城市排前5位的区县情况

本报告统计了广东省21个地市所属179个区县（东莞、中山按街道统计）的数字经济创新水平中每个城市排在前5位的区县情况。珠三角核心区（一核）各地市数字经济创新水平前5位的区县比较如图5a所示。

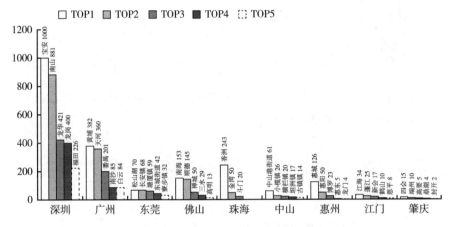

图 5a　珠三角核心区（一核）各地市数字经济综合创新水平前 5 位的区县比较

资料来源：本报告作者整理绘制。

根据图5a，比较珠三角核心区（一核）9市的各地市数字经济综合创新水平前5位的区县，深圳前5位区县的数字经济创新水平都普遍高出其他地市前5位区县的数字经济创新水平，表明深圳市无论从整体还是局部来看，数字经济创新能力在广东省都是名列前茅。值得注意的是，广州市黄埔区数字经济创新水平位列第一，排在了天河区前面；珠海市的香洲区数字经济创新能力出类拔萃，带动了珠海市整体的数字经济创新水平。

根据图5b，比较沿海经济带（东西两翼）7市的地市数字经济综合创新水平前5位的区县，汕头市的前5位区县的数字经济创新水平明显领先于其他地市前5位区县的数字经济创新水平，并且汕头市龙湖区的数字经济创新水平在沿海经济带上占据第一的位置。

根据图5c，比较北部生态发展区5市的地市数字经济综合创新水平前5位

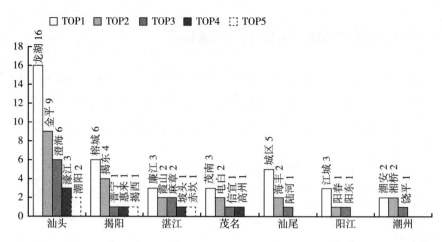

图5b 沿海经济带（东西两翼）地市数字经济综合创新水平前5位的区县比较

资料来源：本报告作者整理绘制。

的区县，清远市的清城区、河源市的源城区数字经济创新水平都要比其他地市区县的数字经济创新水平要高，带领着该地市数字经济创新能力的发展。

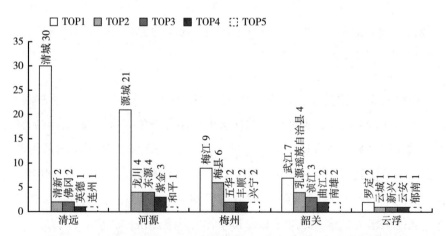

图5c 北部生态发展区地市数字经济综合创新水平前5位的区县比较

资料来源：本报告作者整理绘制。

广东省21地市所属的区县数字经济创新水平排在前5位的区县名单具体如表3所示。

表3　广东省21地市所属的区县数字经济创新水平排在前5位的区县名单

城市	区县	企业数量（家）	专利数量（条）	综合创新水平	排名	平均创新水平	排名
深圳	宝安	5477	128257	1000	1	45	6
	南山	3242	167922	881	2	67	1
	龙华	2172	51280	421	3	48	4
	龙岗	2144	86926	400	4	46	5
	福田	937	38038	226	5	60	2
广州	黄埔	1956	61777	382	1	48	3
	天河	1724	35208	360	2	52	1
	番禺	1322	37366	201	3	38	6
	南沙	530	15951	85	4	40	5
	白云	735	19370	84	5	28	8
东莞	松山湖	334	12609	70	1	52	1
	长安镇	490	60861	68	2	35	8
	塘厦镇	367	10895	59	3	40	3
	东城街道	314	8812	42	4	33	10
	寮步镇	250	6285	32	5	32	15
佛山	南海	1532	41100	153	1	25	3
	顺德	1325	92338	145	2	27	2
	禅城	316	10040	50	3	40	1
	三水	351	11666	29	4	21	4
	高明	154	7196	13	5	21	4
珠海	香洲	1225	80963	243	1	49	1
	金湾	380	14002	50	2	33	2
	斗门	162	7352	20	3	31	3
中山	中山港街道	401	12733	61	1	38	6
	小榄镇	239	10326	26	2	27	12
	横栏镇	181	4783	20	3	27	12
	坦洲镇	146	7195	17	4	29	9
	古镇镇	136	2893	14	5	26	14

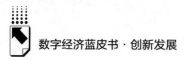

续表

城市	区县	企业数量（家）	专利数量（条）	综合创新水平	排名	平均创新水平	排名
惠州	惠城	751	24982	126	1	42	1
	惠阳	421	11459	50	2	29	2
	博罗	239	5988	23	3	24	4
	惠东	59	1201	5	4	22	5
	龙门	31	597	4	5	28	3
江门	江海	335	7479	34	1	25	2
	蓬江	282	7083	25	2	22	3
	新会	257	6169	17	3	16	5
	鹤山	149	4060	10	4	17	4
	恩平	69	1333	8	5	30	1
肇庆	四会	193	5841	15	1	19	5
	端州	74	1655	10	2	35	2
	高要	83	2187	5	3	16	6
	鼎湖	27	572	4	4	37	1
	封开	14	220	2	5	35	2
清远	清城	208	6972	30	1	36	2
	清新	30	889	2	2	20	3
	佛冈	27	730	2	2	15	5
	英德	33	984	1	4	11	6
	连州	14	259	1	4	10	7
汕头	龙湖	118	2598	16	1	33	1
	金平	115	3264	9	2	19	3
	澄海	76	4928	6	3	19	3
	濠江	45	1334	3	4	19	3
	潮阳	23	594	2	5	17	6
河源	源城	142	3575	21	1	37	2
	龙川	28	1505	4	2	34	3
	东源	39	1090	4	2	25	5
	紫金	20	416	3	4	38	1
	和平	13	265	1	5	27	4

续表

城市	区县	企业数量（家）	专利数量（条）	综合创新水平	排名	平均创新水平	排名
梅州	梅江	60	864	9	1	36	1
	梅县	46	1053	6	2	35	2
	五华	21	309	2	3	24	3
	丰顺	19	455	2	3	24	3
	兴宁	27	385	2	3	16	7
韶关	武江	64	1353	7	1	25	4
	乳源瑶族自治县	25	572	4	2	37	1
	浈江	29	533	3	3	25	4
	曲江	17	1347	2	4	33	2
	南雄	15	510	2	4	28	3
揭阳	榕城	46	1152	6	1	30	2
	揭东	44	1118	4	4	21	4
	普宁	21	698	1	3	15	5
	惠来	6	128	1	3	31	1
	揭西	6	49	1	3	27	3
湛江	廉江	42	739	3	1	17	4
	霞山	22	567	2	2	25	1
	麻章	20	456	2	3	19	2
	坡头	19	485	1	4	12	6
	赤坎	11	247	1	4	18	3
茂名	茂南	28	608	3	1	29	1
	电白	30	738	2	2	15	3
	信宜	11	314	1	3	24	2
	高州	22	472	1	3	10	4
	化州	12	303	0	5	9	5
汕尾	城区	16	4262	5	1	71	1
	海丰	16	307	2	2	31	2
	陆河	7	97	1	3	23	3
	陆丰	3	34	0	4	13	4
云浮	罗定	26	395	2	1	23	3
	云城	11	302	1	2	33	1
	新兴	21	1146	1	2	16	4
	云安	10	318	1	2	16	4
	郁南	6	110	1	2	26	2

续表

城市	区县	企业数量（家）	专利数量（条）	综合创新水平	排名	平均创新水平	排名
阳江	江城	43	884	3	1	19	2
	阳春	10	437	1	2	23	1
	阳东	23	856	1	2	10	3
	阳西	5	117	0	4	9	4
潮州	潮安	31	1830	2	1	18	2
	湘桥	21	482	2	1	21	1
	饶平	17	753	1	2	16	3

资料来源：本报告作者整理。

（三）数字经济创新水平区县四分位分析

1. 数字经济创新水平TOP25%区县分析

广东省数字经济创新水平前25%的区县如表4所示，从数字经济综合创新水平看，深圳市共有9个区，其中有8个区进入TOP25%，宝安区、南山区、龙华区、龙岗区位列前4。广州共有11个区，其中有10个区进入TOP25%，值得注意的是黄埔区排在天河区前面，分别列第5位、第6位。珠海的香洲区列第7位、金湾区列第26位。佛山共有5个区，其中4个区进入TOP25%，南海区、顺德区分别列第11位、第12位。

表4　广东省区县数字经济创新水平TOP25%

区县	城市	企业数量（家）	综合创新水平	排名	平均创新水平	排名
宝安	深圳	5477	1000	1	45	15
南山	深圳	3242	881	2	67	2
龙华	深圳	2172	421	3	48	10
龙岗	深圳	2144	400	4	46	12
黄埔	广州	1956	382	5	48	9
天河	广州	1724	360	6	52	5
香洲	珠海	1225	243	7	49	8

续表

区县	城市	企业数量（家）	综合创新水平	排名	平均创新水平	排名
福田	深圳	937	226	8	60	3
番禺	广州	1322	201	9	38	30
光明	深圳	1067	189	10	44	16
南海	佛山	1532	153	11	25	102
顺德	佛山	1325	145	12	27	84
惠城	惠州	751	126	13	42	20
坪山	深圳	599	95	14	39	26
南沙	广州	530	85	15	40	23
白云	广州	735	84	16	28	77
越秀	广州	385	80	17	52	7
海珠	广州	427	74	18	43	18
松山湖	东莞	334	70	19	52	6
长安镇	东莞	490	68	20	35	42
花都	广州	596	62	21	26	93
中山港街道	中山	401	61	22	38	28
塘厦镇	东莞	367	59	23	40	22
增城	广州	484	53	24	27	82
禅城	佛山	316	50	25	40	24
金湾	珠海	380	50	26	33	52
惠阳	惠州	421	50	27	29	70
罗湖	深圳	214	47	28	55	4
东城街道	东莞	314	42	29	33	49
江海	江门	335	34	30	25	100
寮步镇	东莞	250	32	31	32	56
清城	清远	208	30	32	36	39
清溪镇	东莞	195	30	33	38	31
三水	佛山	351	29	34	21	126
横沥镇	东莞	227	29	35	32	58
荔湾	广州	198	29	36	36	40
虎门镇	东莞	230	28	37	30	66
常平镇	东莞	235	26	38	27	83
小榄镇	中山	239	26	39	27	89
蓬江	江门	282	25	40	22	119
南城街道	东莞	163	24	41	37	33

续表

区县	城市	企业数量（家）	综合创新水平	排名	平均创新水平	排名
凤岗镇	东莞	156	23	42	36	38
博罗	惠州	239	23	43	24	109
大朗镇	东莞	185	22	44	29	72
源城	河源	142	21	45	37	32

资料来源：本报告作者整理。

从数字经济综合创新水平和数字经济平均创新水平两个指标来看，深圳各区整体表现较稳定；值得关注的是，深圳宝安区、南山区数字经济综合创新水平分别列第 1 位、第 2 位，但在数字经济平均创新水平上宝安区下降到第 15 位，而南山区保持在第 2 位，这表明了南山区整体的数字经济创新水平虽然不如宝安区，但比较区每个企业的数字经济创新能力，南山区比宝安区有着较大的优势。同样，广州黄埔区、天河区数字经济综合创新水平分别列第 5 位、第 6 位，在数字经济平均创新水平上黄埔区下降第 9 位，天河区上升到第 5 位。

除此之外，佛山南海区、顺德区数字经济综合创新水平分别列第 11 位、第 12 位，数字经济平均创新水平分别下降到第 102 位、第 84 位。广州白云区数字经济综合创新水平列第 16 位，但数字经济平均创新水平列第 77 位。然而，南海区有 1532 家企业，顺德区有 1325 家企业，白云区有 735 家企业。根据以上分析，这些区的数字经济综合创新水平排名较高，很大一部分因素是由于该区数字经济企业数量所存在的优势。

但是，各区拥有的高新技术企业和科技型中小企业数量不是其数字经济创新水平排名较高的决定因素，例如：深圳福田区与广州番禺区、深圳光明区与佛山南海区、广州南沙区与白云区、广州越秀区与海珠区、东莞松山湖与长安镇等。

2. 数字经济创新水平 TOP25%~50% 区县分析

表 5 给出了在广东省 21 个地市所属 179 个区县（东莞、中山按街道统计）中位列数字经济创新水平排名 TOP25%~50% 的区县的情况。从数字经

济综合创新水平看，值得注意的是东莞市有 16 个街道、中山市有 12 个街道进入 TOP25%～50%，珠海的斗门区列第 47 位，佛山的高明区列第 60 位，广州的从化区列第 66 位，深圳的盐田区列第 79 位。

表 5　广东省区县数字经济创新水平 TOP25%～50%

区县	城市	企业数量（家）	综合创新水平	排名	平均创新水平	排名
石碣镇	东莞	158	21	46	33	53
斗门	珠海	162	20	47	31	61
横栏镇	中山	181	20	48	27	88
黄江镇	东莞	145	19	49	33	50
万江街道	东莞	165	19	50	28	79
大岭山镇	东莞	142	18	51	32	57
石排镇	东莞	139	17	52	31	60
坦洲镇	中山	146	17	53	29	69
新会	江门	257	17	54	16	149
厚街镇	东莞	152	17	55	27	86
龙湖	汕头	118	16	56	33	51
四会	肇庆	193	15	57	19	135
茶山镇	东莞	121	14	58	29	73
古镇镇	中山	136	14	59	26	96
高明	佛山	154	13	60	21	123
东凤镇	中山	119	12	61	26	94
东升镇	中山	127	12	62	23	111
企石镇	东莞	93	12	63	32	59
桥头镇	东莞	110	12	64	26	90
南朗镇	中山	112	12	65	26	92
从化	广州	143	11	66	20	131
东坑镇	东莞	82	11	67	33	47
端州	肇庆	74	10	68	35	43
鹤山	江门	149	10	69	17	144
樟木头镇	东莞	75	10	70	33	48
谢岗镇	东莞	68	9	71	34	46
高埗镇	东莞	88	9	72	26	91
梅江	梅州	60	9	73	36	37
金平	汕头	115	9	74	19	137

续表

区县	城市	企业数量(家)	综合创新水平	排名	平均创新水平	排名
三乡镇	中山	95	8	75	22	118
东区街道	中山	52	8	76	40	25
沙田镇	东莞	81	8	77	25	97
恩平	江门	69	8	78	30	68
盐田	深圳	53	8	79	37	34
道滘镇	东莞	84	8	80	23	110
南头镇	中山	77	7	81	23	115
莞城街道	东莞	43	7	82	38	29
武江	韶关	64	7	83	25	98
梅县	梅州	46	6	84	35	44
西区街道	中山	33	6	85	46	13
港口镇	中山	71	6	86	21	124
黄圃镇	中山	60	6	87	25	104
台山	江门	97	6	88	15	160
澄海	汕头	76	6	89	19	134
榕城	揭阳	46	6	90	30	65

资料来源：本报告作者整理。

江门的新会区、鹤山区、台山区数字经济综合创新水平分别为第54、69、88位，平均创新水平下降到第149、144、160位。肇庆的四会区数字经济综合创新水平列第57位，数字经济平均创新水平下降到第135位。汕头的金平区、澄海区数字经济综合创新水平分别列第74、89位，数字经济平均创新水平分别下降到第137、134位。广州的从化区相比数字经济综合创新水平的第66位，数字经济平均创新水平下降到第131位。深圳的盐田区相比数字经济综合创新水平的第79位，数字经济平均创新水平上升到第34位。

3. 数字经济创新水平 TOP50%～75%区县分析

表6给出了在广东省21个地市所属179个区县（东莞、中山按街道统计）中位列数字经济创新水平排名 TOP50%～75%的区县的情况。从数字经济综合创新水平看，值得注意的是东莞市有5个街道、中山市有8个街道进入 TOP50%～75%。

表6 广东省区县数字经济创新水平 TOP50%~75%

区县	城市	企业数量（家）	综合创新水平	排名	平均创新水平	排名
高要	肇庆	83	5	91	16	148
望牛墩镇	东莞	49	5	92	28	81
神湾镇	中山	28	5	93	48	11
惠东	惠州	59	5	94	22	116
三角镇	中山	42	5	95	30	64
开平	江门	78	5	96	16	152
麻涌镇	东莞	40	5	97	29	71
石岐街道	中山	28	5	98	41	21
城区	汕尾	16	5	99	71	1
中堂镇	东莞	61	4	100	18	141
石龙镇	东莞	25	4	101	44	17
五桂山街道	中山	22	4	102	46	14
鼎湖	肇庆	27	4	103	37	35
龙川	河源	28	4	104	34	45
东源	河源	39	4	105	25	103
乳源瑶族自治县	韶关	25	4	106	37	36
揭东	揭阳	44	4	107	21	127
龙门	惠州	31	4	108	28	78
南区街道	中山	29	4	109	30	67
濠江	汕头	45	3	110	19	136
茂南	茂名	28	3	111	29	75
江城	阳江	43	3	112	19	138
紫金	河源	20	3	113	38	27
民众镇	中山	34	3	114	21	122
浈江	韶关	29	3	115	25	101
廉江	湛江	42	3	116	17	145
板芙镇	中山	24	3	117	28	80
沙溪镇	中山	21	2	118	29	74
罗定	云浮	26	2	119	23	113
清新	清远	30	2	120	20	132
潮安	潮州	31	2	121	18	139
曲江	韶关	17	2	122	33	54
霞山	湛江	22	2	123	25	99
五华	梅州	21	2	124	24	105

续表

区县	城市	企业数量(家)	综合创新水平	排名	平均创新水平	排名
封开	肇庆	14	2	125	35	41
海丰	汕尾	16	2	126	31	63
洪梅镇	东莞	21	2	127	22	117
丰顺	梅州	19	2	128	24	106
电白	茂名	30	2	129	15	159
湘桥	潮州	21	2	130	21	125
南雄	韶关	15	2	131	28	76
兴宁	梅州	27	2	132	16	155
佛冈	清远	27	2	133	15	161
麻章	湛江	20	2	134	19	133
潮阳	汕头	23	2	135	17	146

资料来源：本报告作者整理。

　　江门的开平区数字经济综合创新水平排名为第96位，数字经济平均创新水平下降到第152位。肇庆的鼎湖区、封开区数字经济综合创新水平排名分别为第103、125位，数字经济平均创新水平分别上升到第35、41位。河源的龙川区数字经济综合创新水平列第104位，数字经济平均创新水平上升到第45位。韶关的乳源瑶族自治县、曲江区、南雄市数字经济综合创新水平分别列第106、122、131位，数字经济平均创新水平分别上升到第36、54、76位。茂名的茂南区数字经济综合创新水平列第111位，数字经济平均创新水平上升到第75位。茂名的电白区相比数字经济综合创新水平的第129位，数字经济平均创新水平下降到第159位。惠州的龙门区相比数字经济综合创新水平的第108位，数字经济平均创新水平上升到第78位。汕尾的海丰区相比数字经济综合创新水平的第126位，数字经济平均创新水平上升到第63位。

　　其中最值得注意的是，汕尾城区数字经济综合创新水平列第99位，数字经济平均创新水平列第1位，企业数量为16家。表明汕尾城区的数字经济创新能力虽然排名较低，但是该区的企业数字经济创新能力的一般水平有着绝对优势。

4. 数字经济创新水平 Last25% 区县分析

表7给出了在广东省21个地市所属179个区县（东莞、中山按街道统计）中位列数字经济创新水平排名 Last25% 的区县的情况。

表7　广东省区县数字经济创新水平 Last25%

区县	城市	企业数量(家)	综合创新水平	排名	平均创新水平	排名
英德	清远	33	1	136	11	169
云城	云浮	11	1	137	33	55
潮南	汕头	26	1	138	14	165
和平	河源	13	1	139	27	85
新兴	云浮	21	1	140	16	151
广宁	肇庆	21	1	141	16	156
乐昌	韶关	15	1	142	22	120
普宁	揭阳	21	1	143	15	158
德庆	肇庆	22	1	144	14	163
蕉岭	梅州	14	1	145	20	130
信宜	茂名	11	1	146	24	107
饶平	潮州	17	1	147	16	154
始兴	韶关	11	1	148	24	108
怀集	肇庆	13	1	149	20	128
平远	梅州	14	1	150	17	142
坡头	湛江	19	1	151	12	167
阳春	阳江	10	1	152	23	114
阳东	阳江	23	1	153	10	173
高州	茂名	22	1	154	10	172
仁化	韶关	12	1	155	17	143
大埔	梅州	19	1	156	11	170
翁源	韶关	13	1	157	15	157
赤坎	湛江	11	1	158	18	140
惠来	揭阳	6	1	159	31	62
连平	河源	11	1	160	15	162
陆河	汕尾	7	1	161	23	112
揭西	揭阳	6	1	162	27	87
遂溪	湛江	20	1	163	8	179

续表

区县	城市	企业数量（家）	综合创新水平	排名	平均创新水平	排名
云安	云浮	10	1	164	16	153
郁南	云浮	6	1	165	26	95
吴川	湛江	13	1	166	12	168
连州	清远	14	1	167	10	171
化州	茂名	12	0	168	9	176
阳山	清远	6	0	169	16	147
雷州	湛江	7	0	170	14	164
新丰	韶关	6	0	171	16	150
阜沙镇	中山	4	0	172	20	129
徐闻	湛江	6	0	173	8	178
阳西	阳江	5	0	174	9	175
连山壮族瑶族自治县	清远	1	0	175	43	19
南澳	汕头	2	0	176	22	121
陆丰	汕尾	3	0	177	13	166
大涌镇	中山	3	0	178	9	174
连南瑶族自治区	清远	2	0	179	8	177

资料来源：本报告作者整理。

云浮的云城区、郁南区数字经济综合创新水平分别列第 137、165 位，数字经济平均创新水平分别上升到第 55、95 位。河源的和平县数字经济综合创新水平列第 139 位，数字经济平均创新水平上升到第 85 位。茂名的信宜市数字经济综合创新水平列第 146 位，数字经济平均创新水平上升到第 107 位。韶关的始兴县数字经济综合创新水平列第 148 位，数字经济平均创新水平上升到 108 位。揭阳的惠来县、揭西县数字经济综合创新水平分别列第 159、162 位，数字经济平均创新水平分别上升到第 62、87 位。

其中最值得注意的是，清远的连山壮族瑶族自治县相比数字经济综合创新水平的第 175 位，数字经济平均创新水平上升到第 19 位。

（四）珠三角核心区地市区县数字经济创新水平分布情况

根据图 6，观察珠三角核心区地市区县的数字经济创新水平排名分布情况，总的来说排在前 50% 的区县占据了大多数。其中深圳、广州、佛山、珠海四个地市的全部区县都排在了前 50%，说明了这四个地市的区县数字经济创新水平发展较为均衡。

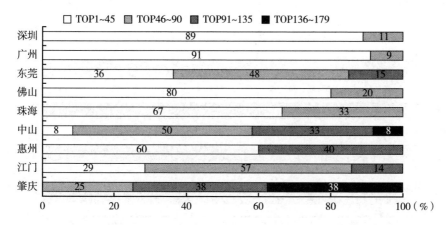

图 6　珠三角核心区（一核）地市区县数字经济创新水平分布情况

资料来源：本报告作者整理绘制。

东莞、江门两个地市的大部分区县排在了 TOP46～90，排在 TOP1～45 和 TOP91～135 这两个区间的区县较少，这说明这两个地市的大部分的区县数字经济发展水平较为集中，呈现两头少中间多的发展趋势。

中山市区县排名分布在了四个排名区间，有 83% 的区县排在 TOP46～135，各有 8% 的区县排在了 TOP1～45 和 TOP136～179，说明中山市区县数字经济发展比较集中，发展较快和发展较慢的区县都比较少。

肇庆市区县没有分布在 TOP1～45。其他三个排名区间中肇庆市区县分布较为均匀，说明肇庆市的区县数字经济发展较为靠后，但发展较为均衡。

（五）沿海经济带（东西两翼）地市区县数字经济创新水平分布情况

根据图7，观察沿海经济带（东翼）地市区县的数字经济创新水平排名分布情况，总的来说排在后50%的区县占了绝大多数。其中汕尾、潮州的全部区县都排在了后50%，说明这两个地市的区县数字经济整体水平发展不快，较为落后。

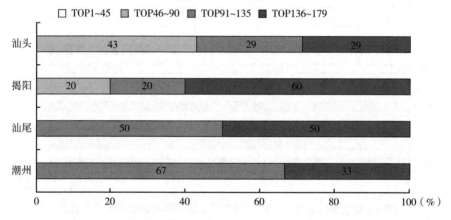

图7 沿海经济带（东翼）地市区县数字经济创新水平分布情况

资料来源：本报告作者整理绘制。

汕头市有43%的区县进入区县数字经济创新水平排名的TOP46~90，剩下的57%处在排名的TOP91~135和TOP136~179，说明汕头市数字经济创新水平发展态势良好；揭阳市60%的区县进入区县数字经济创新水平排名的TOP136~179，另各有20%的企业分别进入了排名TOP46~90、TOP91~135，说明揭阳市的区县数字经济创新水平发展不均衡，整体水平较为落后。

根据图8，观察沿海经济带（西翼）的地市区县数字经济创新水平的排名分布情况，可以看到全部区县排在了后50%。并且，湛江67%的区县，茂名60%的区县，阳江75%的区县进入了TOP136~179，说明沿海经济带（西翼）的区县数字经济整体水平发展不快，较为落后。

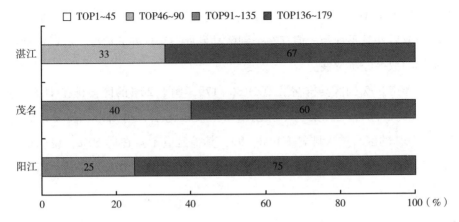

图8　沿海经济带（西翼）地市区县数字经济创新水平分布情况

资料来源：本报告作者整理绘制。

（六）北部生态发展区地市区县数字经济创新水平分布情况

根据图9，观察北部生态发展区的地市区县数字经济创新水平的排名分布情况，可以看出整体数字经济创新水平发展较为落后，但有个别区县数字经济创新水平发展较为良好。其中清远市、河源市区县没有分布在TOP46～90。从其他的排名区间中注意到，清远市有13%的区县、河源市有17%

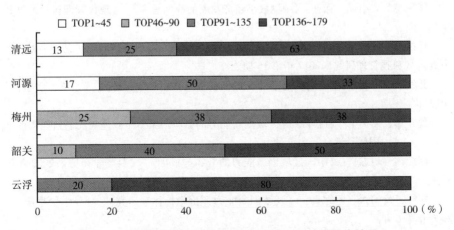

图9　北部生态发展区地市区县数字经济创新水平分布情况

资料来源：本报告作者整理绘制。

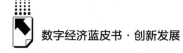

的区县进入了 TOP1~45，说明清远市、河源市的区县数字经济创新水平发展较为靠后并且不均衡，但存在个别区县发展态势良好的情况，可以带动地市整体的数字经济发展。

云浮市 80% 的区县排在了 TOP136~179，剩下 20% 的区县排在 TOP91~135，说明云浮市区县数字经济创新水平发展落后；梅州市、韶关市各有 25%、10% 的区县进入排名 TOP46~90，其他区县都排在后 50%，说明梅州市、韶关市的区县数字经济创新水平发展较为不均衡，整体水平较为落后。

参考文献

郑慕强、曾永、种照辉：《区域创新中心建设路径及对策研究——以汕头经济特区为例》，《现代商贸工业》2021 年第 28 期。

廖文龙、翁鸣、陈晓毅、王德劲：《创新与经济增长：基于区域面板数据的 bootsrtap 格兰杰因果关系检验》，《科学决策》2020 年第 10 期。

柳杨、李君、左越：《数字经济发展态势与关键路径研究》，《中国管理信息化》2019 年第 15 期。

邵汉华、周磊、刘耀彬：《中国创新发展的空间关联网络结构及驱动因素》，《科学学研究》2018 年第 11 期。

张亮亮、刘小凤、陈志：《中国数字经济发展的战略思考》，《现代管理科学》2018 年第 5 期。

肖田野、罗广宁、陈丹华：《区域科技创新与经济发展耦合协调度研究——以广东为例》，《科技管理研究》2017 年第 15 期。

苏屹、李柏洲：《基于随机前沿的区域创新系统创新绩效分析》，《系统工程学报》2013 年第 1 期。

魏守华、吴贵生、吕新雷：《区域创新能力的影响因素——兼评我国创新能力的地区差距》，《中国软科学》2010 年第 9 期。

柳卸林、胡志坚：《中国区域创新能力的分布与成因》，《科学学研究》2002 年第 5 期。

甄峰、黄朝永、罗守贵：《区域创新能力评价指标体系研究》，《科学管理研究》2000 年第 6 期。

B.4
广东省数字经济产业创新水平报告[*]

朱慧　张昭　崔霞　魏焕哲[**]

摘　要： 根据中国国家统计局发布的《数字经济及其核心产业统计分类（2021）》，本报告主要经过数据筛选，分析广东省数字经济企业创新活动，统计分析样本企业涉及数字经济五大类产业中的16个中类96个小类的创新水平。研究发现，广东省数字经济各产业的综合创新水平由高到低依次为数字产品制造业、数字技术应用业、数字化效率提升业、数字产品服务业、数字要素驱动业。从大类产业来看，除了数字产品制造业各地区创新水平差异较大以及珠三角核心区9市在数字产品制造业、数字技术应用业领先较多以外，各区域在数字化效率提升业、数字要素驱动业和数字产品服务业领域的整体创新水平差异不是很明显。从中类产业来看，16个数字经济中类产业在不同地区的发展态势有所差别，各个地区也具有不同的产业发展特征。从小类产业来看，整体上，各地区的创新水平和全省的创新水平差别不大，趋近于一个稳定水平。

关键词： 数字创新　数字产业　广东省

---

* 本报告为国家自然科学基金青年项目（71901075）、教育部人文社会科学研究青年基金项目（19YJCZH278）、广东省自然科学基金面上项目（2020A151501507）、广东省哲学社会科学规划共建项目（GD18XGL37）阶段性成果。

** 朱慧，博士，副教授，硕士生导师，广州大学管理学院数据科学与电子商务系主任，研究方向：数字经济产业、大数据分析、数据挖掘。张昭，广州大学管理学院硕士研究生，研究方向：数字经济创新管理。崔霞，博士，教授，广州大学经济与统计学院统计学系博士生导师，研究方向：缺失数据分析、因果推断、高维数据建模。魏焕哲，北京师范大学-香港浸会大学联合国际学院学士，研究方向：数据科学、数值优化。

一 数字经济大类产业创新水平

依据采集的 2016~2020 年相关数据，广东省数字经济五大类产业的综合创新水平和平均创新水平排名情况如图 1 所示。从综合创新水平来看，广东省数字经济各产业的综合创新水平由高到低依次为数字产品制造业、数字技术应用业、数字化效率提升业、数字产品服务业、数字要素驱动业。作为数字经济核心产业（对应数字产业化部分，国家统计局界定）的数字产品服务业和数字要素驱动业的创新水平低于以产业数字化为核心的数字化效率

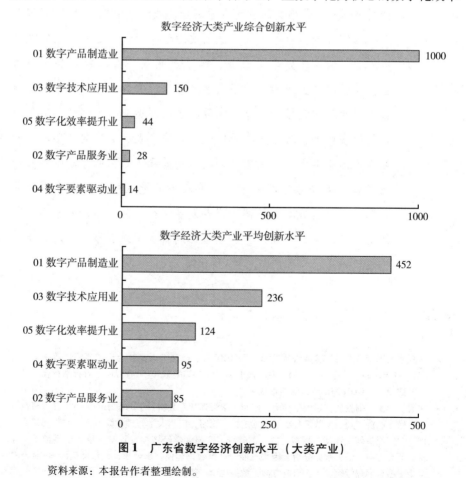

图 1 广东省数字经济创新水平（大类产业）

资料来源：本报告作者整理绘制。

提升业（指应用数字技术和数据资源为传统产业带来的产出增加和效率提升，是数字技术与实体经济的融合）。值得注意的是，从平均创新水平来看，数字要素驱动业排在了第4位，相比综合创新水平排名上升了一位，说明了数字要素驱动业的企业数字经济创新的一般水平比较突出。

广东省数字经济五大类产业平均创新水平区域分布情况如图2所示。可以看出，数字产品制造业、数字技术应用业整体创新水平列全省五大产业前2位，数字化效率提升业、数字要素驱动业和数字产品服务业分别排在第3位、第4位和第5位。珠三角核心区整体创新水平居于全省前列，北部生态发展区5市（除数字要素驱动业外）整体创新水平高于沿海经济带（东西两翼）7市，沿海经济带（东翼）4市的数字产品制造业、数字产品服务业创新水平高于沿海经济带（西翼）3市，沿海经济带（西翼）3市在数字技术应用业、数字要素驱动业和数字化效率提升业方面略高于沿海经济带（东翼）4市。

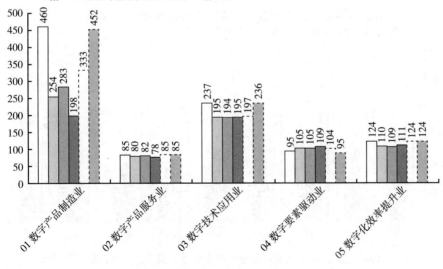

图2　广东省数字经济五大类产业平均创新水平区域分布情况

资料来源：本报告作者整理绘制。

从全省的角度来看，除了数字产品制造业各地区创新水平差异较大以及珠三角核心区 9 市在数字产品制造业、数字技术应用业领先较多以外，各区域在数字化效率提升业、数字要素驱动业和数字产品服务业领域的整体创新水平差异不是很明显。

（一）珠三角核心区各地市数字经济大类产业平均创新水平情况

如图 3 所示，在珠三角核心区，数字产品制造业平均创新水平排名前 3 位的地市分别是深圳市、珠海市、广州市；数字技术应用业平均创新水平排名前 3 位的地市分别是珠海市、广州市、深圳市；数字化效率提升业平均创新水平排名前 3 位的地市分别是中山市、深圳市、肇庆市；数字要素驱动业平均创新水平排名前 3 位的地市分别是珠海市、深圳市、中山市；数字产品服务业平均创新水平排名前 3 位的地市分别是深圳市、珠海市、广州市。从整体的角度来看，数字产品制造业与数字技术应用业在珠三角核心区各地市平均创新水平差异较大，而数字化效率提升业、数字要素驱动业和数字产品服务业的平均创新水平差异不明显。

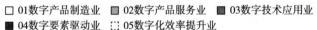

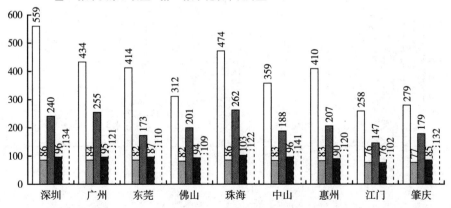

图 3 珠三角核心区（一核）各地市数字经济大类产业平均创新水平情况

资料来源：本报告作者整理绘制。

（二）沿海经济带（东西两翼）各地市数字经济大类产业平均创新水平情况

如图 4 所示，在沿海经济带（东翼），数字产品制造业平均创新水平由高到低依次为汕尾市、揭阳市、汕头市、潮州市；数字技术应用业平均创新水平由高到低依次为汕尾市、揭阳市、汕头市、潮州市；数字化效率提升业平均创新水平由高到低依次为汕尾市、汕头市、揭阳市、潮州市；数字要素驱动业平均创新水平由高到低依次为汕尾市、汕头市、揭阳市、潮州市；数字产品服务业平均创新水平由高到低依次为揭阳市、汕尾市、汕头市、潮州市。

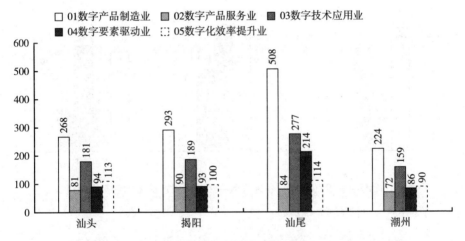

图 4　沿海经济带（东翼）各地市数字经济大类产业平均创新水平情况

资料来源：本报告作者整理绘制。

值得注意的是，汕尾市的数字产品制造业、数字技术应用业、数字化效率提升业、数字要素驱动业平均创新水平在沿海经济带（东翼）都是排在第一位，说明汕尾市的这 4 个产业的企业数字经济创新能力一般水平有很大的优势。

如图 5 所示，在沿海经济带（西翼），数字产品制造业平均创新水平由高到低依次为茂名市、湛江市、阳江市；数字技术应用业平均创新水平由高到低依次为阳江市、茂名市、湛江市；数字化效率提升业平均创新水平由高到低依次为阳江市、茂名市、湛江市；数字要素驱动业平均创新水平由高到低依次为茂名市、阳江市、湛江市；数字产品服务业平均创新水平由高到低依次为茂名市、湛江市、阳江市。

值得注意的是，湛江市的数字要素驱动业平均创新水平为 0，说明了湛江市在数字要素驱动业上没有企业进行研发投入，该产业的数字经济创新能力尚未发展。

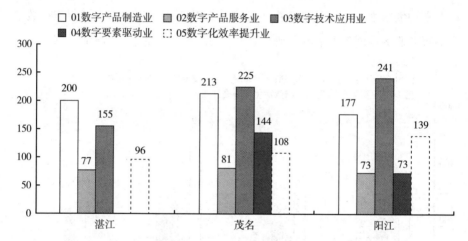

图 5　沿海经济带（西翼）各地市数字经济大类产业平均创新水平情况

资料来源：本报告作者整理绘制。

（三）北部生态发展区各地市数字经济大类产业平均创新水平情况

如图 6 所示，在北部生态发展区，数字产品制造业平均创新水平由高到低依次为河源市、梅州市、清远市、韶关市、云浮市；数字技术应用业平均创新水平由高到低依次为清远市、云浮市、梅州市、韶关市、河源市；数字化效率提升业平均创新水平由高到低依次为清远市、韶关市、河源市、梅州市、云浮市；数字要素驱动业平均创新水平由高到低依次为云浮市、河源市、清远市、梅州市、韶关市；数字产品服务业平均创新水平由高到低依次为清远市、韶关市、河源市、梅州市、云浮市。

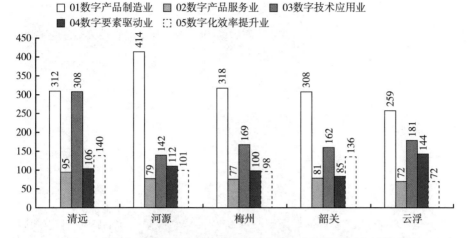

图 6 北部生态发展区各地市数字经济大类产业平均创新水平情况

资料来源：本报告作者整理绘制。

二 数字经济中类产业创新水平

数字经济创新主要包括 16 个中类产业，各占的比例如图 7 所示（数字经济一共有 32 个中类产业，此次测算中有 16 个中类产业未涉及数字经济创新活动）。

图 7 给出了数字经济 16 个中类产业中企业数量占比情况，其中智能设备制造占 18.9%，电子元器件及设备制造占 16.4%，其他数字产品制造业占 12.5%，计算机制造和数字媒体设备制造分别占 9.9% 和 8.1%，通讯及雷达设备制造占 7.4%。

图 8 给出了数字经济 16 个中类产业的创新水平排名。从中类产业综合创新水平看，电子元器件及设备制造、智能设备制造、数字媒体设备制造、计算机制造、其他数字产品制造业列全省前 5 位，这 5 个中类产业均属于数字产品制造业大类。数字技术应用业有 3 个中类产业进入前 10 位，分别是互联网相关服务、信息技术服务和软件开发。数字化效率提升业的智能制造列第 10 位；数字产品服务业仅涉及数字产品维修。数字要素驱动业中的互联网平台、信息基础设施建设排名靠后，分别列第 14 位、第 15 位。

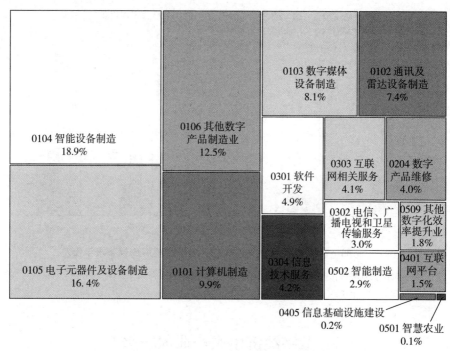

图7 数字经济16个中类产业中企业数量占比情况

资料来源：本报告作者整理绘制。

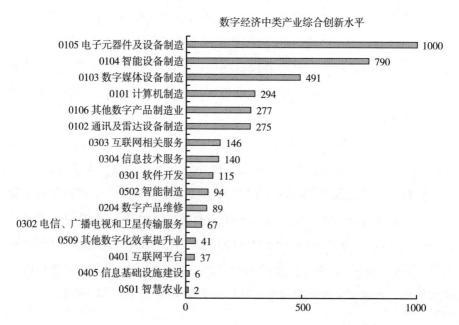

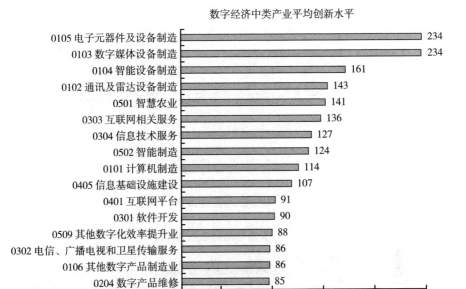

图 8 广东省数字经济创新水平（中类产业）

资料来源：本报告作者整理绘制。

从中类产业平均创新水平看，电子元器件及设备制造、数字媒体设备制造、智能设备制造依然处于前 3 位；通讯及雷达设备制造、智慧农业进入前 5 位；信息基础设施建设平均创新水平排名较综合创新水平有所提升，进入前 10 位；智能制造依然处于全省中间位置，数字产品维修平均创新水平处于全行业最后。

值得注意的是智慧农业，综合创新水平排在了第 16 位，但平均创新水平却上升至第 5 位，这说明了虽然智慧农业整体数字经济创新水平不高，但涉及企业的数字经济创新能力一般水平很突出。

图 9 给出了各地区的数字经济中类产业平均创新水平，整体来看，16 个数字经济中类产业在不同地区的发展态势有所差别，各个地区也具有不同的产业发展特征。

在珠三角核心区，平均创新水平排在前 3 位的数字经济中类产业分别是智慧农业、智能设备制造、通讯及雷达设备制造，其中，智慧农业属于数字

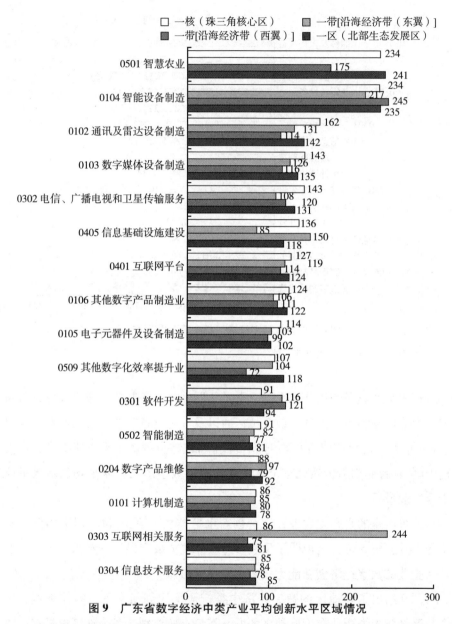

图9 广东省数字经济中类产业平均创新水平区域情况

资料来源：本报告作者整理绘制。

化效率提升业，智能设备制造、通讯及雷达设备制造属于数字产品制造业；

排在后3位的数字经济中类产业是计算机制造、互联网相关服务、信息技术服务，其中，计算机制造属于数字产品制造业，互联网相关服务、信息技术服务属于数字技术应用业。

在沿海经济带（东翼），平均创新水平排在前3位的数字经济中类产业分别是互联网相关服务、智能设备制造、通讯及雷达设备制造，其中，互联网相关服务属于数字技术应用业，智能设备制造、通讯及雷达设备制造属于数字产品制造业；排在后3位的数字经济中类产业是智能制造、信息技术服务、信息基础设施建设，分别属于数字化效率提升业、数字技术应用业、数字要素驱动业。

在沿海经济带（西翼），平均创新水平排在前3位的数字经济中类产业是智能设备制造、智慧农业、信息基础设施建设，分别属于数字产品制造业、数字化效率提升业、数字要素驱动业；排在后3位的数字经济中类产业是其他数字化效率提升业、互联网相关服务、智能制造，其中，互联网相关服务属于数字技术应用业，其他两个产业属于数字化效率提升业。

在北部生态发展区，平均创新水平排在前3位的数字经济中类产业分别是智慧农业、智能设备制造、通讯及雷达设备制造，其中智慧农业属于数字化效率提升业，智能设备制造、通讯及雷达设备制造属于数字产品制造业；排在后3位的数字经济中类产业是计算机制造、智能制造、互联网相关服务，分别属于数字产品制造业、数字化效率提升业、数字技术应用业。

同时，智慧农业在沿海经济带（东翼）的平均创新水平为0，在北部生态发展区的平均创新水平最高；软件开发的平均创新水平按所在区域从高到低依次排序为沿海经济带（西翼）、沿海经济带（东翼）、北部生态发展区、珠三角核心区。智能设备制造、信息基础设施建设在沿海经济带（西翼）的平均创新水平最高；其他数字化效率提升业在北部生态发展区的平均创新水平最高；数字产品维修、互联网相关服务在沿海经济带（东翼）的平均创新水平最高。

（一）综合创新水平排名前3位地市数字经济中类产业平均创新水平

图10给出了综合创新水平排名前3位地市——深圳、广州、东莞的数字经济中类产业平均创新水平排名。对比发现，3个地市的前5位均是电子

111

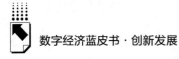

元器件及设备制造、智能设备制造、数字媒体设备制造、通讯及雷达设备制造、智慧农业。并且排名最后一位的产业都是数字产品维修。

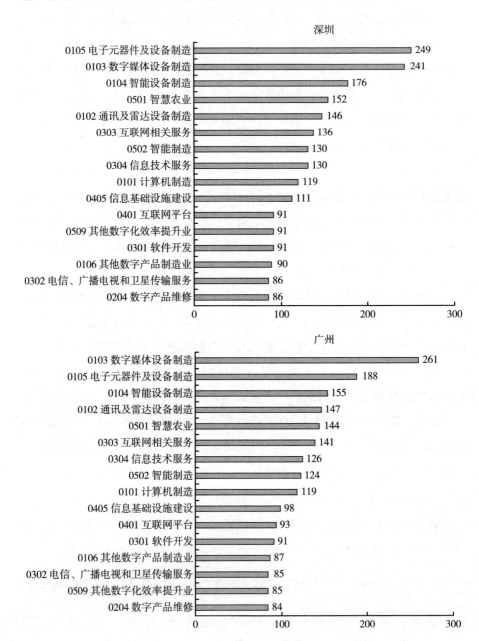

深圳

产业	数值
0105 电子元器件及设备制造	249
0103 数字媒体设备制造	241
0104 智能设备制造	176
0501 智慧农业	152
0102 通讯及雷达设备制造	146
0303 互联网相关服务	136
0502 智能制造	130
0304 信息技术服务	130
0101 计算机制造	119
0405 信息基础设施建设	111
0401 互联网平台	91
0509 其他数字化效率提升业	91
0301 软件开发	91
0106 其他数字产品制造业	90
0302 电信、广播电视和卫星传输服务	86
0204 数字产品维修	86

广州

产业	数值
0103 数字媒体设备制造	261
0105 电子元器件及设备制造	188
0104 智能设备制造	155
0102 通讯及雷达设备制造	147
0501 智慧农业	144
0303 互联网相关服务	141
0304 信息技术服务	126
0502 智能制造	124
0101 计算机制造	119
0405 信息基础设施建设	98
0401 互联网平台	93
0301 软件开发	91
0106 其他数字产品制造业	87
0302 电信、广播电视和卫星传输服务	85
0509 其他数字化效率提升业	85
0204 数字产品维修	84

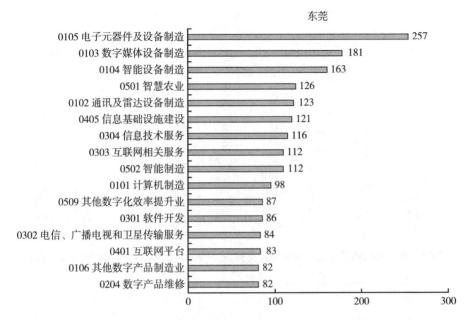

图 10　广东省综合创新水平排名前 3 位地市数字经济中类产业平均创新水平

资料来源：本报告作者整理绘制。

（二）珠三角核心区地市数字经济中类产业平均创新水平

图 11 给出了珠三角核心区地市在电子元器件及设备制造、智能设备制造、数字媒体设备制造、计算机制造、其他数字产品制造业上的平均创新水平。

在珠三角核心区，电子元器件及设备制造平均创新水平排名前 3 位的地市分别是肇庆市、惠州市、东莞市；智能设备制造平均创新水平排名前 3 位的地市分别是深圳市、东莞市、惠州市；数字媒体设备制造平均创新水平排名前 3 位的地市分别是广州市、珠海市、深圳市；计算机制造平均创新水平排名前 3 位的地市分别是深圳市、广州市、珠海市；其他数字产品制造业平均创新水平排名前 3 位的地市分别是深圳市、珠海市、广州市。整体来看，珠三角核心区各城市优势产业不完全相同，此外城市数字经济创新水平排名第 1 位的深圳市，在一些产业上还有发展的空间。

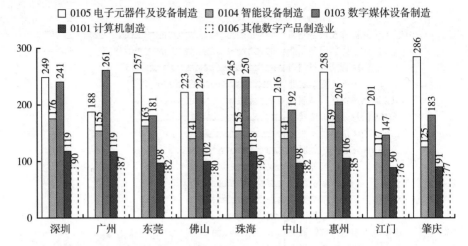

图11　珠三角核心区地市数字经济中类产业平均创新水平（综合创新水平前5位）

资料来源：本报告作者整理绘制。

（三）沿海经济带（东西两翼）地市数字经济中类产业平均创新水平

图12给出了沿海经济带（东翼）地市的综合创新水平前5位的数字经济中类产业的平均创新水平。

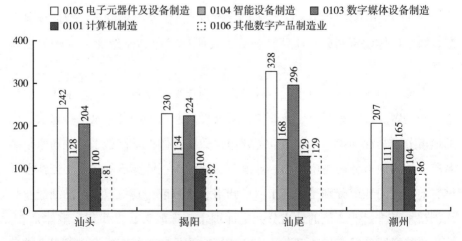

图12　沿海经济带（东翼）地市数字经济中类产业平均创新水平（综合创新水平前5位）

资料来源：本报告作者整理绘制。

在沿海经济带（东翼），电子元器件及设备制造平均创新水平由高到低依次为汕尾市、汕头市、揭阳市、潮州市；智能设备制造平均创新水平由高到低依次为汕尾市、揭阳市、汕头市、潮州市；数字媒体设备制造平均创新水平由高到低依次为汕尾市、揭阳市、汕头市、潮州市；计算机制造平均创新水平由高到低依次为汕尾市、潮州市、汕头市、揭阳市；其他数字产品制造业平均创新水平由高到低依次为汕尾市、潮州市、揭阳市、汕头市。值得注意的是，汕尾市的数字经济中类产业的平均创新能力位于沿海经济带（东翼）首位，说明汕尾市企业的数字经济创新能力具有明显优势。

图 13 给出了沿海经济带（西翼）的综合创新水平前 5 位的数字经济中类产业的平均创新水平。

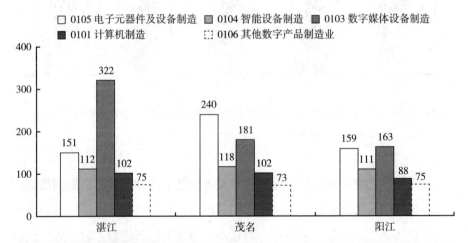

图 13　沿海经济带（西翼）地市数字经济中类产业平均创新水平（综合创新水平前 5 位）

资料来源：本报告作者整理绘制。

在沿海经济带（西翼），电子元器件及设备制造平均创新水平由高到低依次为茂名市、阳江市、湛江市；智能设备制造平均创新水平由高到低依次为茂名市、湛江市、阳江市；数字媒体设备制造平均创新水平由高到低依次为湛江市、茂名市、阳江市；计算机制造平均创新水平由高到低依次为湛江市、茂名市、阳江市；其他数字产品制造业平均创新水平由高到低依次为湛江市、阳江市、茂名市。

（四）北部生态发展区地市数字经济中类产业平均创新水平

图14给出了北部生态发展区地市的综合创新水平前5位的数字经济中类产业的平均创新水平。

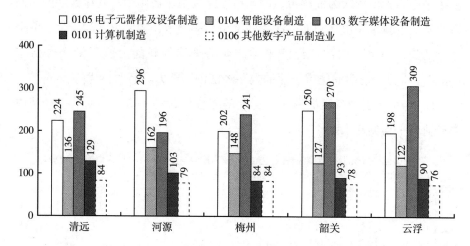

图14　北部生态发展区地市数字经济中类产业平均创新水平（综合创新水平前5位）
资料来源：本报告作者整理绘制。

在北部生态发展区，电子元器件及设备制造平均创新水平由高到低依次为河源市、韶关市、清远市、梅州市、云浮市；智能设备制造平均创新水平由高到低依次为河源市、梅州市、清远市、韶关市、云浮市；数字媒体设备制造平均创新水平由高到低依次为云浮市、韶关市、清远市、梅州市、河源市；计算机制造平均创新水平由高到低依次为清远市、河源市、韶关市、云浮市、梅州市；其他数字产品制造业平均创新水平由高到低依次为清远市、梅州市、河源市、韶关市、云浮市。

三　数字经济小类产业创新水平

图15给出了综合创新水平前5位的数字经济小类产业的地区平均创新

水平。整体来看各地区的平均创新水平和全省的平均创新水平差别不大，趋近于一个稳定水平。

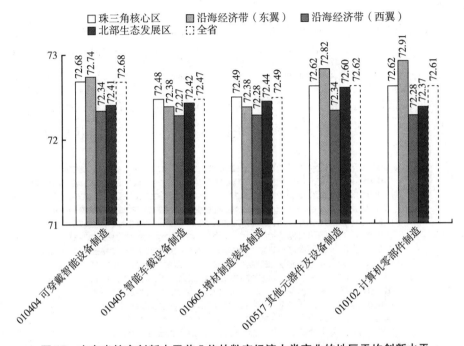

图15 广东省综合创新水平前5位的数字经济小类产业的地区平均创新水平

资料来源：本报告作者整理绘制。

在可穿戴智能设备制造产业上，沿海经济带（西翼）和北部生态发展区的平均创新水平低于全省平均创新水平；在其他元器件及设备制造产业上，沿海经济带（东翼）的平均创新水平明显高于全省平均创新水平，沿海经济带（西翼）的平均创新水平低于全省平均创新水平；在计算机零部件制造产业上，沿海经济带（东翼）的平均创新水平明显高于全省平均创新水平，沿海经济带（西翼）和北部生态发展区的平均创新水平低于全省平均创新水平。

（一）广东省数字经济96个小类产业创新水平分析

数字经济共有156个小类产业。经过数据筛选，广东省数字经济创新活动共涉及十六大行业 96 个小类产业，将 96 个小类产业的创新水平排名分为 4 个区间——TOP1～25、TOP26～50、TOP51～75、TOP76～96 来进行分析。

1. 数字经济小类产业创新水平 TOP1～25分析

从广东省数字经济小类产业综合创新水平排名 TOP1～25 看，可穿戴智能设备制造、智能车载设备制造、增材制造装备制造、其他元器件及设备制造、计算机零部件制造列前 5 位，智能照明器具制造、电力电子元器件制造、集成电路制造、电视机制造、通信系统设备制造列第 6～10 位（见图 16）。

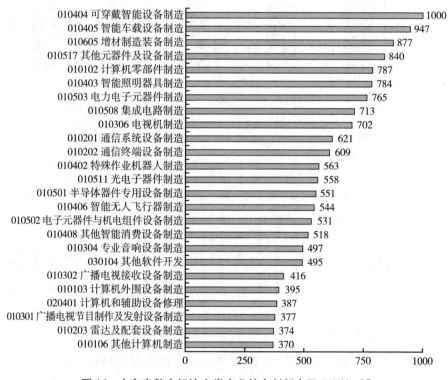

图 16　广东省数字经济小类产业综合创新水平 TOP1～25

资料来源：本报告作者整理绘制。

列前 25 位的数字经济小类产业中有 23 个产业属于大类数字产品制造业，说明目前数字产品制造业是广东省数字经济创新活动的核心产业领域。

排名前 25 位的数字经济小类产业中，智能设备制造（6 个小类产业）、电子元器件及设备制造（6 个小类产业）所占比重最大，共涉及 12 个小类产业，占比 48%；数字媒体设备制造（4 个小类产业）、通讯及雷达设备制造（3 个小类产业）、计算机制造（3 个小类产业）共涉及 10 个小类产业，占比 40%；其他数字产品制造业、数字产品维修、软件开发各涉及 1 个小类产业，占比 12%。

表 1 给出了广东省数字经济综合创新水平排名 TOP1～25 的数字经济小类产业，同时给出了其平均创新水平及排名。可以看到各个数字经济小类产业平均创新水平没有很大的区别。

表 1　广东省数字经济小类产业创新水平 TOP1～25

数字经济小类产业	综合创新水平	排名	平均创新水平	排名
010404 可穿戴智能设备制造	1000	1	72.68	18
010405 智能车载设备制造	947	2	72.47	43
010605 增材制造装备制造	877	3	72.49	42
010517 其他元器件及设备制造	840	4	72.62	26
010102 计算机零部件制造	787	5	72.61	27
010403 智能照明器具制造	784	6	72.70	15
010503 电力电子元器件制造	765	7	72.69	16
010508 集成电路制造	713	8	72.66	20
010306 电视机制造	702	9	72.75	8
010201 通信系统设备制造	621	10	72.79	6
010202 通信终端设备制造	609	11	72.75	9
010402 特殊作业机器人制造	563	12	72.30	60
010511 光电子器件制造	558	13	72.78	7
010501 半导体器件专用设备制造	551	14	72.84	3
010406 智能无人飞行器制造	544	15	72.46	44
010502 电子元器件与机电组件设备制造	531	16	72.84	4
010408 其他智能消费设备制造	518	17	72.46	45
010304 专业音响设备制造	497	18	72.68	17
030104 其他软件开发	495	19	72.55	33
010302 广播电视接收设备制造	416	20	72.65	22
010103 计算机外围设备制造	395	21	72.51	38

续表

数字经济小类产业	综合创新水平	排名	平均创新水平	排名
020401 计算机和辅助设备修理	387	22	72.40	47
010301 广播电视节目制作及发射设备制造	377	23	72.56	31
010203 雷达及配套设备制造	374	24	72.51	39
010106 其他计算机制造	370	25	72.58	29

资料来源：本报告作者整理。

2. 数字经济小类产业创新水平TOP26~50分析

从图17广东省数字经济小类产业综合创新水平排名TOP26~50看，列第26~50位的数字经济小类产业中有14个产业属于大类数字产品制造业，8个产业属于大类数字技术应用业，3个产业属于大类数字化效率提升业。

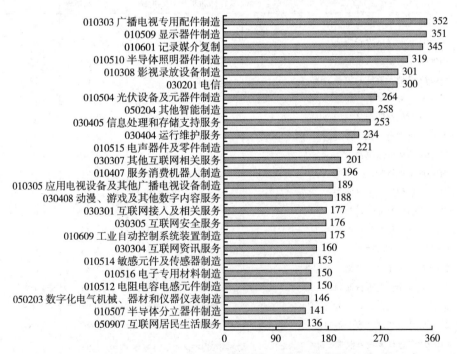

图17　广东省数字经济小类产业综合创新水平TOP26~50

资料来源：本报告作者整理绘制。

排名位列 TOP26~50 的数字经济小类产业中，电子元器件及设备制造（8 个小类产业）、互联网相关服务（4 个小类产业）所占比重最大，共涉及 12 个小类产业，占比 48%；数字媒体设备制造（3 个小类产业）、信息技术服务（3 个小类产业）、其他数字产品制造业（2 个小类产业）、智能制造（2 个小类产业）共涉及 10 个小类产业，占比 40%；智能设备制造，电信、广播电视和卫星传输服务，其他数字化效率提升业各涉及 1 个小类产业，占比 12%。

表 2 给出了广东省数字经济综合创新水平排名 TOP26~50 的数字经济小类产业，同时给出了其平均创新水平及排名。

表 2　广东省数字经济小类产业创新水平 TOP26~50

数字经济小类产业	综合创新水平	排名	平均创新水平	排名
010303 广播电视专用配件制造	352	26	72.70	12
010509 显示器件制造	351	27	72.65	23
010601 记录媒介复制	345	28	72.51	40
010510 半导体照明器件制造	319	29	72.63	25
010308 影视录放设备制造	301	30	72.57	30
030201 电信	300	31	72.64	24
010504 光伏设备及元器件制造	264	32	72.56	32
050204 其他智能制造	258	33	72.80	5
030405 信息处理和存储支持服务	253	34	72.32	58
030404 运行维护服务	234	35	72.26	65
010515 电声器件及零件制造	221	36	72.66	19
030307 其他互联网相关服务	201	37	72.30	59
010407 服务消费机器人制造	196	38	72.38	52
010305 应用电视设备及其他广播电视设备制造	189	39	72.24	67
030408 动漫、游戏及其他数字内容服务	188	40	72.46	46
030301 互联网接入及相关服务	177	41	72.39	48
030305 互联网安全服务	176	42	72.22	71
010609 工业自动控制系统装置制造	175	43	72.38	50
030304 互联网资讯服务	160	44	72.22	70
010514 敏感元件及传感器制造	153	45	72.70	11
010516 电子专用材料制造	150	46	72.70	14

续表

数字经济小类产业	综合创新水平	排名	平均创新水平	排名
010512 电阻电容电感元件制造	150	47	72.70	13
050203 数字化电气机械、器材和仪器仪表制造	146	48	72.60	28
010507 半导体分立器件制造	141	49	72.70	10
050907 互联网居民生活服务	136	50	72.26	64

资料来源：本报告作者整理。

3. 数字经济小类产业创新水平 TOP51~75 分析

从图 18 广东省数字经济小类产业综合创新水平排名 TOP51~75 看，列第 51~75 位的数字经济小类产业中有 8 个产业属于大类数字产品制造业，9 个产业属于大类数字技术应用业，4 个产业属于大类数字化效率提升业，1 个产业属于大类数字产品服务业，3 个产业属于大类数字要素驱动业。

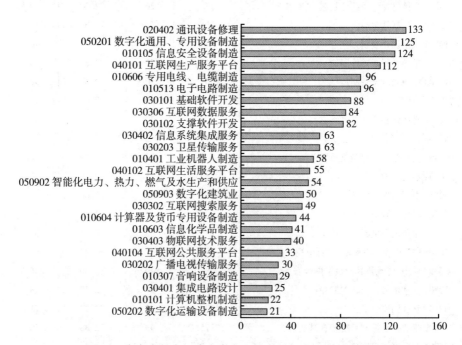

图 18 广东省数字经济小类产业综合创新水平 TOP51~75

资料来源：本报告作者整理绘制。

排名位列 TOP51~75 的数字经济小类产业中，其他数字产品制造业、信息技术服务、互联网平台各涉及 3 个产业，占比 36%；计算机制造，软件开发，电信、广播电视和卫星传输服务，互联网相关服务，智能制造，其他数字化效率提升业各涉及 2 个产业，占比 48%；数字媒体设备制造、智能设备制造、电子元器件及设备制造、数字产品维修各涉及 1 个产业，占比 16%。

表 3 给出了广东省数字经济综合创新水平排名 TOP51~75 的数字经济小类产业，同时给出了其平均创新水平及排名。值得注意的是，互联网生产服务平台的平均创新水平排名第 1 位，说明该小类产业的企业数字经济创新能力有着很大优势。

表 3　广东省数字经济小类产业创新水平 TOP51~75

数字经济小类产业	综合创新水平	排名	平均创新水平	排名
020402 通讯设备修理	133	51	72.21	75
050201 数字化通用、专用设备制造	125	52	72.38	49
010105 信息安全设备制造	124	53	72.23	69
040101 互联网生产服务平台	112	54	78.34	1
010606 专用电线、电缆制造	96	55	72.49	41
010513 电子电路制造	96	56	72.34	56
030101 基础软件开发	88	57	72.16	88
030306 互联网数据服务	84	58	72.38	51
030102 支撑软件开发	82	59	72.20	78
030402 信息系统集成服务	63	60	72.28	62
030203 卫星传输服务	63	61	72.37	54
010401 工业机器人制造	58	62	72.27	63
040102 互联网生活服务平台	55	63	72.16	86
050902 智能化电力、热力、燃气及水生产和供应	54	64	72.19	79
050903 数字化建筑业	50	65	72.19	80
030302 互联网搜索服务	49	66	72.11	90
010604 计算器及货币专用设备制造	44	67	72.25	66
010603 信息化学品制造	41	68	72.53	34
030403 物联网技术服务	40	69	72.20	77
040104 互联网公共服务平台	33	70	72.17	85
030202 广播电视传输服务	30	71	72.23	68
010307 音响设备制造	29	72	72.33	57

续表

数字经济小类产业	综合创新水平	排名	平均创新水平	排名
030401 集成电路设计	25	73	72.06	96
010101 计算机整机制造	22	74	76.05	2
050202 数字化运输设备制造	21	75	72.66	21

资料来源：本报告作者整理。

4. 数字经济小类产业创新水平 TOP76~96分析

从图 19 广东省数字经济小类产业综合创新水平排名看，列第 76~96 位的数字经济小类产业中有 6 个产业均属于大类数字产品制造业，5 个产业属

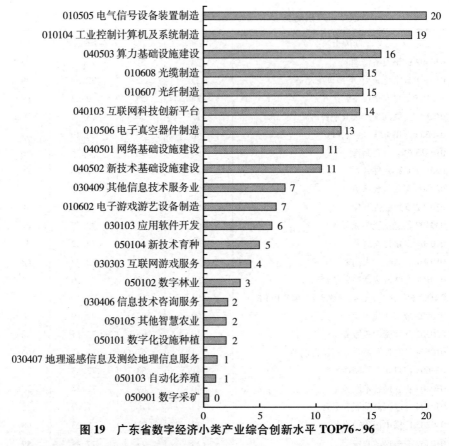

图 19　广东省数字经济小类产业综合创新水平 TOP76~96

资料来源：本报告作者整理绘制。

于大类数字技术应用业，6 个产业属于大类数字化效率提升业，4 个产业属于大类数字要素驱动业。

排名位列 TOP76～96 的数字经济小类产业中，智慧农业（5 个小类产业）占比 23.8%；其他数字产品制造业、信息技术服务、信息基础设施建设各涉及 3 个小类产业，占比 42.9%；电子元器件及设备制造（2 个小类产业）占比 9.5%；计算机制造、软件开发、互联网相关服务、互联网平台、其他数字化效率提升业各涉及 1 个小类产业，占比 23.8%。

表 4 给出了广东省数字经济综合创新水平排名 TOP76～96 的数字经济小类产业，同时给出了其平均创新水平及排名。

表 4　广东省数字经济小类产业创新水平 TOP76～96

数字经济小类产业	综合创新水平	排名	平均创新水平	排名
010505 电气信号设备装置制造	20	76	72.18	82
010104 工业控制计算机及系统制造	19	77	72.17	84
040503 算力基础设施建设	16	78	72.22	73
010608 光缆制造	15	79	72.53	36
010607 光纤制造	15	80	72.53	35
040103 互联网科技创新平台	14	81	72.38	53
010506 电子真空器件制造	13	82	72.36	55
040501 网络基础设施建设	11	83	72.29	61
040502 新技术基础设施建设	11	84	72.22	72
030409 其他信息技术服务业	7	85	72.21	76
010602 电子游戏游艺设备制造	7	86	72.53	37
030103 应用软件开发	6	87	72.10	93
050104 新技术育种	5	88	72.15	89
030303 互联网游戏服务	4	89	72.19	81
050102 数字林业	3	90	72.17	83
030406 信息技术咨询服务	2	91	72.10	92
050105 其他智慧农业	2	92	72.11	91
050101 数字化设施种植	2	93	72.16	87
030407 地理遥感信息及测绘地理信息服务	1	94	72.06	95
050103 自动化养殖	1	95	72.22	74
050901 数字采矿	0	96	72.07	94

资料来源：本报告作者整理。

（二）珠三角核心区地市数字经济小类产业平均创新水平

图 20 给出了珠三角核心区地市在可穿戴智能设备制造、智能车载设备制造、增材制造装备制造、其他元器件及设备制造、计算机零部件制造的平均创新水平。

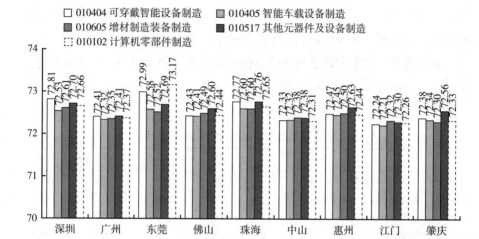

图 20　珠三角核心区地市数字经济小类产业平均创新水平（综合创新水平前 5 位）

资料来源：本报告作者整理绘制。

无论是横向对比每个城市不同的数字经济小类产业的平均创新水平，还是纵向对比数字经济小类产业在不同城市体现出的平均创新水平，均可看到存在的差异并不大。这说明当具体到数字经济小类产业时，各个产业间的企业创新能力处于同一水平。

（三）沿海经济带（东西两翼）地市数字经济小类产业平均创新水平

图 21 给出了沿海经济带（东翼）地市在可穿戴智能设备制造、智能车载设备制造、增材制造装备制造、其他元器件及设备制造、计算机零部件制造的平均创新水平。

可以看到，汕尾的企业在数字经济创新能力上与沿海经济带（东翼）上的其他地市相比，有非常明显的优势。

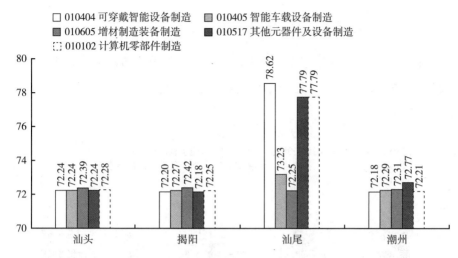

图21　沿海经济带（东翼）地市数字经济小类产业平均创新水平（综合创新水平前5位）

资料来源：本报告作者整理绘制。

图22给出了沿海经济带（西翼）地市在可穿戴智能设备制造、智能车载设备制造、增材制造装备制造、其他元器件及设备制造、计算机零部件制造的平均创新水平。可以看到所有小类产业的平均创新能力都稳定在72左右，这说明沿海经济带（西翼）地市的企业在各小类产业的发展都较为均衡。

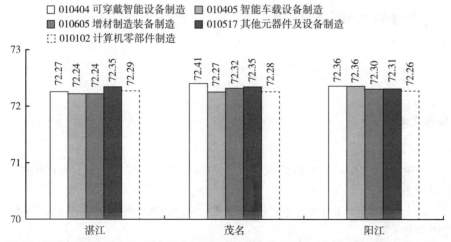

图22　沿海经济带（西翼）地市数字经济小类产业平均创新水平（综合创新水平前5位）

资料来源：本报告作者整理绘制。

（四）北部生态发展区地市数字经济小类产业平均创新水平

图 23 给出了北部生态发展区地市在可穿戴智能设备制造、智能车载设备制造、增材制造装备制造、其他元器件及设备制造、计算机零部件制造的平均创新水平。

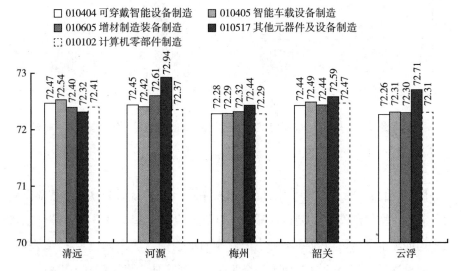

图 23　北部生态发展区地市数字经济小类产业平均创新水平（综合创新水平前 5 位）

资料来源：本报告作者整理绘制。

参考文献

徐映梅、张雯婷：《中国数字经济产业关联网络结构分析》，《统计与信息论坛》2021 年第 8 期。

刘伟、许宪春、熊泽泉：《数字经济分类的国际进展与中国探索》，《财贸经济》2021 年第 7 期。

陈晓东、杨晓霞：《数字经济发展对产业结构升级的影响——基于灰关联熵与耗散结构理论的研究》，《改革》2021 年第 3 期。

关会娟、许宪春、张美慧、郁霞：《中国数字经济产业统计分类问题研究》，《统计研究》2020 年第 12 期。

李晓钟、吴甲戌：《数字经济驱动产业结构转型升级的区域差异》，《国际经济合作》2020 年第 4 期。

汪阳洁、唐湘博、陈晓红：《新冠肺炎疫情下我国数字经济产业发展机遇及应对策略》，《科研管理》2020 年第 6 期。

刘淑春：《中国数字经济高质量发展的靶向路径与政策供给》，《经济学家》2019 年第 6 期。

张于喆：《数字经济驱动产业结构向中高端迈进的发展思路与主要任务》，《经济纵横》2018 年第 9 期。

鲜祖德、王天琪：《中国数字经济核心产业规模测算与预测》，《统计研究》2022 年第 1 期。

巫景飞、汪晓月：《基于最新统计分类标准的数字经济发展水平测度》，《统计与决策》2022 年第 3 期。

B.5
广东省数字经济企业创新水平报告[*]

高鸿铭　薛维锐　陈建硕　薛小龙[**]

摘　要： 提升企业数字经济创新竞争力，构建优秀企业梯度培养体系，有助于推进国家产业链的整体数字化。本报告剖析 2016～2020 年广东省全体数字经济企业创新水平，探究其行业及区域分布情况。研究发现：广东省数字经济企业集中在珠三角核心区，综合创新水平最高且在数字经济大类产业、中类产业、小类产业的数量上均占约 95%的绝对规模优势；沿海经济带（东西两翼）企业综合创新水平处于低位且数量最少，仅有汕头市紧随珠三角核心区城市；北部生态发展区数字经济企业数量与沿海经济带（东西两翼）相当，然而综合创新水平相对优于沿海经济带（东西两翼）；不同数字经济企业在各类数字要素产业的创新水平存在差异化特性，需针对其产业偏好，进一步释放相应的区域优势资源。多层次的数字经济企业创新评价为企业遵循数字经济运行规律，推动定制化管理变革提供了理论支撑与实践启示。

关键词： 数字经济　数字企业　数字创新

---

[*] 本报告为广东省普通高校青年创新项目"大数据驱动的数字经济企业创新行为及网络演化研究"（2022WQNCX054）阶段性成果。

[**] 高鸿铭，博士，广州大学管理学院博士后，研究方向：数字经济与智能化管理、数据挖掘与机器学习等。薛维锐，博士，广州大学讲师，研究方向：基础设施数字化运维管理。陈建硕，广州大学管理学院博士研究生，研究方向：数字经济与管理创新研究。薛小龙，博士，教授，博士生导师，广州大学管理学院院长，研究方向：数字经济创新管理、重大工程管理、数字化转型与管理创新、智能建造与智慧城市。

一 数字经济企业综合创新水平分析

"十三五"规划时期，随着我国数字经济产业的快速起步，数字经济产业成为我国经济社会发展的优势产业。数字经济的政策体系逐步完善，相应的产业链也初步形成，数字经济产业已然步入高速发展的轨道。2021年11月30日，工业与信息化部发布了《"十四五"大数据产业发展规划》，其中更是明确了"十四五"规划的"三新"，一是顺应经济社会数字化的新形势；二是推动数字经济产业、大数据产业体系建设的新方向；三是提出了"以释放数据要素价值为导向，以做大做强产业本身为核心，以强化产业支撑为保障"[①] 的路径设计。

为了顺应全球科技与产业变革的新趋势，党和国家高度重视数字经济产业的发展，各地积极贯彻落实党中央、国务院的决策部署，而广东省是我国数字经济发展区域的典范，更是肩负着粤港澳大湾区重要战略与"一带一路"倡议的重要任务。因此，基于广东省数字经济产业的发展现状，本报告以企业类型为主维度，分析广东省数字经济企业的创新水平排名，解读数字经济企业创新梯度态势，为广东省企业精准化、多元化的数字经济定制化管理变革与高质量发展提供一定的借鉴意义。

（一）总体情况（TOP100/TOP20）

企业的数字经济创新水平奠定了他们在市场中显著的竞争优势。在缺乏适当的数字经济创新水平测算体系的情况下，评估企业数字经济竞争态势尤为困难。得益于本研究的广东省数字经济企业的创新水平指数，我们可对广东省企业创新水平情况及数字经济企业创新梯度进行剖析。

广东省数字经济创新水平TOP100企业是指根据企业维度的综合创新水平评分排序的前100家企业。全省"一核一带一区"企业地理分布见图1。

[①] 《"十四五"大数据产业发展规划》，中华人民共和国工业和信息化部，2021。

从企业数量、企业的数字经济创新水平规模、地理分布三个维度探究企业当前的市场竞争地位。全省数字经济创新水平 TOP100 企业主要集中在深圳、广州、佛山、珠海、东莞、惠州等珠三角核心区城市，入围企业数量分别为67 家、12 家、7 家、6 家、4 家、2 家。沿海经济带（东翼）的城市中，仅有汕尾的 1 家企业进入 100 强，北部生态发展区的清远有 1 家进入 100 强。

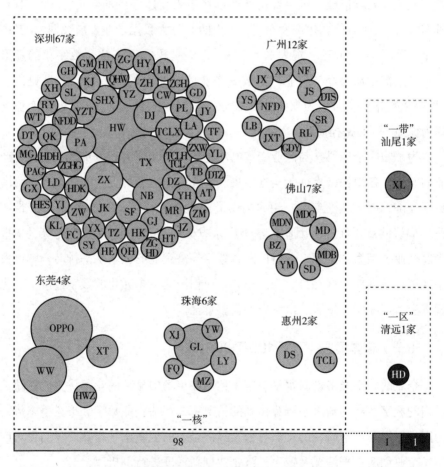

图1　广东省数字经济综合创新水平 TOP100 地理分布

注：按"一核一带一区"统计，英文缩写对应的企业全称见附录1。
资料来源：本报告作者整理绘制。

这与广东省的区域发展形势基本保持一致，数字经济创新水平同样围绕着珠三角核心区。值得关注的是，沿海经济带（东翼）的汕尾与北部生态发展区的清远仅凭各自区域唯一企业强势入榜。汕尾与清远上榜企业分别为信利光电股份有限公司（XL）和广东互动电子网络媒体有限公司（HD），基本属于各自行业的龙头企业，拥有较强的市场地位。而沿海经济带（西翼）的湛江、茂名、阳江则没有企业进入 TOP100 榜单。

企业的综合创新水平规模指明，位于深圳市的华为技术有限公司（HW，其数字经济综合创新水平为 1000）位列第一，东莞市的 OPPO 广东移动通信有限公司（OPPO，911）次之，腾讯科技（深圳）有限公司（TX，790）、维沃移动通信有限公司（WW，716）、珠海格力电器股份有限公司（GL，645）分别列第 3、4、5 位。与企业数量呈现的地理区域态势不同，在企业数字经济综合创新水平规模上，深圳、东莞、珠海市企业中含有细分领域的龙头企业，如华为、腾讯、OPPO、维沃、格力等知名企业，这些企业具有数字经济创新发展的高位优势。尽管从总量来看，广州和佛山拥有的企业数量众多，然而从个体企业的数字经济综合创新水平规模来看，南方电网科学研究院有限责任公司（NFD，418）和广东美的制冷设备有限公司（MD，367）分别作为两市的区域骨干企业，已然是各自城市中数字经济创新水平最顶尖的企业，但其数字经济综合创新水平规模仍有待夯实与加强。

在此基础上，缩至全省数字经济创新龙头企业进行综合对比分析（见图 2），深圳市有 12 家，东莞有 3 家，珠海有 2 家，广州、汕尾、惠州各有 1 家企业进入全省 TOP20 榜单。其中科技型中小企业仅有珠海 1 家进入全省 20 强。广东省"一核"地区打造了数字经济创新的强劲引擎。值得注意的是，在综合创新水平第 15 位的信利光电股份有限公司是唯一一家非"一核"地区企业，属于广东沿海经济带（东翼）的汕尾市。此特征佐证了汕尾市与深圳市成立了深汕合作区后的城市化集群效应，并由此带来了深汕合作区对汕尾市高新技术企业发展推进的溢出效应。

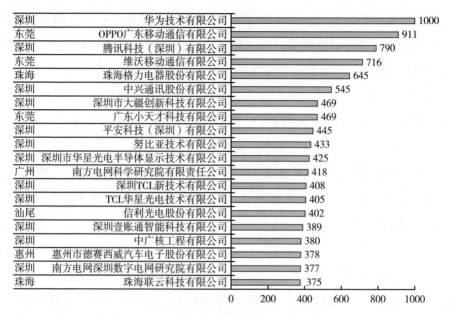

图2　广东省数字经济创新水平TOP20企业

资料来源：本报告作者整理绘制。

（二）三大经济区数字经济相关企业总体创新水平

相比TOP100骨干企业或TOP20龙头企业，全省数字经济创新水平TOP500企业除了分析范围的扩展，在全省"一核一带一区"三大经济区的地市场景中也实现了更为丰富的研究深度。宏观可从中为全省数字经济创新水平快速"号脉"，500强企业撬动了全省庞大数字经济创新体量，体现了各城市的综合数字经济创新水平。微观可从中窥探三大经济区中各城市所拥有TOP500企业的规模数目，其量级可视为城市数字经济创新规模的衡量指标；进一步，还可从中探究无缘进入TOP500名单的个别城市的数字经济创新支撑企业的创新水平。

以城市维度的数字经济综合创新水平为基本坐标，最高综合创新水平设为1000，以此为参考系，对全省21个城市进行衡量。从表1可以看出，珠三角核心区的综合创新水平最高位是深圳市1000，最低为肇庆市12；降序排位依次为深圳、广州、东莞、佛山、珠海、中山、惠州、江门、肇庆。深圳市的优势企业包括华为技术有限公司、腾讯科技（深圳）有限公司、中兴通讯股份有限公司等互联网与通讯龙头企业，广州优势企业包括南方电网科学研究院有限责任公司、广州视睿电子科技有限公司等企业，而肇庆也有广东风华高新科技股份有限公司、肇庆高新区长光智能技术开发有限公司等一系列优势企业。

表1 珠三角核心区综合创新水平企业的地市分布

城市	综合创新水平	TOP500企业数目（家）	优势企业
深圳市	1000	284	华为（技术）、腾讯、中兴、大疆、平安科技
广州市	435	107	南方电网科学研究院、视睿、京信、日立楼宇、南方电网电力科技
东莞市	210	17	OPPO、维沃、小天才、华为（终端）、博力威
佛山市	120	18	美的制冷、云米、博智林、美的厨房、美的电热
珠海市	96	34	格力、联云、许继、一微、魅族
中山市	76	12	华帝、长虹、TCL空调器、惠利普、厚源
惠州市	63	18	德赛西威、TCL科技、TCL通力、利元亨、九联
江门市	32	0	彩立方、中道、海天、海信、捷思通
肇庆市	12	1	风华、长光、德诚、华育昌、广源

资料来源：本报告作者整理。

另外，以TOP500企业数目降序的城市排位分别为：深圳（284家）、广州（107家）、珠海（34家）、佛山（18家）、惠州（18家）、东莞（17家）、中山（12家）、肇庆（1家）。珠三角核心区500强数字经济企业数量占98.2%。体现出不同城市的数字经济产业偏好特点，例如珠海进入500强的企业体量虽然是东莞的两倍，但在城市综合创新水平上，东莞反而远超珠海。这可能得益于东莞市的OPPO广东移动通信有限公司、维沃移动通信有限公司、广东小天才科技有限公司、华为终端有限公司和广东博力威科技股份有限公司等一众数字经济创新强劲企业。

当前，全省沿海经济带（东西两翼）的综合创新水平要低于珠三角核心区（见表2），沿海经济带（东西两翼）的大多数城市综合创新水平为2~4，数字经济创新水平普遍一般。其中汕头市达到11的综合创新水平，紧随肇庆市。此外，沿海经济带（东西两翼）7个城市中，仅有汕头市和汕尾市的3家企业进入全省数字经济创新水平TOP500名单，分别是广东川田科技有限公司、信利光电股份有限公司和信利半导体有限公司。总体而言，沿海经济带（东西两翼）的数字经济创新高水平企业数量少，整体数字经济创新规模也较小；同时也难以带来数字经济创新的质的飞跃。

表2　沿海经济带（东西两翼）综合创新水平企业的地市分布

城市	综合创新水平	TOP500企业数目（家）	优势企业
汕头市	11	1	川田、美嘉欣、汕头超声印制板、汕头超声印制板（二厂）、东研
揭阳市	4	0	聆讯、白石、东捷、永日、纬达斯
湛江市	3	0	湛数、思启、湛江电力、晨鸣、万安
潮州市	2	0	三环、智信、金源、樱井、泰妮
茂名市	2	0	长盈、正点、佰得、群英、矽时代
汕尾市	2	2	信利光电、信利半导体、华都、易达、华润电力
阳江市	2	0	阳江智慧农业、阳春新钢铁、链点、开能、翰特

资料来源：本报告作者整理。

与沿海经济带（东西两翼）所呈现特点不同，从表3可以看出，北部生态发展区彰显了其数字经济创新活力。北部生态发展区5个城市的综合创新水平均值为7.6，接近沿海经济带（东西两翼）的两倍水平。广东互动电子网络媒体有限公司、清远博云软件有限公司、清远网博信息技术有限公司、清远网软网络科技有限公司、清远恒成智道信息科技有限公司5家TOP500企业赋能清远市的数字经济创新水平发展。而韶关市的广东韶钢松山股份有限公司表现亮眼，进入TOP500榜单。此外，尽管其他城市的企业未能进榜，但诸如河源市众拓光电科技有限公司和广东雅达电子股份有限公司等优势企业使得河源市整体综合创新水平高企，紧跟在珠三角核心区的肇庆市的后面。总体而言，根据 TOP100 骨干企业、TOP20 龙头企业及 TOP500 榜单的数字经济企业创新状况，广东省企业存在"一核发展强劲、一带落于低位、一区焕发活力"的数字经济创新水平与创新规模效应。

表 3 北部生态发展区综合创新水平企业的地市分布

城市	综合创新水平	TOP500 企业数目（家）	优势企业
河源市	11	0	众拓、雅达、西可、耀国、皓吉达
清远市	11	5	互动电子、博云、网博、网软、恒成智道
梅州市	7	0	冠锋、紫晶、安唯捷、佳视通、汇威
韶关市	7	1	韶钢松山、东阳光化、迅安安防、南雄中科院孵化器、鸿杰
云浮市	2	0	云网、国鸿、金恺达、乔晶、中科

资料来源：本报告作者整理。

二　数字经济大类产业企业创新水平分析

基于广东省全体企业总量水平，从宏观角度解读数字经济大类产业企业创新水平城市分布情况至关重要。全省数字经济五大类产业涉及的企业数量及其分布如表 4 所示。从广东省数字经济五大类企业创新水平指标进行横向分析，各大类拥有的企业数目由高到低排序情况：数字产品制造业（40963 家），数字技术应用业（11716 家），数字化效率提升业（6601 家），数字产品服务业（6220 家），数字要素驱动业（2675 家）。这体现了广东省数字经济创新以数字产品制造业企业为基石，数字技术应用业企业为重要支柱，数字化效率提升业企业、数字产品服务业企业、数字要素驱动业企业为补充的基因多样化性状表达。

表4 广东省数字经济创新发展大类产业相关企业总体情况

单位：家

指标	一核（珠三角核心区9市）	一带［沿海经济带（东西两翼）7市］	沿海经济带（东翼4市）	沿海经济带（西翼3市）	一区（北部生态发展区5市）	全省
01 数字产品制造业	38975	937	619	318	1051	40963
02 数字产品服务业	6085	53	28	25	82	6220
03 数字技术应用业	11475	98	71	27	143	11716
04 数字要素驱动业	2593	34	30	4	48	2675
05 数字化效率提升业	6329	127	81	46	145	6601
高新技术企业	33314	804	541	263	813	34931
科技型中小企业	27298	720	464	256	820	28838
合计*	40237	983	639	344	1075	42295

* 一个企业可能归属于多个数字经济大类产业，合计项是非重复企业的计数数目。

资料来源：本报告作者整理。

（一）数字经济大类企业创新水平区域总体情况

图3以绝对数量和相对百分比的双视角阐述并比较广东省城市拥有企业数目分布态势。以最具代表性的大类产业数字产品制造业为例进行分析，图3（a）左纵轴从城市所拥有的企业数量绝对数角度进行分析，珠三角核心区9个城市处于总量头部地位，深圳市企业的总数目最高，为15537家（占比37.93%），随后依次为广州市8009家（占比19.55%）、东莞市5003家（占比12.21%）。而沿海经济带（东翼）排名第一的是汕头，在城市中紧随"一核"地区的肇庆市，有393家企业，体现了其属经济特区管辖以及承担华南重要港口的城市级别数字经济创新活力。沿海经济带（西翼）企业数量最多的为湛江，有142家。值得注意的是，北部生态发展区的清远企业数量高踞313家。

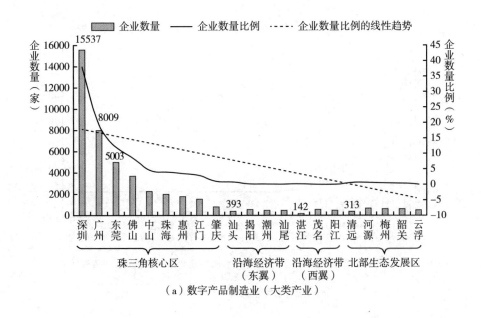

（a）数字产品制造业（大类产业）

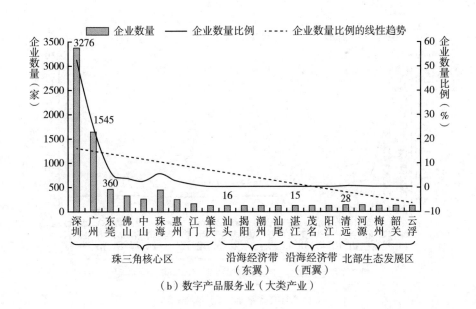

（b）数字产品服务业（大类产业）

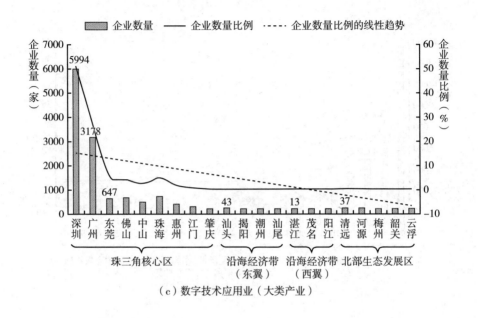

（c）数字技术应用业（大类产业）

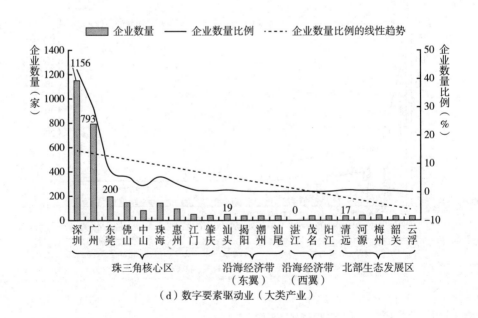

（d）数字要素驱动业（大类产业）

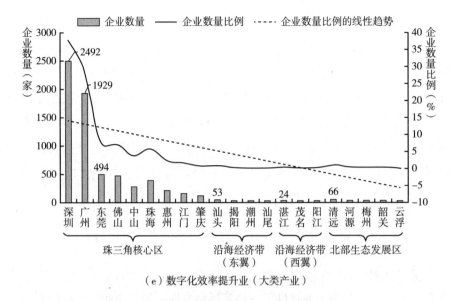

（e）数字化效率提升业（大类产业）

图3 广东省数字经济大类企业创新水平区域分布

资料来源：本报告作者整理绘制。

放宽至"一核一带一区"企业数量的绝对数角度，从数字产品制造业拥有的企业数目可知，珠三角核心区（"一核"）9个城市共拥有38975家，占比为95.15%。北部生态发展区（"一区"）则占据2.56%，排在第二位；而沿海经济带（东西两翼）（"一带两翼"）比"一区"少114家企业，占企业总数目的比重为2.29%。在其他四大类中，如图3（b）~3（e）所示，数字产品服务业、数字技术应用业、数字要素驱动业以及数字化效率提升业展示出相似的趋势。这解释了"一核"地区数字经济创新企业数目占有绝对领先地位，"一区"情况略优于"一带两翼"地区；指出除了强劲势头的"一核"地区，广东省北部生态发展区有望成为广东省数字经济创新能力的全新动力引擎；同时验证了随着广东省和中央企业在广东粤北"一区"5市投资的逐渐增多，"一区"的环境优势、富余劳动力资源优势等得到了释放。

从企业数量相对百分比角度看，数字产品制造业大类的企业数量比例曲线要比其线性趋势（虚线）更陡峭，这展示出了一种更为直观的"类重尾"

效应［以图3（a）右纵轴为例］：珠三角核心区（珠三角9市）处于头部位置，占据了95%以上的企业总量。具体而言，见图3（a）~3（e），在数字经济五大类产业中，"一核"地区在数字产品制造业中的占比为95.15%、在数字产品服务业中的占比为97.83%、在数字技术应用业中的占比为97.94%、在数字要素驱动业中的占比为96.93%、在数字化效率提升业中的占比为95.88%。综观综合创新水平，"一核"地区同样占比高达95.13%。而处于分布的重尾区域的其余城市，尽管城市数量众多，达到12个，但是其拥有的企业数量不足5%。

（二）数字经济大类产业TOP20企业的创新水平分析

本报告通过细粒度地评价数字经济大类产业企业创新水平，为识别广东省数字经济创新龙头企业提供了一种新思路，即以微观企业数字经济专利数据透视企业创新水平。

图4展示了广东省数字经济大类产业企业创新水平TOP20排名。从数字经济综合创新水平而言，华为技术有限公司、OPPO广东移动通信有限公司、腾讯科技（深圳）有限公司、维沃移动通信有限公司、珠海格力电器股份有限公司列前5位，随后，中兴通讯股份有限公司、深圳市大疆创新科技有限公司、广东小天才科技有限公司、平安科技（深圳）有限公司、努比亚技术有限公司列第6~10位。

本报告基于数字经济大类产业的企业创新水平分析，详细了解数字产品制造业、数字产品服务业、数字技术应用业、数字要素驱动业、数字化效率提升业的发展现状，对企业在五大类产业中的数字经济创新情况的态势变化进行关注。

第一，在数字产品制造业方面，与综合创新水平排名相比，前5位企业的排名情况有所变动，OPPO广东移动通信有限公司晋升第1位，华为技术有限公司下降至第2位，而维沃移动通信有限公司挤进前3位，腾讯科技（深圳）有限公司、珠海格力电器股份有限公司列第4~5位。

第二，在数字产品服务业方面，腾讯科技（深圳）有限公司、OPPO广

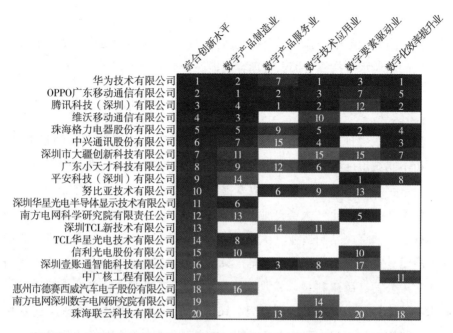

图 4 广东省综合创新水平 TOP20 企业在数字经济大类产业中的排名态势

资料来源：本报告作者整理绘制。

东移动通信有限公司、深圳壹账通智能科技有限公司列前 3 位，在综合创新水平 TOP20 排名内。不同的是，平安国际智慧城市科技股份有限公司、深圳前海微众银行股份有限公司排名为第 4、5 位，但其综合创新水平则在 TOP20 开外。

第三，在数字技术应用业方面，华为技术有限公司、腾讯科技（深圳）有限公司、OPPO 广东移动通信有限公司依旧列前 3 位。但腾讯科技（深圳）有限公司由于在数字技术应用方面的创新优势，超过 OPPO 广东移动通信有限公司，居于第 2 位。

第四，在数字要素驱动业和数字化效率提升业方面，与综合创新水平排名差异较大，前者 TOP3 企业分别为平安科技（深圳）有限公司、珠海格力电器股份有限公司、华为技术有限公司；而后者 TOP3 则对应为华为技术有限公司、腾讯科技（深圳）有限公司、中兴通讯股份有限公司。

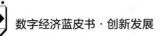

总体而言，不同企业在五大类产业的创新水平各有优势，存在差异化发展特性。因此依赖单一指标对企业创新能力进行评价难免管中窥豹，通过细颗粒度的创新水平指标有助于合理客观地评价企业的创新水平。

（三）珠三角核心区大类产业企业创新水平分析

根据广东省地理区域划分"一核一带一区"数字经济企业创新水平，可剖析不同城市区域归属的数字产品制造业、数字产品服务业、数字技术应用业、数字要素驱动业、数字化效率提升业 5 个大类产业的优势企业。

数字产品制造业（大类产业）是广东省数字经济产业的核心骨架，珠三角核心区数字产品制造业（大类产业）各城市排名前 5 位的优势企业如表 5 所示。在数字产品制造业方面，深圳作为珠三角核心区头部城市，华为技术有限公司、腾讯科技（深圳）有限公司、深圳市华星光电半导体显示技术有限公司、中兴通讯股份有限公司和 TCL 华星光电技术有限公司赫然在列。肇庆市位于珠三角核心区尾部，广东风华高新科技股份有限公司、肇庆高新区长光智能技术开发有限公司、肇庆理士电源技术有限公司、华育昌（肇庆）智能科技研究有限公司和广东容邦电气有限公司 5 家企业是肇庆市强有力的制造业创新引擎。

表 5　珠三角核心区数字产品制造业（大类产业）各城市排名前 5 位的优势企业

城市	综合创新水平	优势企业
深圳市	1000	华为(技术)、腾讯、华星光电半导体、中兴、TCL 华星光电
广州市	435	南方电网科学研究院、视睿、京信通信(技术)、小鹏、京信通信(系统)
东莞市	210	OPPO、维沃、小天才、华为(机器)、铭普
佛山市	120	美的制冷、美的厨房、云米、美的电热、博智林
珠海市	96	格力电器、运泰利、魅族、联云、迈科
中山市	76	华帝、长虹、TCL 空调器、厚源、格兰仕
惠州市	63	德赛西威、TCL 科技、利元亨、TCL 通力、TCL 王牌电器
江门市	32	彩立方、凯辉、海信、汉宇、旺龙
肇庆市	12	风华、长光、理士、华育昌、容邦

资料来源：本报告作者整理。

以数字产品服务业（大类产业）珠三角核心区各城市优势企业做比对，发现与数字产品制造业（大类产业）名单不同。如附录2附表2a所示，深圳企业中深圳壹账通智能科技有限公司、平安国际智慧城市科技股份有限公司、深圳前海微众银行股份有限公司和努比亚技术有限公司是数字产品服务业的"领头羊"。肇庆市的数字产品服务业中，广东三向智能科技股份有限公司、广东广源智能科技有限公司、广东德诚大数据科技有限公司表现突出。

珠三角核心区的其余三大类优势企业，含数字技术应用业、数字要素驱动业、数字化效率提升业的优势企业详细情况分别见附录2附表2b~2d。

（四）沿海经济带（东西两翼）大类产业企业创新水平分析

由表6可知，沿海经济带（东西两翼）数字产品制造业（大类产业）各城市排名前5位的企业中，汕头市制造业优势企业中广东美嘉欣创新科技股份有限公司、汕头超声印制板（二厂）有限公司、汕头超声印制板公司等综合创新水平最高。值得注意的是，沿海经济带（东西两翼）其他城市的综合创新水平较为平衡，汕尾市的信利光电股份有限公司、潮州市的三环（集团）股份有限公司、揭阳市的广东白石实业有限公司，以及沿海经济带（西翼）中，湛江市的广东思启信息科技有限公司、茂名市的广东正点光电有限公司、阳江市的智慧农业科技开发有限公司，都是其归属的城市数字产品制造业创新的佼佼者。

表6　沿海经济带（东西两翼）数字产品制造业（大类产业）
各城市排名前5位的优势企业

城市	综合创新水平	优势企业
汕头市	11	美嘉欣、汕头超声印制板（二厂）、汕头超声印制板、超声显示器、川田
揭阳市	4	白石、东捷、永日、聆讯、纬达斯
湛江市	3	思启、湛数、湛江电力、晨鸣、万安
潮州市	2	三环、金源、樱井、智信、强基
茂名市	2	正点、佰得、矽时代、长盈、南油石化
汕尾市	2	信利光电、信利半导体、华都、比亚迪、骏昇
阳江市	2	阳江智慧农业、阳春新钢铁、翰特、广星、阳东点亮生活

资料来源：本报告作者整理。

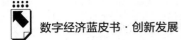

根据数字经济创新要素不同，若以数字产品服务业（大类产业）沿海经济带（东西两翼）各城市优势企业做比对，与数字产品制造业（大类产业）的优势企业名单存在差异。如附录2附表2e所示，沿海经济带（东翼）中，汕头市的数字产品服务业优势企业包括广东伟达智能装备股份有限公司和汕头市高博电子科技有限公司等。而汕尾市的广东洹亨电子科技有限公司，潮州市的广东依明机械科技有限公司，揭阳市的聆讯软件有限公司等企业在数字产品服务业中同样大放异彩。沿海经济带（西翼）方面，优势企业包括湛江市的裕信包装印业有限公司，茂名市的广东长盈科技股份有限公司，阳江市的智拓科技有限公司。

沿海经济带（东西两翼）的其余三大类优势企业，含数字技术应用业、数字要素驱动业、数字化效率提升业的优势企业详细情况分别见附录2附表2f~2h。

（五）北部生态发展区大类产业企业创新水平分析

对北部生态发展区数字产品制造业（大类产业）各城市排名前5位的优势企业进行分析发现（见表7），北部生态发展区数字产品制造业（大类产业）各城市排名前5位的优势企业包括：韶关市的广东韶钢松山股份有限公司和乳源瑶族自治县东阳光化成箔有限公司、河源市的耀国电子科技有限公司和皓吉达通讯器材有限公司、梅州市的广东冠锋科技股份有限公司和安唯捷科技有限公司、云浮市的罗定金恺达实业有限公司和广东乔晶电子科技有限公司，以及清远市的广东互动电子网络媒体有限公司和德远能源开发有限公司。

此外，见附录2附表2i，北部生态发展区数字产品服务业（大类产业）各城市则有以下优势企业：韶关市的尚依智能科技有限公司和广东金鸿泰化工新材料有限公司、河源市的广东光米光电科技有限公司和广东新凌嘉新能源股份有限公司、梅州市的广东奥蓝科技发展有限公司和梅州市博富能科技有限公司、云浮市的罗定市嘉裕电子有限公司，以及清远市的广东互动电子网络媒体有限公司和清远网软网络科技有限公司。依据数字创新要素的不同，不同企业的竞争优势显示了异质性特征；然而，一部分企业能在不同数字经济创新水平大类产业排名中高踞榜单，例如清远市的广东互动电子网络媒体有限公司，无论在数字产品制造业还是数字产品服务业，均属于城市级别的龙头企业。

北部生态发展区的其余三大类优势企业，含数字技术应用业、数字要素驱动业、数字化效率提升业的优势企业详细情况分别见附录 2 附表 2j～2l。

表7　北部生态发展区数字产品制造业（大类产业）各城市排名前 5 位的优势企业

城市	综合创新水平	优势企业
河源市	11	耀国、皓吉达、西可、龙川耀宇、思比
清远市	11	互动电子、德远、网博、恒成智道、创瑜
梅州市	7	冠锋、安唯捷、紫晶、汇威、科捷
韶关市	7	韶钢松山、东阳光化、迅安安防、南雄中科院孵化器、润讯达
云浮市	2	金恺达、乔晶、国鸿、云网、稳力

资料来源：本报告作者整理。

三　数字经济中类产业企业创新水平分析

（一）数字经济中类产业企业创新水平区域总体情况

监测广东省企业数字经济创新水平的主要方式之一是从数字经济中类产业企业创新水平维度实行解读。广东省数字经济中类产业的综合创新水平前 3 位，分别是电子元器件及设备制造、智能设备制造、数字媒体设备制造。明显地，数字经济中类产业的前 3 位都属于数字经济大类产业中的数字产品制造业。该证据验证了数字产品制造业（大类产业）在广东省数字经济产业的重要意义。电子元器件及设备制造、智能设备制造、数字媒体设备制造共涉及 35195 家企业，其中智能设备制造 29128 家，电子元器件及设备制造 25243 家，数字媒体设备制造 12408 家。

从"一核一带一区"的维度对综合创新水平前 3 位的数字经济中类产业 TOP500 企业总数的城市分布进行分析。"一核" 9 个城市在这三类数字经济中类产业中进入 TOP500 的企业总数都占据了总体的 95% 左右，其中电子元器件及设备制造占比为 94.6%、智能设备制造为 98.4%、数字媒体设备制造为 97.8%。

"一带"中，沿海经济带（东翼）的数字经济中类产业前 3 位的企业总数为主要贡献力量，沿海经济带（西翼）中仅在其他数字产品制造业（中类产业）中有所排名。相对于沿海经济带（东西两翼），北部生态发展区的数字经济中类产业前 3 位的企业总数低于沿海经济带（"东西两翼"）。

从城市维度出发，图 5 给出了综合创新水平前 3 位的数字经济中类产业 500 强企业总数的城市分布。纵向对比可得［见图 5（a）］，数量排序前 5 位的城市分别是深圳、广州、东莞、珠海和佛山；由于企业数量量纲存在相当大的差距，为清晰表明城市间企业数量分布规律，图 5（b）将纵轴进行压缩，给出紧随佛山之后的惠州，中山，江门与汕尾 4 个城市的 500 强企业分布。

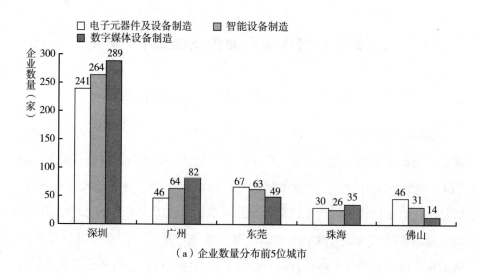

（a）企业数量分布前5位城市

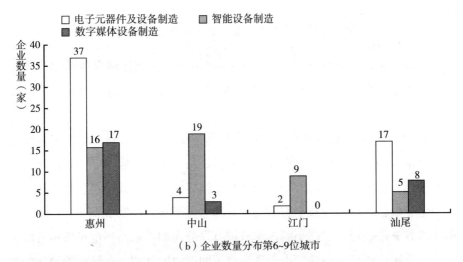

（b）企业数量分布第6~9位城市

图5　广东省数字经济中类产业排名前3位的TOP500企业数量城市分布

资料来源：本报告作者整理绘制。

通过分析电子元器件及设备制造（中类产业）500强企业的城市分布，可以看出，深圳市有241家电子元器件及设备制造类企业，位列第1；东莞市有67家企业，位列第2；广州市与佛山市分别有46家企业，并列第3位；惠州市有37家电子元器件及设备制造类企业，位列第5；珠海市有30家企业，位列第6；汕尾市拥有17家，排名第7位。总体而言，拥有电子元器件及设备制造类排名前6位的城市都属于"一核"区域内的城市。

从智能设备制造（中类产业）500强企业的城市分布来看，虽然相对于电子元器件及设备制造，数字经济企业的排名存在一定程度的波动，但前4位依然是深圳市、广州市、东莞市、佛山市，但珠海市超过惠州市，列城市分布排名第5位。

在数字媒体设备制造（中类产业）500强企业方面，深圳市、广州市、东莞市、珠海市，惠州市列前5位，发挥示范作用。这佐证了广东省"一核"地区的科技创新中心建设以"一核"的辐射作用，带动了全省数字经济产业的协同平衡发展。

（二）珠三角核心区中类产业企业创新水平分析

依据广东省地理区域划分"一核一带一区"三大经济区的数字经济企业创新水平，从数字经济中类产业维度解读不同经济区内城市的优势企业情况。

以电子元器件及设备制造（中类产业）为例（见表8），对珠三角核心区各城市排名前5位的优势企业进行分析，珠三角核心区电子元器件及设备制造的优势企业包括深圳市华星光电半导体显示技术有限公司、TCL 华星光电技术有限公司、华为技术有限公司等知名电子元器件制造企业。广州视睿电子科技有限公司、广州小鹏汽车科技有限公司和广东晶科电子股份有限公司则坐落于广州市。另外，由于城市对不同产业偏好的企业具有差异化的虹吸效应优势，美的集团在电子元器件及设备制造的优势资源在佛山市得到释放，涵盖佛山市前4位优势企业，即广东美的制冷设备有限公司、广东美的厨房电器制造有限公司、广东美的白色家电技术创新中心有限公司、广东美的暖通设备有限公司。珠海市呈现相似的集聚特点，珠海格力电器股份有限公司和珠海格力新元电子有限公司均属于该市在电子元器件与设备制造方面的领航企业。

表8　珠三角核心区电子元器件及设备制造（中类产业）各城市排名前5位优势企业

城市	综合创新水平	优势企业
深圳市	1000	华星光电半导体、TCL 华星、华为（技术）、汇顶、惠科
广州市	435	视睿、小鹏、南方电网科学研究院、晶科、华睿
东莞市	210	OPPO、维沃、小天才、良友、杰群
佛山市	120	美的制冷、美的厨房、美的白色家电、美的暖通、美芝
珠海市	96	格力电器、冠宇、格力新元电子、银隆新能源、运泰利
中山市	76	大洋、一特、TCL 空调器、汇佳、华星电源
惠州市	63	德赛西威、TCL 科技、利元亨、比亚迪、TCL 王牌电器
江门市	32	钧崴、黑氪、自由之光、广明源光、酷柏
肇庆市	12	风华、羚光、容邦、恒英、理士

资料来源：本报告作者整理。

数字经济中类产业第2~3位的智能设备制造与数字媒体设备制造在珠三角核心区由于数字经济创新要素的差异，各城市排名前5位的优势企业有所变化，详细情况请参考附录3附表3a~3b。整体而言，无论是电子元器件及设备制造、智能设备制造，还是数字媒体设备制造，三类数字经济中类产业各自范畴内的领军企业主要坐落于珠三角核心区，这指明了珠三角核心区是广东省数字经济发展的强势"经济心脏"，协同带动了全省数字经济高速发展。

（三）沿海经济带（东西两翼）中类产业企业创新水平分析

对于沿海经济带（东西两翼）来说，电子元器件及设备制造（中类产业）各城市排名前5位的优势企业情况见表9。汕头市的瑞升电子有限公司，汕头超声显示器（二厂）有限公司和汕头超声显示器技术有限公司，汕尾市的信利光电股份有限公司和信利半导体有限公司，潮州市的三环（集团）股份有限公司和广东金源照明科技股份有限公司，揭阳市的广东纬达斯电器有限公司等企业是沿海经济带（东翼）在电子元器件及设备制造维度的优势代表性企业。沿海经济带（西翼）在电子元器件及设备制造维度的优势企业包括湛江恒皓电子有限公司和湛江通用电气有限公司，茂名市的广东正点光电有限公司和矽时代材料科技股份有限公司，阳江市的阳春新钢铁有限责任公司和翰特电子科技有限公司等一众典范。

表9　沿海经济带（东西两翼）电子元器件及设备制造（中类产业）
各城市排名前5位的优势企业

城市	综合创新水平	优势企业
汕头市	11	瑞升、汕头超声显示器(二厂)、汕头超声显示器、松田、新成
揭阳市	4	纬达斯、白石、先捷、深科、中诚
湛江市	3	恒皓、湛江通用电气、湛江电力、华德力、晨鸣
潮州市	2	三环、金源、樱井、博宇、凯裕
茂名市	2	正点、矽时代、南油、一路阳光、汇美
汕尾市	2	信利光电、信利半导体、骏昇、比亚迪、索思
阳江市	2	阳春新钢铁、翰特、阳东点亮生活、省星之际、阳江智慧农业

资料来源：本报告作者整理。

沿海经济带（东西两翼）视角下，数字经济中类产业第2、3位的智能设备制造与数字媒体设备制造由于数字经济创新要素的差异，各城市排名前5位的优势企业不尽相同，详细情况可参考附录3附表3c～3d。值得提醒的是，宏观上，无论是电子元器件及设备制造、智能设备制造，还是数字媒体设备制造，沿海经济带（东西两翼）各城市的优势企业在体量和规模上要落后于珠三角核心区；此外沿海经济带（东西两翼）各城市的综合创新水平整体一致，说明了沿海经济带（东西两翼）城市的数字经济企业发展水平较为均衡。

（四）北部生态发展区中类产业企业创新水平分析

对北部生态发展区电子元器件及设备制造（中类产业）各城市排名前5位的优势企业进行分析发现（见表10），清远市的道动新材料科技有限公司、电力规划设计院有限公司和恒力通电气设备有限公司，韶关市的广东省新电容技术有限公司、乳源东阳光机械有限公司和始兴县标准微型马达有限公司，河源市的皓吉达通讯器材有限公司、众拓光电科技有限公司和新格瑞特电子有限公司，梅州市的科捷电路有限公司、蕉岭佰霖生物科技有限公司和广东尧圣太阳能科技有限公司，以及云浮市的广东微容电子科技有限公司、罗定嘉裕电子有限公司、磁电实业（罗定）有限公司等公司都出现在电子元器件及设备制造的优势企业名单上。

表10　北部生态发展区电子元器件及设备制造（中类产业）
各城市排名前5位的优势企业

城市	综合创新水平	优势企业
河源市	11	皓吉达、众拓、新格瑞特、黑比、耀国
清远市	11	道动、清远电力规划设计院、恒力通、长信、先导稀材
梅州市	7	科捷、佰霖、尧圣、冠锋、嘉安
韶关市	7	省新电容技术、东阳光、始兴县标准微型马达、鸿杰、容强
云浮市	2	微容、嘉裕、磁电实业（罗定）、乔晶、雅博

资料来源：本报告作者整理。

基于北部生态发展区经济带视角，数字经济中类产业第 2、3 位的智能设备制造与数字媒体设备制造由于数字经济创新要素的差异，北部生态发展区各城市排名前 5 位的优势企业呈现情况不尽相同，详细情况可参考附录 3 附表 3e~3f。无论是电子元器件及设备制造、智能设备制造，还是数字媒体设备制造，尽管与沿海经济带（东西两翼）一样，在体量和规模上要落后于珠三角核心区，但是北部生态发展区的数字创新活力要强于沿海经济带（东西两翼），说明了在广东省数字经济创新水平发展的现阶段中，珠三角核心区强势突围，而北部生态发展区不断蓄力并拓展出较高的数字经济创新层次。与传统沿海城市的经济创新水平高企的观点不同，现阶段沿海经济带（东西两翼）的数字经济创新水平稍显落后。

四　数字经济小类产业企业创新水平分析

广东省数字经济小类产业综合创新水平排名前 3 位的分别是可穿戴智能设备制造、智能车载设备制造、增材制造装备制造。可穿戴智能设备制造、智能车载设备制造都是属于数字经济中类产业的智能设备制造，增材制造装备制造则是属于数字经济中类产业的其他数字产品制造业；数字经济小类产业综合创新水平排名前 3 位都是属于数字经济大类产业的数字产品制造业。这说明了数字经济大类产业的数字产品制造业是广东地区领头的优势数字经济产业。

（一）数字经济小类产业企业创新水平区域总体情况

根据广东省排名前 3 位的数字经济小类产业企业 TOP500 地市桑基图（见图 6），可穿戴智能设备制造、智能车载设备制造、增材制造装备制造 TOP500 的企业分布于珠三角核心区（9 市）的就有 1463 家，从数量维度看占据了全广东省的 97.5%。

沿海经济带（东西两翼）排名前 3 位的数字经济小类产业 TOP500 企业有 15 家，数量大约占据了广东省的 1%，其中大部分企业坐落在沿海经济带

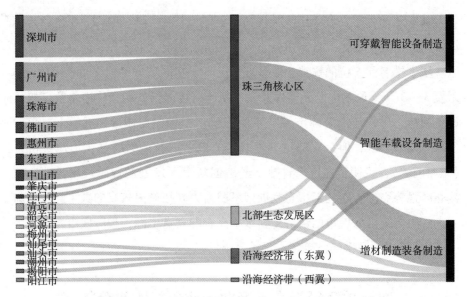

图6　广东省排名前3位的数字经济小类产业企业TOP500地市桑基图

资料来源：本报告作者整理绘制。

（东翼）。然而这3种小类产业的数字经济企业TOP500中无缘沿海经济带（西翼）的茂名市和湛江市。沿海经济带（西翼）中仅有阳江市在增材制造设备制造的TOP500企业中占有一席之地，表明沿海经济带（西翼）在这3种数字经济企业小类产业中处于相对创新低位。

北部生态发展区有22家排名前3位的数字经济小类产业TOP500企业，数量大约占据了广东省的1.5%；然而这3种小类产业的数字经济企业TOP500中没有属于云浮的企业。

从广东省整体的角度来分析排名前3位的数字经济小类产业综合创新水平TOP500企业总数城市分布，我们可以看出排名前3位的数字经济小类产业TOP500企业中，珠三角核心区企业总数占据了总体绝大多数的比例。北部生态发展区进入前3位数字经济小类产业TOP500的企业总数占比高于沿海经济带（东西两翼）1.5个百分点。珠三角核心区的智能设备制造数字经济企业占比最高，而其他数字产品制造业数字经济企业在沿海经济带（东西两翼）、北部生态发展区更具有优势，这更加符合珠三角核心区的科技创新中心建设特点，即以珠三角核心区的辐射作用带动整个广东省数字经济产业的共同发展。

（二）珠三角核心区数字经济小类产业企业创新水平分析

图 7 为广东省排名前 3 位的数字经济小类产业 TOP500 企业珠三角核心区分布图，描述了 3 种数字经济小类产业（可穿戴智能设备制造、智能车载设备制造、增材制造装备制造）TOP500 企业在珠三角核心区 9 个地市的分布情况。

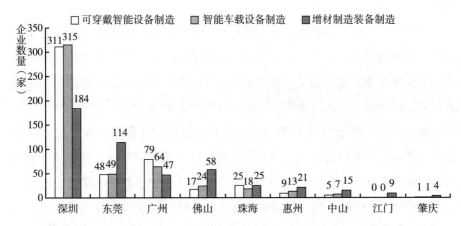

图 7 广东省排名前 3 位数字经济小类产业 TOP500 企业珠三角核心区分布

资料来源：本报告作者整理绘制。

对广东省排名前 3 位的数字经济小类产业 TOP500 企业在珠三角核心区分布进行分析发现，深圳市的总数占据了广东省第 1 位，东莞市与广州市在数字经济小类产业的分布上各有千秋，占据了第 2 位与第 3 位的排名，但深圳市与广州、东莞两市的数字经济小类产业排名前 3 位企业总体量差距较大。佛山市、珠海市与惠州市排名分别为第 4 位、第 5 位和第 6 位。而肇庆市和江门市在珠三角核心区数字经济小类产业排名前 3 位的 TOP500 企业分布上排名相对靠后，仅有个位数企业进入 TOP500。

根据图 7，从数字经济小类产业维度上分析，深圳市有 311 家可穿戴智能设备制造企业、315家智能车载设备制造企业进入TOP500，这2个数字经济小类产业的企业数领先于增材制造装备制造的数字经济小类产业，深圳市在可穿戴智能设备制造、智能车载设备制造数字经济小类产业的企业数占比较高。广州市3个数字经济小类产业进入TOP500企业数分布特点与深圳市较为相似。东莞市和佛山市的分布特点则与深圳市、广州市有所不同，东莞市和佛山市在增材制造装备制造数字经济小类产业的企业数相对于可穿戴智能设备制造、智能车载设备制造较为突出。同样的，惠州市、中山市、江门市、肇庆市的增材制造装备制造企业数相对于其他2个数字经济小类产业的企业较多。

根据图7，从可穿戴智能设备制造的角度看，深圳市有311家可穿戴智能设备制造数字经济企业，位列第1；广州市有79家可穿戴智能设备制造的数字经济企业，位列第2；东莞市有48家可穿戴智能设备制造的数字经济企业，位列第3；珠海市有25家可穿戴智能设备制造的数字经济企业，位列第4；佛山市有17家可穿戴智能设备制造的数字经济企业，位列第5；显然，进入可穿戴智能设备TOP500企业数排名前5位的城市都是属于珠三角核心区排名前3位数字经济小类产业TOP500企业总数排名靠前的城市。

根据图7，智能车载设备制造相对于可穿戴智能设备制造的数字经济企业的排名没有特别大的变化，但是其中企业数量具有一定的差异。深圳市、东莞市与佛山市的智能车载设备制造数字经济企业分别相对于可穿戴智能设备制造数字经济企业数量要多，而广州市、珠海市的可穿戴智能设备制造的数字经济企业数量相对占优势。

增材制造装备制造属于数字经济中类产业的其他数字产品制造业，相对于可穿戴智能设备制造与智能车载设备制造的城市排名出现了较为明显的变化。深圳市仍然占领龙头地位。东莞市的排名则上升了1位，有114家增材制造装备制造的数字经济企业，列城市分布排名第2位。佛山市上升至第3位。广州市的排名则下降了2位，列城市分布排名第4位。珠海市列第5位不变。因此，从增材制造装备制造与前2种数字经济小类产业的企业分布的差异能看出不同数字经济小类产业分布于不同城市的"偏好"。

可穿戴智能设备制造和智能车载设备制造均属于数字经济中类产业的智能设备制造，增材制造装备制造则是属于数字经济中类产业的其他数字产品制造业。结合以上分析，在数字经济中类产业的视角下，深圳市、广州市更加侧重于智能设备制造数字经济企业的发展，而东莞市、佛山市等其他珠三角核心区城市更加侧重于其他数字产品制造业的发展。由此可见，在"双核一廊两区"的作用下，深圳与广州更侧重于科技研发的重任，辐射引领珠三角核心区其他城市，承载创新功能，从而拉动珠江三角洲国家大数据综合试验区的创新制造业共同发展的新局面。

对表 11 珠三角核心区可穿戴智能设备制造（小类产业）各城市排名前5 位的优势企业进行分析，珠三角核心区可穿戴智能设备制造的企业中的腾讯科技（深圳）有限公司、华为技术有限公司、平安科技（深圳）有限公司等知名数字经济企业坐落于深圳，维沃移动通信有限公司、OPPO 广东移动通信有限公司、广东小天才科技有限公司等知名数字经济企业坐落于东莞，佛山的美的制冷设备有限公司、珠海格力电器有限公司以及广州视睿电子科技有限公司等广东省内数字经济领军企业都坐落于珠三角核心区，再次说明了珠三角核心区是广东省数字经济发展的主要载体，带动广东省数字经济的高速发展。

表 11　珠三角核心区可穿戴智能设备制造（小类产业）各城市排名前 5 位的优势企业

城市	综合创新水平	优势企业
深圳市	1000	腾讯、华为（技术）、平安科技、壹账通、前海微众
广州市	435	视睿、南方电网科学研究院、虎牙、南方电网数字电网研究院、小鹏
东莞市	210	维沃、OPPO、小天才、海悟、迅扬
佛山市	120	美的制冷、睿江、美的暖通、博智林、瑞加图
珠海市	96	格力电器、联云、远光、万翼、大横琴
中山市	76	智江、华帝、大洋、乐心、旭普
惠州市	63	德赛西威、TCL通力、视维、泰伟、源医
江门市	32	华睿、恒胜、华棱、创利、晋升
肇庆市	12	云聚、弘益、广源、德诚科教、异星

资料来源：本报告作者整理。

　　对珠三角核心区智能车载设备制造（小类产业）各城市排名前5位的优势企业进行分析（见表12）。其中，深圳市的腾讯科技（深圳）有限公司、华为技术有限公司、平安科技（深圳）有限公司，广州市的广州视睿电子科技有限公司、广州小鹏汽车科技有限公司，东莞市的维沃移动通信有限公司、OPPO广东移动通信有限公司、广东小天才科技有限公司、广东海悟科技有限公司，佛山市的广东美的制冷设备有限公司、广东美的暖通设备有限公司、广东睿江云计算有限公司，珠海市的格力电器有限公司、珠海联云科技有限公司、珠海大横琴科技发展有限公司，惠州市的德赛西威汽车电子股份有限公司、TCL通力电子（惠州）有限公司，中山市的广东智江网络有限公司、华帝股份有限公司、中山大洋电机股份有限公司，江门市的江门华睿科技有限公司、江门市华棱电子有限公司、恩平市晋升音频有限公司，肇庆市的广东云聚光波通讯有限公司、四会市弘益电子科技有限公司同时出现在可穿戴智能设备制造和智能车载设备制造（小类产业）各城市排名前5位的优势企业中，同时占据珠三角核心区可穿戴智能设备制造与智能车载设备制造的优势，此类数字经济企业在珠三角核心区的智能设备制造数字经济中类产业中发挥了比较优势，对全省数字经济发展具有领航作用。

表12　珠三角核心区智能车载设备制造（小类产业）各城市排名前5位的优势企业

城市	综合创新水平	优势企业
深圳市	1000	腾讯、华为(技术)、平安科技、蓝禾、壹账通
广州市	435	视睿、小鹏、极飞、方邦、由我
东莞市	210	维沃、OPPO、小天才、海悟、启益
佛山市	120	美的制冷、美的暖通、睿江、冠宇达、美的饮水机
珠海市	96	格力电器、银隆新能源、联云、大横琴、银隆电器
中山市	76	智江、华帝、铁将军、大洋、长柏
惠州市	63	德赛西威、TCL通力、天宝、金元成惠、监微
江门市	32	华睿、科世得润、华棱、恒基、晋升
肇庆市	12	云聚、小鹏、弘益、长德云、昌隆

　　资料来源：本报告作者整理。

可穿戴智能设备制造与智能车载设备制造是两种相似的行业，这两种行业排名靠前的数字经济企业并不是只发展单一的创新产业，如腾讯科技（深圳）有限公司已经形成较为成熟的信息技术产业链，为自身企业的数字经济发展提供坚实的基础支持。腾讯科技（深圳）有限公司以基础支付与金融应用、网络游戏、人工智能、云上产业链等互联网平台与科技创新的融合发展为主。这也证明了，腾讯科技（深圳）有限公司相对于其他知名的数字经济企业在增材制造装备制造与其他元器件及设备制造上不具有创新优势。

对珠三角核心区增材制造装备制造（小类产业）各城市排名前 5 位的优势企业进行分析（见表 13），珠三角核心区增材制造装备制造的优势企业与前 2 个数字经济小类产业的排名前 5 位的优势企业有所不同。其中，大族激光科技产业集团股份有限公司、大族激光智能装备集团有限公司、广东宏石激光技术有限公司等知名的数字经济企业都具有较强的"专业性"，在增材制造装备制造的优势企业中，拥有较高的排名。只有格力电器有限公司、OPPO 广东移动通信有限公司、TCL 通力电子（惠州）有限公司等少数的数字经济企业在 3 个数字经济小类产业的优势企业中都占有一席之地，这类数字经济企业所涉及的数字产业较广，综合性较强。因此，大部分数字经济企业在不同的数字经济小类产业中具备自身独特的创新优势。这里值得注意的是，OPPO 广东移动通信有限公司与维沃移动通信有限公司在数字经济小类产业中的创新优势较为相像。OPPO 广东移动通信有限公司、维沃移动通信有限公司与广东小天才科技有限公司的前身企业是步步高公司，而后三家企业股权独立了出来，因此 OPPO 和维沃的品牌其实来自同一个渊源、同一个纽带，具有相似的定位。但是，两家企业股权独立、互无从属关系，属于竞争合作关系。

表 13　珠三角核心区增材制造装备制造（小类产业）各城市排名前 5 位的优势企业

城市	综合创新水平	优势企业
深圳市	1000	大族激光科技、大族激光智能、创新三维、泰德、银宝山
广州市	435	新可、达意隆、金发、中船、广船国际
东莞市	210	晶彩、烨嘉、东和、OPPO、智鸿

城市	综合创新水平	优势企业
佛山市	120	宏石、汇百盛、索奥斯、宇仁、星联
珠海市	96	格力电器、格力精密模具、银隆新能源、三威、超滕
中山市	76	立义、凯旋、格兰仕、兴达、华帝
惠州市	63	利元亨、诚业、兴利嘉、TCL 通力、恒毅盛
江门市	32	百赞、君盛、拓域、宝豪、盈光
肇庆市	12	精泰、裕丰威禾、宏旺、强宏、鹏骏

资料来源：本报告作者整理。

（三）沿海经济带（东西两翼）数字经济小类产业企业创新水平分析

表 14 描述了广东省排名前 3 位数字经济小类产业 TOP500 沿海经济带（东西两翼）企业数量分布情况，共包括 5 个地市（湛江市与茂名市暂无企业上榜）、3 种数字经济小类产业（可穿戴智能设备制造、智能车载设备制造、增材制造装备制造）。

表 14　广东省排名前 3 位数字经济小类产业 TOP500
沿海经济带（东西两翼）企业分布

单位：家

地市	可穿戴智能设备制造	智能车载设备制造	增材制造装备制造
汕头	0	1	6
汕尾	2	2	0
阳江	0	0	1
潮州	0	0	1
揭阳	0	0	1

资料来源：本报告作者整理。

从排名前 3 位的数字经济小类产业 TOP500 沿海经济带（东西两翼）企业分布角度分析，汕头市的数字经济小类产业排名前 3 位的 TOP500 企业总数有 7 家，占据沿海经济带（东西两翼）第 1 位的排名；汕尾市的数字经济小类排名前 3 位的 TOP500 企业总数有 4 家，占据沿海经济带（东西两翼）第 2 位的排名；阳江市、潮州市与揭阳市的数字经济小类产业排名前 3 位的 TOP 企业各有 1 家。不难看出，除了沿海经济带（东西两翼）汕尾市的信利光电股份有限公司与信利半导体有限公司，沿海经济带（东西两翼）数字经济小类产业排名前 3 位的 TOP500 企业分布主要集中于增材制造装备制造。

汕尾市虽不属于珠三角核心区城市，却坐落了两家数字经济的优势企业——信利光电股份有限公司与信利半导体有限公司，都属于信利集团，在可穿戴智能设备制造与智能车载设备制造中均进入 TOP500 优势企业。信利集团是一家元老级"科技"企业，20 世纪 80 年代信利集团进驻汕尾市，从"电子钟表"向计算机生产转型，再由计算机生产向 TN 液晶屏转型。依靠自身的"强大基因"以及本地政府的支持，旗下的分公司发展成为全国 500 强的数字经济企业。

对沿海经济带（东西两翼）可穿戴智能设备制造（小类产业）各城市排名前 5 位的优势企业进行分析（见表 15），沿海经济带（东翼）可穿戴智能设备制造的企业中，信利光电股份有限公司、信利半导体有限公司、汕头超声显示器技术有限公司等数字经济企业是沿海经济带（东西两翼）数字经济创新水平的重要支撑力量。而沿海经济带（西翼）可穿戴智能设备制造的企业中，阳江市智慧农业科技开发有限公司、湛江包装材料企业有限公司等数字经济企业综合创新水平相去无几，具有较大的开发潜力。沿海经济带（西翼）主要依托自然要素禀赋开发以及固有传统优势行业的改造升级。这说明了沿海经济带（东翼）的数字经济发展水平相对领先于沿海经济带（西翼），沿海经济带（东西两翼）的数字经济发展各具特色。

表 15　沿海经济带（东西两翼）可穿戴智能设备制造（小类产业）各城市排名前 5 位的优势企业

城市	综合创新水平	优势企业
汕头市	11	汕头超声显示器(二厂)、汕头超声显示器、比亚迪、科来福、达诚
揭阳市	4	东捷、巨轮智能装备、巨轮中德机器人、方昱、顺发
湛江市	3	湛江包装、腾商、湛数、壹号地方猪研究院、宇通

续表

城市	综合创新水平	优势企业
潮州市	2	樱井、强基、三环、智信、广物环保
茂名市	2	佰得、小牛、煜城、正点、矽材料
汕尾市	2	信利光电、信利半导体、展光、鸿安、易达
阳江市	2	阳江智慧农业、广星、智拓、链点、阳春新钢铁

资料来源：本报告作者整理。

对沿海经济带（东西两翼）智能车载设备制造（小类产业）各城市排名前5位的优势企业进行分析（见表16），沿海经济带（东西两翼）智能车载设备制造（小类产业）各城市排名前5位的优势企业中，信利光电股份有限公司、信利半导体有限公司、巨轮中德机器人智能制造有限公司、广东小牛新能源有限公司等数字经济企业同时占据沿海经济带（东西两翼）可穿戴智能设备制造（小类产业）与智能车载设备制造（小类产业）的优势，相对于珠三角核心区，沿海经济带（东西两翼）的数字经济企业基数较少，数字经济小类产业的优势企业变动不大，证明沿海经济带（东西两翼）数字经济企业发展水平较为平均。

表16 沿海经济带（东西两翼）智能车载设备制造（小类产业）
各城市排名前5位的优势企业

城市	综合创新水平	优势企业
汕头市	11	科来福、达诚、米量、比亚迪、皮恩希
揭阳市	4	东捷、库伟、巨轮中德机器、巨轮智能装备、顺发
湛江市	3	湛江包装、腾商、晨鸣、思启、湛数
潮州市	2	金源、樱井、泰妮、锦帆、南科
茂名市	2	小牛、叠一、煜城、佰得、正点
汕尾市	2	信利光电、信利半导体、展光、鸿安、一开
阳江市	2	阳江智慧农业、九万里、百创源、广星、链点

资料来源：本报告作者整理。

对沿海经济带（东西两翼）增材制造装备制造（小类产业）各城市排名前5位的优势企业进行分析（见表17），沿海经济带（东西两翼）增材制造装备制造的优势企业与前2个数字经济小类产业的排名前5位的优势企业不完全相同。信利光电股份有限公司、信利半导体有限公司、湛江包装材料企业有限公司等数字经济企业，都是排名前3位数字经济小类产业的优势企业，上述数字经济企业综合创新水平相对于本地其他数字经济企业的综合创新水平较高。

表17　沿海经济带（东西两翼）增材制造装备制造（小类产业）各城市排名前5位的优势企业

城市	综合创新水平	优势企业
汕头市	11	达诚、金明、雪洁、粤辉、瑞祥
揭阳市	4	巨轮智能装备、安麦思、巨轮中德机器人、中兴、汇锋
湛江市	3	湛江包装、红日、德利、恒润、恒诚
潮州市	2	依明、景程、三环、明园、新纪源
茂名市	2	众和、兴盈、大亚、森源、茂名重力石化
汕尾市	2	信利光电、索思、星际、信利半导体、路华
阳江市	2	杨村新钢铁、普瑞德、嘉洋、新兴、阳江市高功率激光应用实验室

资料来源：本报告作者整理。

（四）北部生态发展区数字经济小类产业企业创新水平分析

图8为广东省排名前3位数字经济小类产业TOP500北部生态发展区企业分布情况，共包括4个地市（云浮市未上榜）、3种数字经济小类产业（可穿戴智能设备制造、智能车载设备制造、增材制造装备制造）。

从排名前3位的数字经济小类产业TOP500北部生态发展区企业分布角度分析，河源市的数字经济小类产业排名前3位的TOP500企业总数占13家，位列北部生态发展区第1；韶关市的数字经济小类产业排名前3位的TOP500企业总数占5家，位列北部生态发展区第2；清远市、梅州市分别位列第3、第4。

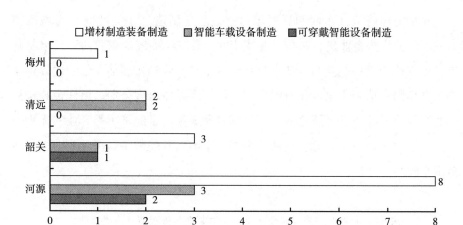

图 8　广东省排名前 3 位数字经济小类产业 TOP500 北部生态发展区企业分布

资料来源：本报告作者整理绘制。

排名前 3 位的数字经济小类产业中北部生态发展区共计 22 家企业进入 TOP500，高于沿海经济带（东西两翼）进入 TOP500 的企业总数（14 家）。排名前 3 位的数字经济小类产业 TOP500 在北部生态发展区的企业分布特点与沿海经济带（东西两翼）分布特点相似，北部生态发展区的增材制造装备制造明显高于可穿戴智能设备制造与智能车载设备制造。

对北部生态发展区可穿戴智能设备制造（小类产业）各城市排名前 5 位的优势企业进行分析（见表 18）：河源市的湧嘉实业有限公司、龙川耀宇科技有限公司，韶关市讯安安防有限公司等数字经济企业的综合创新水平都较为平均，说明可穿戴智能设备制造数字经济小类产业并不是北部生态发展区的数字经济发展优势。

对北部生态发展区智能车载设备制造（小类产业）各城市排名前 5 位的优势企业进行分析（见表 19），北部生态发展区智能车载设备制造（小类产业）各城市排名前 5 位的优势企业中，韶关市讯安安防有限公司、龙川耀宇科技有限公司等数字经济企业同时出现在北部生态发展区可穿戴智能设备制造与智能车载设备制造的优势企业名单上，北部生态发展区智能车载设备制造（小类产业）各城市排名前 5 位的优势企业与沿海经济带（东西两

翼）的数字经济小类产业的优势企业分布相似，两个数字经济小类产业的
优势企业变动不大。

表 18　北部生态发展区可穿戴智能设备制造（小类产业）
各城市排名前 5 位的优势企业

城市	综合创新水平	优势企业
河源市	11	湧嘉、耀宇、博康、汇亮鑫、思比
清远市	11	网软、联晟、麦克斯韦磁谷、博云、创瑜
梅州市	7	华力、世亚、富胜、钜鑫、鸿利
韶关市	7	讯安安防、至高、韶钢松山、高尔德、富莱
云浮市	2	稳力、云浮市信息科技、云网、乔晶、恒星

资料来源：本报告作者整理。

表 19　北部生态发展区智能车载设备制造（小类产业）
各城市排名前 5 位的优势企业

城市	综合创新水平	优势企业
河源市	11	宝齐、耀宇、博康、中启、沃图
清远市	11	创瑜、联晟、信浓、佳的美、博通
梅州市	7	华力、壹品通、世亚、方昇、富胜
韶关市	7	迅安安防、至高、力保、润讯达、东阳
云浮市	2	稳力、云网、云浮市信息科技、乔晶、宏泰

资料来源：本报告作者整理。

对北部生态发展区增材制造装备制造（小类产业）各城市排名前 5 位
的优势企业进行分析（见表 20），河源市增材制造装备制造的数字经济企业
综合创新水平相对较高，在增材制造装备制造中占有一定的优势，拥有较高
的排名。

无论是北部生态发展区，还是沿海经济带（东西两翼），在增材制造装
备制造的优势企业的综合创新水平相对于可穿戴智能设备制造和智能车载设
备制造较高。两地数字经济小类产业优势企业分布特点与深圳、广州等城市
的优势企业分布特点相反，再次证明了沿海经济带（东西两翼）与北部生
态发展区的数字经济发展定位。

表 20　北部生态发展区增材制造装备制造（小类产业）各城市排名前 5 位的优势企业

城市	综合创新水平	优势企业
河源市	11	西品、宏松源、铭雷、成宇达、德坤
清远市	11	先导稀材、先导薄膜、信和、精科、天高
梅州市	7	合水、华于、梅新、鼎泰、佰霖
韶关市	7	韶钢松山、宝钢特钢、信达茧、金鸿泰、盛益
云浮市	2	中顺洁柔、祥利、浩盛、立伟达、宝捷

资料来源：本报告作者整理。

参考文献

安同良、魏婕、舒欣：《中国制造业企业创新测度——基于微观创新调查的跨期比较》，《中国社会科学》2020 年第 3 期。

陈晓红、李杨扬、宋丽洁、汪阳洁：《数字经济理论体系与研究展望》，《管理世界》2022 年第 2 期。

韩兆安、赵景峰、吴海珍：《中国省际数字经济规模测算、非均衡性与地区差异研究》，《数量经济技术经济研究》2021 年第 8 期。

刘洋、董久钰、魏江：《数字创新管理：理论框架与未来研究》，《管理世界》2020 年第 7 期。

龙小宁、张靖：《IPO 与专利管理：基于中国企业的实证研究》，《经济研究》2021 年第 8 期。

戚聿东、肖旭：《数字经济时代的企业管理变革》，《管理世界》2020 年第 6 期。

韦庄禹：《数字经济发展对制造业企业资源配置效率的影响研究》，《数量经济技术经济研究》2022 年第 3 期。

Bowen III, D. E., Frésard, L. and Hoberg, G., "Rapidly Evolving Technologies and Startup Exits," *Swiss Finance Institute Research Paper* (2021): 19-22.

Miao, Y., Salomon, R. M. and Song, J., "Learning from Technologically Successful Peers: The Convergence of Asian Laggards to the Technology Frontier," *Organization Science* 1 (2021): 210-232.

Runge, S., Schwens, C. and Schulz, M., "The Invention Performance Implications of Coopetition: How Technological, Geographical, and Product Market Overlaps Shape Learning and Competitive Tension in R&D Alliances," *Strategic Management Journal* 2 (2022):

266-294.

Vakili, K., "Collaborative Promotion of Technology Standards and the Impact on Innovation, Industry Structure, and Organizational Capabilities: Evidence from Modern Patent Pools," *Organization Science* 6 (2016): 1504-1524.

B.6
广东省数字经济相关高新技术
企业创新水平报告[*]

薛维锐　陈建硕　高鸿铭　黄琼宇[**]

摘　要： 高新技术企业是数字经济创新发展新常态下以高新技术为基础，以知识密集、技术密集为核心的经济实体，是国家科技研发、产业转型的重要驱动力。本研究在分析 2016～2020 年广东省高新技术企业数字经济创新水平区域总体情况后发现：排名前500 位的高新技术企业较为聚集，主要分布在珠三角核心区；排名前 20 位的高新技术企业中有 50% 属于计算机、通信和其他电子设备制造业，是广东省数字经济创新的重要动力源；在沿海经济带（东西两翼）中，沿海经济带（东翼）高新技术企业创新水平相对于沿海经济带（西翼）较高。

关键词： 高新技术企业　数字创新　数字经济

一　高新技术企业创新水平区域总体分析情况

广东省 2016～2020 年数字经济综合创新水平 TOP500 高新技术企业地市

* 本报告为广东省普通高校青年创新项目"大数据驱动的数字经济企业创新行为及网络演化研究"（2022WQNCX054）阶段性成果。

** 薛维锐，博士，广州大学讲师，研究方向：基础设施数字化运维管理。陈建硕，广州大学管理学院博士研究生，研究方向：数字经济与管理创新研究。高鸿铭，博士，广州大学管理学院博士后，研究方向：数字经济与智能化管理、数据挖掘与机器学习等。黄琼宇，博士，副教授，硕士生导师，广州大学管理学院副院长，广州大学数字化管理创新研究院副院长，研究方向：会计信息与公司治理、家族企业传承与创新、数字经济创新。

桑基图显示（见图1），在珠三角核心区（广州、深圳、珠海、佛山、惠州、东莞、中山、江门、肇庆），仅高新、高新+科技、高新技术等企业TOP500的数字经济企业有491家，占广东省的98.2%。其中，高新+科技类型企业是指企业既是高新技术型企业，又是科技型中小企业；仅高新类型企业是指企业是高新技术企业，但不是科技型中小企业；高新技术企业的数量是高新+科技类型企业与仅高新类型企业数量之和。

在北部生态发展区，数字经济综合创新水平TOP500的高新技术企业有6家，数量占据了广东省的1.2%。其中，清远市有5家入围TOP500高新技术企业，占北部生态发展区80%以上的比重。清远市能取得如此成绩，与其2018年先后出台的《清远市招商引资重大项目奖励实施细则》《清远高新区推动科技创新十六条措施》《清远高新区知识产权资助奖励办法》等促进数字经济发展的相关政策有关。

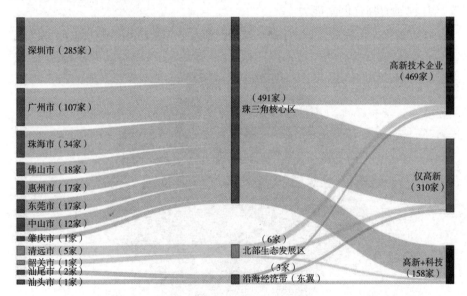

图1　广东省数字经济综合创新水平TOP500高新技术企业地市桑基图

资料来源：本报告作者整理绘制。

在沿海经济带（东翼），数字经济综合创新水平TOP500高新技术企业有3家，数量占据了全广东省的0.6%；而沿海经济带（西翼）则无企业入围综合创新水平 TOP500 高新技术企业。

通过分析广东省三大功能区数字经济综合创新水平 TOP500 高新技术企业相关数据发现，入围企业主要集中于珠三角核心区（占98.2%的比例），因此深度剖析珠三角核心区具有重要意义。

二 广东省TOP20高新技术企业创新水平分析

广东省数字经济综合创新水平 TOP20 高新技术企业分别是华为技术有限公司、OPPO 广东移动通信有限公司、腾讯科技（深圳）有限公司、维沃移动通信有限公司、珠海格力电器股份有限公司、中兴通讯股份有限公司等。这些高新技术企业是广东省内具有知识技术密集特点的经济实体。此外，排名越靠前的高新技术企业，不仅需要具备相应的经济实力，同时还需要具有较强的综合创新能力。

在广东省高新技术企业数字经济综合创新水平 TOP20 中（见图2），深圳市

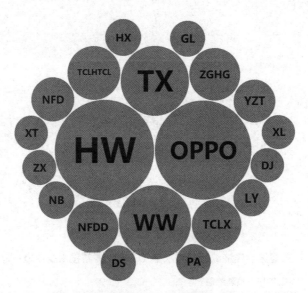

图2 广东省高新技术企业数字经济综合创新水平 TOP20

注：英文缩写对应的企业全称见附录5附表5a。

资料来源：本报告作者整理绘制。

占据了 60% 的企业，"龙头"地位明显。此外，东莞市与珠海市分别有 3 家与 2 家企业位列其中，均领先广州市。截至 2021 年，广州市的 GDP 在全国城市排名中居第 4 位，仅次于深圳市。但高新技术企业的培养力度不大是广州的薄弱点。

在广东省高新技术企业数字经济综合创新水平 TOP20 企业所属行业中，计算机、通信和其他电子设备制造业的企业占比为 50%，表明计算机、通信和其他电子设备制造业是广东省数字经济创新的重要创新动力源。在《软件和信息技术服务业发展规划（2016—2020 年）》政策的导向下，广东省高新技术企业 TOP20 中，有 3 家高新技术企业属于软件与信息技术服务业的行业，说明了软件与信息技术服务业都拥有较为良好的发展态势。

华为技术有限公司占高新技术企业第 1 位。华为技术有限公司涉及网络、云计算，并融入各种终端产品中，是一家坚持"开放、合作与创新"的企业，致力于构建健康完整的终端生态系统。华为技术有限公司是当前全球领先的 ICT（信息与通信）基础设施和智能终端提供商，也是广东省综合创新水平第 1 位的数字经济企业。

三　珠三角核心区高新技术企业创新水平分析

在珠三角核心区，数字经济综合创新水平 TOP500 高新技术企业所在地市涉及 8 个（江门暂无高新技术企业上榜），企业种类包括高新技术企业、仅高新、高新+科技 3 种，如图 3 所示。

从地市的排名上分析，深圳市、广州市、珠海市在高新技术企业、仅高新、高新+科技的种类上都占据了前 3 位，但 3 个地市之间的企业数跨度较大。东莞市与佛山市 3 个种类的排名在第 4 位、第 5 位之间变动。惠州市的总数占据第 6 位。而中山市与肇庆市在 TOP500 的高新技术企业总数上排名相对靠后。珠三角核心区综合创新水平 TOP500 高新技术企业超过 50% 是坐落于深圳市，剩余的高新技术企业主要分布于广州市、珠海市、东莞市、佛山市。因此，深圳拥有数字经济发展的雄厚基础，其余 4 市虽有部分高新与科技种类 TOP500 的数字经济产业分布，但深圳依旧是数字经济产业的主要

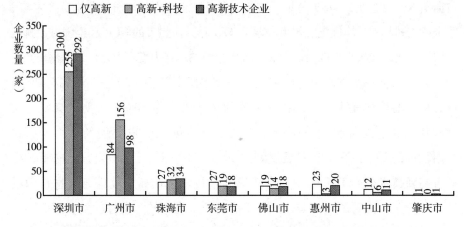

图3　珠三角核心区综合创新水平 TOP500 高新技术企业地市分布

资料来源：本报告作者整理绘制。

载体，带动着广东省数字经济的高速发展。

从珠三角核心区各城市排名前 5 位的高新技术企业分布情况看（见表1），广东省高新技术企业中的华为技术有限公司、腾讯科技（深圳）有限公司、维沃移动通信有限公司、OPPO 广东移动通信有限公司、中兴通讯股份有限公司、珠海格力电器有限公司等知名高新技术企业都坐落于珠三角核心区。这再次说明，珠三角核心区承载着广东省数字经济发展的重要使命。

表1　珠三角核心区各城市排名前 5 位的高新技术企业分布

城市	综合创新水平	优势企业
深圳市	1000	华为(技术)、腾讯、中兴、大疆、平安科技
广州市	435	南方电网科学研究院、视睿、京信通信、日立楼宇、南方电网电力科技
东莞市	210	维沃、OPPO、小天才、华为(终端)、博力威
佛山市	120	美的制冷、云米、博智林、美的厨房、美的电热
珠海市	96	格力电器、联云、许继、一微、魅族
中山市	76	华帝、长虹、TCL 空调器、惠利普、乐心
惠州市	63	德赛西威、TCL 科技、TCL 通力、利元亨、九联
江门市	32	彩立方、中道、海天、海信、捷思通
肇庆市	12	风华、德诚科教、广源、小鹏、容邦

资料来源：本报告作者整理。

四　沿海经济带（东西两翼）高新技术企业创新水平分析

在沿海经济带（东翼），排名前 5 位的高新技术企业是信利光电股份有限公司、信利半导体有限公司、广东川田有限公司、揭阳市聆讯软件有限公司、潮州（三环）集团股份有限公司。这 5 家高新技术企业是沿海经济带（东翼）数字经济创新水平的重要支撑力量。其中，信利光电股份有限公司的综合创新水平较为突出（综合创新水平为 5377），超出沿海经济带（东翼）其他高新技术企业 2 倍。

在沿海经济带（西翼），高新技术企业中的阳春新钢铁有限责任公司、广东湛数大数据有限公司、广东长盈科技有限公司等是较强的数字经济企业。

从沿海经济带（东西两翼）高新技术企业分布可知，沿海经济带（东翼）的高新技术企业创新水平相对于沿海经济带（西翼）的较高，说明了沿海经济带（东翼）在高新技术企业建设上相对领先于沿海经济带（西翼）。另外，沿海经济带（东西两翼）与北部生态发展区的高新技术企业数相差不大。

表 2　沿海经济带（东西两翼）各城市排名前 5 位的高新技术企业分布

城市	综合创新水平	优势企业
汕头市	11	川田、汕头超声印制板（二厂）、汕头超声印制板、东研、汕头超声显示器
揭阳市	4	聆讯、白石、东捷、永日、纬达斯
湛江市	3	湛数、思启、湛江电力、晨鸣、万安
潮州市	2	三环、智信、金源、樱井、泰妮
茂名市	2	长盈、正点、佰得、群英、矽时代
汕尾市	2	信利光电、信利半导体、易达、华润电力、比亚迪
阳江市	2	阳春新钢铁、开能、翰特、广星、众强

资料来源：本报告作者整理。

五 北部生态发展区高新技术企业创新水平分析

对北部生态发展区各城市排名前 5 位的高新技术企业分布进行分析（见表3），广东互动电子网络媒体有限公司占据北部生态发展区高新技术企业综合创新水平第一，坐落于清远市。

表 3 北部生态发展区排名前 5 位的高新技术企业地市分布

城市	综合创新水平	优势企业
河源市	11	众拓、雅达、西可、耀国、皓吉达
清远市	11	互动电子、博云、网博、网软、创瑜
梅州市	7	冠锋、紫晶、佳视通、汇威、振声科技
韶关市	7	韶钢松山、东阳光化、迅安安防、南雄中科院孵化器、鸿杰
云浮市	2	云网、国鸿、金恺达、乔晶、嘉裕

资料来源：本报告作者整理。

参考文献

苏晓艳、李镇南：《生产性服务业集聚会促进高新企业技术创新吗？——以粤港澳大湾区为例》，《现代管理科学》2022 年第 1 期。

孙启新、刘承翊、陈思岑：《高新技术企业认定：国家级孵化器"认证"效应的实证研究》，《南方经济》2022 年第 1 期。

刘家树、石洪波、齐昕：《创新链视角下高新技术企业认定效应与机制研究》，《科研管理》2022 年第 6 期。

黄海滨、常菁、郑秋生、谢晓娟、张诗炀、张志强：《区域高新技术企业创新发展量化评价实证研究》，《科技管理研究》2021 年第 24 期。

邱洋冬、陶锋：《高新技术企业资质认定政策的有效性评估》，《经济学动态》2021 年第 2 期。

卞德龙、王佳欣：《高新技术企业总数 5 年接近翻番》，《南方日报》2022 年 6 月 3 日，第 3 版。

谢鸣鸣、何慧、蒋莉蓉：《高新技术企业如何认定?》，《政府采购信息报》2022 年 1 月 17 日，第 13 版。

张艳、周美霖：《创业板成为"双区"创新资本引擎》，《南方日报》2021 年 8 月 6 日，第 A09 版。

苑伟斌：《深圳中小企业"创"劲何来》，《深圳商报》2021 年 7 月 28 日，第 A01 版。

B.7
广东省数字经济相关科技型中小
企业创新水平报告[*]

黄琼宇　方佳丽　陈建硕　贾云峰[**]

摘　要： 科技型中小企业是推动科技创新的重要载体，在推进经济结构战略性调整、促进经济可持续发展、扩大社会就业等方面发挥着重要作用。本报告重点分析2016~2020年广东省科技型中小企业的数字经济综合创新水平状况。研究发现：科技型中小企业数字经济综合创新水平总体低于高新技术企业，行业分布较为分散，聚集度较低；排名前20位的科技型中小企业大多数属于数字产品制造业，且主要集中在珠三角核心区，制造业的数字化转型具备领先优势；相较于珠三角核心区，沿海经济带（东西两翼）的科技型中小企业数字经济创新水平存在较大的差距；北部生态发展区的科技型中小企业的数字经济创新水平则相对领先沿海经济带（东西两翼）。

关键词： 科技型中小企业　数字创新　数字经济

---

* 本报告为广东省自然科学基金面上项目"粤港澳大湾区家族企业传承与创新研究"（2020A1515010231）阶段性成果。

** 黄琼宇，博士，副教授，硕士生导师，广州大学管理学院副院长，广州大学数字化管理创新研究院副院长，研究方向：会计信息与公司治理、家族企业传承与创新、数字经济创新。方佳丽，广州大学管理学院硕士研究生，研究方向：数字经济创新等。陈建硕，广州大学管理学院博士研究生，研究方向：数字经济与管理创新研究。贾云峰，广州大学管理学院本科生，参与企业专利信息收集与筛选。

一 科技型中小企业创新水平区域总体分析情况

对广东省数字经济综合创新水平 TOP500 科技型中小企业地市桑基图进行分析（见图1），本报告发现广东省综合创新水平 TOP500 主要分布在珠三角核心区。其中，科技型中小企业190家，高新+科技类型企业158家，仅科技类型企业32家。其中，高新+科技类型企业是指企业既是高新技术企业，又是科技型中小企业；仅科技类型企业是指企业是科技型中小企业，但不是高新技术企业；科技型中小企业的数量是高新+科技类型企业与仅科技类型企业数量之和。

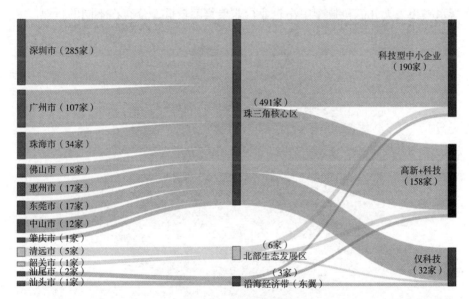

图1 广东省数字经济综合创新水平 TOP500 科技型中小企业地市桑基图

资料来源：本报告作者整理绘制。

广东省数字经济综合创新水平 TOP500 企业中有468家企业属于高新技术企业，190家企业属于科技型中小企业，相差278家企业。证明广东省科技型中小企业的数字经济综合创新水平要低于高新技术企业的数字经济综合创新水平。这与科技型中小企业的认定标准（科技型中小企业的职工总数量最多为 500 人、年销售收入不大于 2 亿元、资产总额不超过 2 亿元）有一定的关系。

二 广东省 TOP20 科技型中小企业创新水平分析

就广东省科技型中小企业数字经济综合创新水平角度进行分析，广东省科技型中小企业综合创新水平的前 20 位（见图 2）如珠海联云科技有限公司、深圳市盛路物联通讯技术有限公司、深圳市越疆科技有限公司、深圳市赛亿科技开发有限公司、深圳绿米联创科技有限公司等科技型中小企业的创新水平相去无几。科技型中小企业行业聚集度较低，分布在不同的行业。

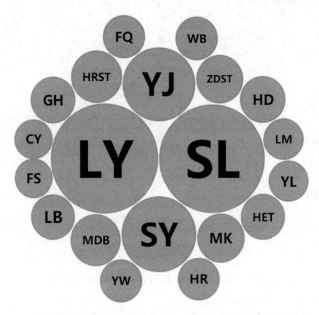

图 2　广东省科技型中小企业数字经济综合创新水平 TOP20

注：英文缩写对应的企业全称见附录 5 附表 5b。
资料来源：本报告作者整理绘制。

格力集团拥有近百家子公司，其中，坐落于珠海市的珠海联云科技有限公司便是格力集团的分支企业之一，也是唯一一个同时进入广东省高新技术企业和科技型中小企业创新水平 TOP20 的企业。不难看出格力集团较注重旗下科技型中小企业创新动能，其依靠众多分支企业作为推动剂，从而推动集团整体的创新发展。

广东省数字经济综合创新水平前 20 位的高新技术企业与科技型中小企业大部分属于数字经济大类产业中的数字产品制造业。与浙江、上海地区的数字经济发展趋势相对比，这一数据凸显了广东地区以数字经济大类产业中的数字产品制造业为产业优势的发展现状。

对广东省数字经济综合创新水平 TOP20 高新技术企业与科技型中小企业地市分布比例进行分析（见图 3、图 4），深圳市拥有的高新技术企业数与科技型中小企业数都是一马当先，领先于其他地级市，证实了深圳市已然打造了数字经济的发展生态，成为广东省数字经济的发展高地。其他的高新技术企业与科技型中小企业的分布则较为零散，在高新技术企业排名前 20 位的城市分布中，东莞市占据 3 家，珠海市占据 2 家，广州市、惠州市、汕尾市各占据 1 家；在科技型中小企业排名前 20 位的城市分布中，广州市、

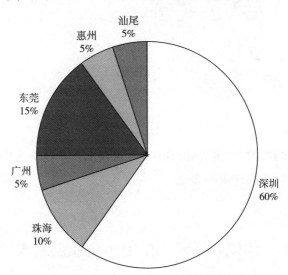

图 3 广东省数字经济综合创新水平 TOP20 高新技术企业地市分布比例

资料来源：本报告作者整理绘制。

珠海市各占据 3 家，佛山市、清远市各占据 1 家。可见，广州市、珠海市均拥有一定数量的居数字经济综合创新水平前列的高新技术企业和科技型中小企业，说明 2 个城市具备了一定的数字经济发展基础。排名前 20 位的高新技术企业与科技型中小企业中，90% 集中分布于深圳、广州、东莞与珠海 4 个城市。因此，各地区领头的数字经济产业数量与各地区经济发展规模息息相关。排名前 20 位的高新技术企业与科技型中小企业中有 95% 的企业主要集中于"一核"（珠三角 9 市）地区。由此可见，数字经济产业发展是广东省经济增长的动力源泉，为广东省打造了更高水准的科技合作新平台，推动了粤港澳大湾区建设重要战略的实施。

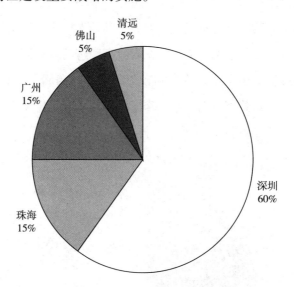

图 4　广东省数字经济综合创新水平 TOP20 科技型中小企业地市分布比例

资料来源：本报告作者整理绘制。

三　珠三角核心区科技型中小企业创新水平分析

图 5 描述了数字经济综合创新水平 TOP500 中 3 类企业（科技型中小企业、仅科技、高新+科技）珠三角核心区 9 个地市的分布。

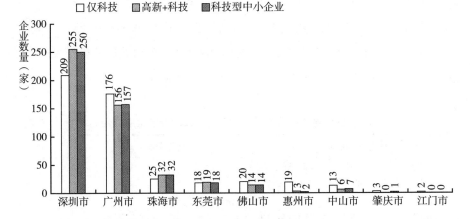

图5　数字经济综合创新水平TOP500珠三角核心区3类企业地市分布

资料来源：本报告作者整理绘制。

从地市分布维度分析，TOP500科技型中小企业中，有250家位于深圳，157家位于广州，珠海、东莞、佛山企业数量分别为32家、18家、14家，分别列第3、4、5位。（高新+科技企业与科技型中小企业的分布趋势一致）

TOP500仅科技类中小企业的地区分布趋势与科技型中小企业略有差异，深圳有209家，仍然位列第1，广州176家，位列第2，两市的仅科技类中小企业数量差距为33家，相比科技型中小企业的数量差距大大缩小。其次，佛山、惠州在仅科技类企业的排名上要略高于东莞市，说明深圳、东莞更侧重于高新技术企业的增长。

总体上，广州的科技型中小企业的占比较高，这个特点与深圳有较大差异，证明了广州对科技型中小企业的扶持力度较大，但对高新技术产业的支持力度有待进一步加大；珠海、东莞与佛山3市的企业分布较为平均，其中珠海科技型中小企业数量较多；肇庆与江门分别有3、2家仅科技类企业，并无高新技术企业落户这两个城市。

对珠三角核心区各城市排名前5位的科技型中小企业进行分析（见表1），珠三角核心区科技型中小企业中，珠海联云科技有限公司、深圳市盛路物联通讯技术有限公司、深圳市越疆科技有限公司、广州鲁邦通物联网有限公司等知名科技型中小企业都坐落于珠三角核心区。其中，珠海联云科技有限公司是唯一一家数字经济综合创新水平高于 5000 的科技型中小企业。深圳市虽然以高新技术企业为主要优势，但是其排名前 5 位的科技型中小企业的数字经济综合创新水平同样居珠三角核心区第 1 位。

表 1　珠三角核心区各城市排名前 5 位的科技型中小企业

城市	综合创新水平	优势企业
深圳市	1000	盛路、越疆、赛亿、绿米、亿联
广州市	435	鲁邦通、海睿、慧睿、浪潮、科徕尼
东莞市	210	东莞开关厂、歌尔、国云、李群、思谷
佛山市	120	美的白色家电、川东、汇泰龙、广工大数控装备、华全
珠海市	96	联云、一微、飞企互联、建荣、亿智
中山市	76	惠利普、厚源、安信通、元一、路得斯
惠州市	63	紫光、蓝微、天泽盈丰、德赛工业研究所、德赛自动化技术
江门市	32	彩立方、中道、海天、捷思通、征极
肇庆市	12	长光、德诚科教、华育昌、广源、容邦

资料来源：本报告作者整理。

四　沿海经济带（东西两翼）科技型中小企业创新水平分析

对沿海经济带（东西两翼）各城市排名前 5 位的科技型中小企业进行分析（见表 2），沿海经济带（东翼）的科技型中小企业中，广东川田科技有限公司、广东美嘉欣创新科技股份有限公司、揭阳市聆讯软件有限公司等是沿海经济带（东翼）数字经济综合创新水平高于 2000 的科技型中小企业，其中 2 家分布在汕头，1 家分布在揭阳。沿海经济带（西翼）的科技型中小企业中，阳江市智慧农业科技开发公司、广东湛数大数据有限公司、广东长盈科技有限公司等是沿海经济带（西翼）数字经济综合创新水平较高的科技型中小企业，同时也是高新技术企业，数字经济综合创新水平大约为 2000。沿海经济带（东西两翼）科技型中小企业相较于珠三角核心区的数字经济创新水平仍存在较大的差距。

表2　沿海经济带（东西两翼）各城市排名前5位的科技型中小企业

城市	综合创新水平	优势企业
汕头市	11	川田、美嘉欣、奎创、同行、金贝贝
揭阳市	4	聆讯、白石、永日、纬达斯、盈迅
湛江市	3	湛数、思启、通用、恒皓、腾商
潮州市	2	智信、樱井、泰妮、强基、博宇
茂名市	2	长盈、正点、佰得、群英、叠一
汕尾市	2	华都、易达、俊昇、恩业、索思
阳江市	2	阳江智慧农业、链点、开能、翰特、广星

资料来源：本报告作者整理。

五　北部生态发展区科技型中小企业创新水平分析

对北部生态发展区各城市排名前5位的科技型中小企业进行分析（见表3）。清远市排名前5位的科技型中小企业，数字经济综合创新水平相对较高。其中，广东互动电子网络媒体有限公司是北部生态发展区唯一一家数字经济综合创新水平高于3000的科技型中小企业，其从事医疗物联网、数字政务、软件开发、工业互联网、物联网、工厂MES、国产化研发、基于机器视觉识别和机器人的制造装备、软件开发及其系统集成等业务及服务，是一家专业的智能化、智慧化科技开发及系统集成的数字经济企业。

表3　北部生态发展区各城市排名前5位的科技型中小企业

城市	综合创新水平	优势企业
河源市	11	众拓、耀国、耀宇、光米米、新格瑞
清远市	11	互动电子、博云、网博、网软、恒成智道
梅州市	7	冠锋、安唯捷、佳视通、振声科技、振声智能
韶关市	7	迅安安防、南雄中科院孵化器、擎能、亿普特、启航
云浮市	2	云网、金恺达、乔晶、中科、稳力

资料来源：本报告作者整理。

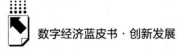

北部生态发展区科技型中小企业总体的数字经济综合创新水平相对领先沿海经济带（东西两翼）。北部生态发展区的科技型中小企业数量高于其高新技术企业数量，而沿海经济带（东西两翼）的科技型中小企业数量少于高新技术企业数量。可见，北部生态发展区相较于沿海经济带（东西两翼）更加重视对科技型中小企业的扶持。

参考文献

吕芬、朱煜明、凯瑟琳·罗伯特、周家和：《中小型企业数字创新的价值链路径》，《科技管理研究》2022 年第 8 期。

董志勇、李成明：《"专精特新"中小企业高质量发展态势与路径选择》，《改革》2021 年第 10 期。

何玉梅：《面向数字化转型的科技型中小企业创新激励政策探讨》，《中国科技论坛》2021 年第 6 期。

徐萌萌：《政府资助对科技型中小企业创新绩效的影响研究——创新动力的中介效应分析》，《软科学》2021 年第 1 期。

郭秀强、孙延明：《广东珠三角地区创新政策分析——基于科技型中小企业技术创新视角》，《科技管理研究》2019 年第 11 期。

陈蓉、梁昌勇、叶春森：《产业集群视角下中小企业协同创新系统实证研究》，《科技进步与对策》2016 年第 7 期。

郭晋宇、李恩平：《大数据背景下科技型中小企业创新能力影响研究——基于模糊综合评价法模型》，《数学的实践与认识》2016 年第 10 期。

牛雄鹰、李鑫伟：《中小企业技术创新、资源空间关联与企业成长——基于中国省际面板数据的空间计量分析》，《技术经济》2016 年第 4 期。

B.8
广东省数字经济相关上市公司
创新水平报告*

黄琼宇　许楚红　许金晟　高鸿铭**

摘　要： 作为推动经济增长的重要主体，上市公司需要不断强化创新主体
地位，成为原始创新和新兴技术的重要发源地，引领经济转型升
级。本报告以2016~2020年广东省数字经济相关的467家上市
公司为研究对象，分析其数字经济创新水平、行业及区域分布情
况。研究发现：广东省上市公司数字经济平均创新水平高于非上
市公司，为其2.7倍；237家上市公司总部位于深圳，占据全省
数字经济相关上市公司半壁江山；大类产业中，上市公司在数字
要素驱动业优势明显，中类产业中，上市公司在信息技术服务、
互联网相关服务等更具优势，小类产业中，上市公司在集成电路
制造、电力电子元器件制造领域综合创新水平更高，在增材制造
装备制造与智能照明器具制造领域落后于非上市公司。

关键词： 上市公司　数字创新　数字经济

---

* 本报告为广东省自然科学基金面上项目"粤港澳大湾区家族企业传承与创新研究"
（2020A1515010231）阶段性成果。

** 黄琼宇，博士，副教授，硕士生导师，广州大学管理学院副院长，广州大学数字化管理创新
研究院副院长，研究方向：会计信息与公司治理、家族企业传承与创新、数字经济创新。许
楚红，广州大学管理学院硕士研究生，研究方向：会计信息与公司治理、家族企业传承与创
新、数字经济创新。许金晟，广州大学管理学院本科生，研究方向：工程管理、数据挖掘。
高鸿铭，博士，广州大学管理学院博士后，研究方向：数字经济与智能化管理、数据挖掘与
机器学习等。

一 数字经济大类产业上市公司区域创新水平

2022年1月12日，国务院印发《"十四五"数字经济发展规划》。该规划强调，到2025年，数字经济迈向全面扩展期，数字经济核心产业增加值占GDP的比重达到10%，数字化创新引领发展能力大幅提升，智能化水平明显增强，数字技术与实体经济融合取得显著成效。

截至2020年，广东省上市公司中有数字经济创新相关专利的企业有467家（约占全部上市公司的66.5%），在数字经济相关企业中占比1.1%，上市公司数字经济综合创新水平为50351.58，数字经济平均创新水平为107.82，而非上市公司数字经济综合创新水平为1658763.10，数字经济平均创新水平为39.66（见图1）。虽然数字经济相关上市公司占比较小，综合创新水平与非上市公司相比存在较大差距，但从数字经济平均创新水平的角度来看，上市公司数字经济平均创新水平为非上市公司的2.7倍，平均创新水平较为可观，说明广东省数字经济相关上市公司创新发展较均衡，整体创新能力优于非上市公司。

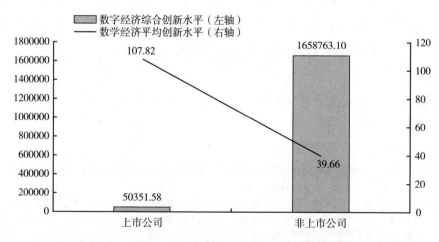

图1　广东省数字经济相关上市公司与非上市公司数字经济创新水平

资料来源：本报告作者整理绘制。

广东省数字经济相关上市公司区域分布结果显示（见图2），数字经济相关上市公司主要集中在深圳、广州、东莞、佛山、珠海、中山、惠州等珠三角核心区城市。其中深圳市以237家上市公司居于总量头部地位，占据全省数字经济相关上市公司半壁江山，随后依次为广州64家，东莞35家，佛山28家，珠海21家，中山16家，而惠州、江门、肇庆分别有13家、11家以及5家，处于珠三角核心区尾部。沿海经济带（东翼）中汕头、揭阳、潮州分别有16家、5家、5家入围。沿海经济带（西翼）仅有湛江1家上市公司入围数字经济创新企业。北部生态发展区的梅州以6家上市公司数位居该区榜首，其次为清远2家，河源与韶关各有1家。

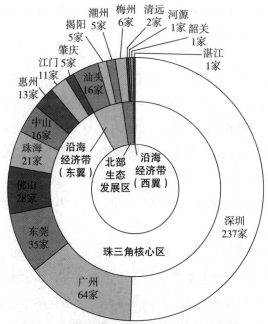

图2　广东省数字经济相关上市公司区域分布

资料来源：本报告作者整理绘制。

进一步对数字经济综合创新水平TOP100、TOP50以及TOP20企业中公司上市情况以及数字经济创新能力进行分析（见图3）。

由图3可知，TOP100企业中上市公司有23家，占比23%，TOP50企业

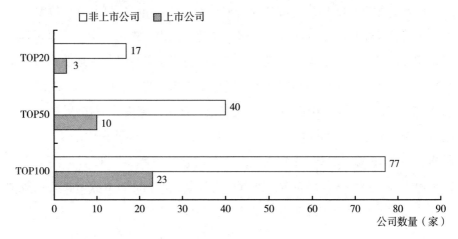

图3 广东省数字经济综合创新水平TOP100、TOP50及TOP20企业中公司上市情况

资料来源：本报告作者整理绘制。

中上市公司有10家，占比20%，但TOP20企业中上市公司仅有3家，占比15%。TOP100、TOP50以及TOP20企业中上市公司数字经济创新水平以及与非上市公司对比情况如图4所示，TOP100企业中上市公司数字经济综合创新水平为7736.39，接近非上市公司数字经济综合创新水平27756.73的1/3；TOP50企业中上市公司数字经济综合创新水平为3977.07，接近非上市公司数字经济综合创新水平16756.12的1/4；TOP20企业中上市公司数字经济综合创新水平为1568.59，接近非上市公司数字经济综合创新水平8812.57的1/5。从总量上看，TOP100、TOP50以及TOP20企业中非上市公司数量占据优势，且综合创新能力优于上市公司，可能的原因是在盈利能力等业绩指标要求下，具备上市能力的数字经济创新优势企业数量较少。

为客观反映企业数字经济创新的一般水平，进一步对企业数字经济创新水平求取平均值，图4给出了相关企业数字经济平均创新水平对比情况，其中从TOP100到TOP50企业中上市公司与非上市公司数字经济平均创新水平差距逐渐缩小，直至TOP20企业中上市公司数字经济平均创新水平超过非上市公司，达到了522.86，说明上市公司平均创新水平较高，具有一定的数字经济创新能力，创新基础较好，整体发展较为均衡。由于华为技术有限公司创新水平处于领先

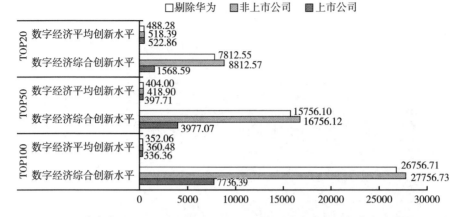

图4 广东省 **TOP100、TOP50 及 TOP20** 企业中上市公司与非上市公司
的数字经济创新情况

资料来源：本报告作者整理绘制。

地位，因此在非上市公司对照组中剔除华为后再与上市公司进行比较，由图4可见，剔除华为后，上市公司数字经济综合创新水平与非上市公司的差距缩小，但与剔除华为前的比较趋势较为一致。

广东省数字经济综合创新水平 TOP100 上市公司地理分布如图5所示。广东省数字经济综合创新水平 TOP100 上市公司是指数字经济创新表现突出、综合创新水平排名前 100 位的上市公司。本报告通过对广东省数字经济综合创新水平 TOP100 上市公司进行对比分析，进而有针对性地提出促进上市公司做强做大做久的策略建议，带动实体企业创新发展。

图5显示，TOP100 的上市公司总部分布于广东省"一核一带一区"9个城市。入围企业数量前2位的城市依次为深圳和广州，企业数量分别为62家和15家，入围企业数量并列第3位的城市为珠海和中山，各有6家。惠州与东莞各有4家入围，而肇庆仅有1家入围。TOP100 公司的整体分布情况与广东省地区经济的区域发展形势基本保持一致，数字经济相关上市公司主要聚集在珠三角核心区。值得注意的是，沿海经济带（东翼）的潮州与北部生态发展区的韶关各自凭借区域仅有的一家上市公司强势入榜，分别为潮州三环（集团）股份有限公司和广东韶钢松山股份有限公司，其中，潮州三环（集

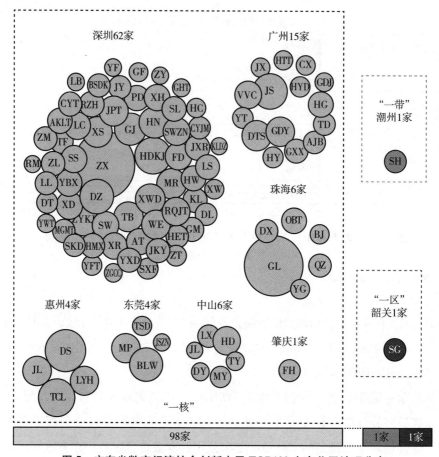

图5 广东省数字经济综合创新水平 TOP100 上市公司地理分布

注：按"一核一带一区"统计，上市公司英文缩写对应的公司全称见附录6附表6a。
资料来源：本报告作者整理绘制。

团）股份有限公司是国内稀缺的电子陶瓷元件制造龙头企业，而广东韶钢松山股份有限公司为广东省重要的钢铁生产基地、国家高新技术企业，两家入围上市公司均在各自领域拥有较强的市场地位与发展前景。位于沿海经济带（西翼）的湛江、茂名和阳江未有上市公司进入 TOP100 榜单。

企业的综合创新水平规模指明，位于珠海的珠海格力电器股份有限公司（GL，其数字经济综合创新水平为645）位列第1，深圳市的中兴通讯股份有限公司（ZX，545）次之，惠州市德赛西威汽车电子股份有限公司（DS，

378）、深圳的大族激光科技产业集团股份有限公司（DZ，367）以及深圳市汇顶科技股份有限公司（HDKJ，362）分别列第3~5位。从上市公司数字经济创新水平规模来看，珠海、深圳、惠州企业中拥有细分领域的龙头企业，如格力、中兴、大族、德赛西威、TCL等知名企业，这些企业具有数字经济创新发展的高位优势。尽管珠海和惠州上榜公司数量较少，总量来看，数字经济创新水平较低；但从个体企业的数字经济创新水平规模来看，两市的区域骨干企业分别挺进广东省数字经济创新TOP100上市公司前3位，具有较强的数字经济创新发展能力。而广州TOP100上市公司数量位居第2，综合数字经济创新水平较高，但从个体企业的数字经济创新水平规模来看，广州杰赛科技股份有限公司（JS，337）已然是广州市数字经济创新水平最顶尖的企业，其数字经济创新水平规模却有待夯实与加强。

（一）广东省上市公司数字经济大类产业创新水平及其地市分布

解读上市公司五大类数字经济产业的创新水平及其地市分布情况有利于进一步解析广东省上市公司数字经济创新水平。从"一核一带一区"的维度分析全省数字经济五大类产业中上市公司的地市分布，如图6所示。五大类产业上市公司主要集中在"一核"珠三角核心区，"一核"9个城市的数字经济大类产业中上市公司总数占据了总体的90%以上，其中数字产品制造业占比92.5%、数字技术应用业占比96.9%、数字化效率提升业占比93.1%、数字要素驱动业占比96.2%、数字产品服务业占比97.9%。

"一带"中，沿海经济带（东翼）数字经济大类产业的企业总数做出主要贡献，沿海经济带（西翼）只有湛江1家上市公司发展数字产品制造业。相对于"一带"，"一区"在数字产品制造业、数字技术应用业以及数字化效率提升业中上市公司总数低于"一带"地区上市公司数的总和，但"一区"在数字要素驱动业与数字产品服务业的数量占比与"一带"上市公司总和的数量占比相近。

由此可见，上市公司推动了广东省"一核"地区科技创新中心的建设，发挥了"一核"的辐射带动作用，促使全省数字经济产业的协同均衡发展。

表1与表2展示了"一核一带一区"五大类产业中的上市公司、非上

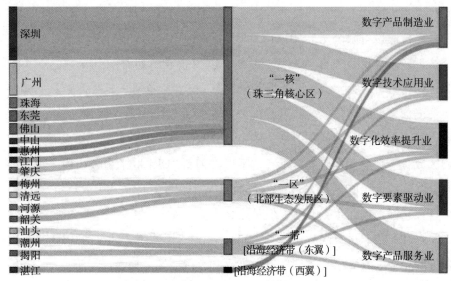

图 6　广东省数字经济相关的上市公司的大类产业及地区分布

资料来源：本报告作者整理绘制。

市公司的综合创新水平与平均创新水平分布情况。根据全省上市公司综合创
新水平，五大类产业由高到低依次为数字产品制造业、数字技术应用业、数
字化效率提升业、数字要素驱动业、数字产品服务业；根据全省非上市公司
综合创新水平，五大类产业由高到低则依次为数字产品制造业、数字技术应
用业、数字化效率提升业、数字产品服务业、数字要素驱动业。从平均创新
水平角度看，数字经济五大类产业中全省上市公司平均创新水平均高于非上
市公司的平均创新水平。这也佐证了由于较低的信息不对称性与融资约束，
上市公司拥有更加丰富的信息资源与资金支持来进行创新研发，从而更有利
于其在数字化时代把握先机，更好地推进企业数字经济创新。

表 1　广东省数字经济相关上市公司、非上市公司综合创新水平分布

区域/公司		数字产品制造业	数字产品服务业	数字技术应用业	数字要素驱动业	数字化效率提升业
全省	上市公司	515660	9959	100503	13578	33954
	非上市公司	17986258	517109	2666185	241147	781894

续表

区域/公司		数字产品制造业	数字产品服务业	数字技术应用业	数字要素驱动业	数字化效率提升业
"一核"（珠三角9市）	上市公司	497610	9816	99493	13090	32438
	非上市公司	17416062	506063	2619894	233088	751572
"一带"（7市）	东翼 上市公司	11081	72	288	270	866
	东翼 非上市公司	164337	2237	13517	2872	7940
	西翼 上市公司	145	0	0	0	0
	西翼 非上市公司	62836	1950	5265	435	5120
"一区"（5市）	上市公司	6824	72	722	217	650
	非上市公司	343023	6858	27508	4752	17261

资料来源：本报告作者整理。

表2　广东省数字经济相关上市公司、非上市公司平均创新水平分布

区域/公司		数字产品制造业	数字产品服务业	数字技术应用业	数字要素驱动业	数字化效率提升业
全省	上市公司	1143	103	385	104	146
	非上市公司	444	84	233	95	123
"一核"（珠三角9市）	上市公司	1193	103	393	105	149
	非上市公司	452	84	233	94	123
"一带"（7市）	东翼 上市公司	462	72	72	135	96
	东翼 非上市公司	276	83	202	103	110
	西翼 上市公司	145	0	0	0	0
	西翼 非上市公司	198	78	195	109	111
"一区"（5市）	上市公司	758	72	180	72	93
	非上市公司	329	85	198	106	125

资料来源：本报告作者整理。

分区域看，无论是上市公司还是非上市公司，五大类数字经济产业综合创新水平主要集中在"一核"地区，在95%以上。"一带"中，东翼上市公司平均创新水平仅在数字产品制造业与数字要素驱动业中高于非上市公司，西翼上市公司综合创新水平则显著不足，"一区"上市公司平均创新水平仅

在数字产品制造业高于非上市公司的平均创新水平。进一步呈现了上市公司以数字产品制造业为核心发展产业、以数字技术应用业与数字化效率提升业为重点发展产业、以数字要素驱动业为主要发展产业、以数字产品服务业为发展产业的多样化发展格局，以及以"一核"地区为核心科技创新中心并向四周城市辐射的现象。

（二）广东省上市公司综合创新水平TOP20数字经济大类产业发展分析

在数字经济综合创新水平TOP500企业中，有81家为上市公司，即有16.2%的上市公司入围综合创新水平TOP500，因此，分析上市公司标杆企业现状对解析广东省数字经济创新水平尤为重要。图7展示了广东省上市公司综合创新水平TOP20数字经济大类产业排名态势。上市公司综合创新水平TOP5分别为珠海格力电器股份有限公司、中兴通讯股份有限公司、惠州市德赛西威汽车电子股份有限公司、大族激光科技产业集团股份有限公司、深圳市汇顶科技股份有限公司，均位于全体企业数字经济综合创新水平TOP50。深圳市共进电子股份有限公司、TCL科技集团股份有限公司、广州杰赛科技股份有限公司、深圳迈瑞生物医疗电子股份有限公司、深圳拓邦股份有限公司紧随其后，列上市公司第6~10位，且均入围企业数字经济综合创新水平TOP100。

基于数字经济五大类产业上市公司创新水平排名态势发现，上市公司在数字经济五大类产业中的排名并不集中，较为均匀地分布在每个大类产业中以带动产业发展，而珠海格力电器股份有限公司、中兴通讯股份有限公司作为上市公司龙头企业，则在五大类产业中遥遥领先，呈现多样化发展态势。另外，数字要素驱动业TOP20上市公司仅有6家进入综合创新水平TOP20，在数字化效率提升业排名中，深圳迈瑞生物医疗电子股份有限公司、广州广电运通金融电子股份有限公司与深圳拓邦股份有限公司挤进TOP5。可见各个产业中上市公司发展较为分散。

从"一核一带一区"维度分析，上市公司综合创新水平TOP20中，

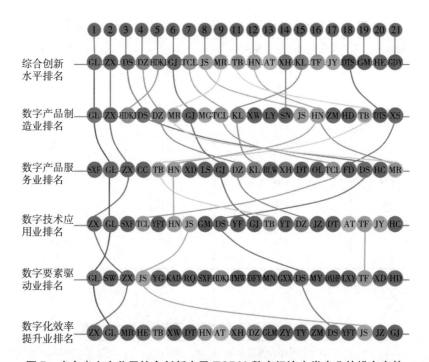

图7　广东省上市公司综合创新水平 TOP20 数字经济大类产业的排名态势

注：上市公司英文缩写对应的公司全称见附录 6 附表 6b～6f。

资料来源：本报告作者整理绘制。

"一核"（珠三角核心区 9 市）100% 全覆盖，其中深圳涵盖 14 家，广州 3 家次之，惠州 2 家，珠海 1 家。可见，广东省"一核"上市公司是广东省数字经济创新的强劲引擎。

（三）广东省上市公司数字要素驱动业综合创新水平分析

从综合创新水平角度来看，数字要素驱动业在上市公司中位于第 4，而在非上市公司中则位居末尾，可见数字要素驱动业中上市公司相较于非上市公司更具活力。因此，本报告对上市公司数字要素驱动业进行重点分析，以期挖掘广东省数字经济创新产业规律。广东省 21 个地级市上市公司与非上市公司数字要素驱动业综合创新水平如表 3 和表 4 所示。

表3　广东省上市公司21地市数字要素驱动业综合创新水平

城市	上市公司综合创新水平	城市	上市公司综合创新水平
深圳市	7474	揭阳市	N/A
广州市	1599	汕尾市	N/A
珠海市	1235	阳江市	N/A
东莞市	675	湛江市	N/A
佛山市	458	茂名市	N/A
中山市	729	梅州市	145
惠州市	692	清远市	N/A
江门市	145	河源市	N/A
肇庆市	84	韶关市	72
汕头市	198	云浮市	N/A
潮州市	72		

资料来源：本报告作者整理。

表4　广东省非上市公司21地市数字要素驱动业综合创新水平

城市	非上市公司综合创新水平	城市	非上市公司综合创新水平
深圳市	103202	揭阳市	373
广州市	74100	汕尾市	641
珠海市	13144	阳江市	147
东莞市	16811	湛江市	N/A
佛山市	12928	茂名市	288
中山市	4919	梅州市	1155
惠州市	6087	清远市	1805
江门市	1298	河源市	1124
肇庆市	598	韶关市	523
汕头市	1588	云浮市	144
潮州市	270		

资料来源：本报告作者整理。

在数字要素驱动业综合创新水平中，上市公司排名前5位的地级市依次为深圳、广州、珠海、中山、惠州，非上市公司排名前5位的地级市依次为深圳、广州、东莞、珠海、佛山。其中，珠海格力电器股份有限公司位于数字要素驱动业综合创新水平企业第 1，有效拉动了珠海市的数字要素驱动业。"一带"地区的数字要素驱动业主要由沿海经济带（东翼）所拉动，而沿海经济带（西翼）上市公司在数字要素驱动业中仍发展不足，北部生态发展区数字要素驱动业综合创新水平的得分仅低于沿海经济带 48 分。同时，湛江市的所有企业均未涉足数字要素驱动业。数字要素驱动业在上市公司五大类产业的排名虽然高于其在非上市公司的排名，但主要是由"一核"企业所拉动，"一带"（东翼）与"一区"的发展仍较为落后，甚至在"一带"（西翼）无一上市公司发展该产业，可见，上市公司数字要素驱动业的发展存在区域发展不平衡的现象。

二 数字经济中类产业上市公司区域创新水平

（一）广东省数字经济前5位中类产业上市公司地市分布

细粒度了解广东省上市公司数字经济创新态势，除了分析其在数字经济大类产业中的规律，还需进一步对其在数字经济中类产业中的创新水平情况进行分析。经测算，上市公司与非上市公司综合创新水平前5位的中类产业依次为电子元器件及设备制造、智能设备制造、数字媒体设备制造、计算机制造、其他数字产品制造业，均属于数字产品制造业这一数字经济大类产业。上市公司平均创新水平前5位的中类产业依次为电子元器件及设备制造、数字媒体设备制造、智能设备制造、信息技术服务、互联网相关服务，非上市公司平均创新水平前5位的中类产业依次为数字媒体设备制造、电子元器件及设备制造、智能设备制造、通讯及雷达设备制造、智慧农业。从平均创新水平角度来看，上市公司相较于非上市公司在信息技术服务、互联网相关服务两个中类产业中更具优势，两类产业均属于数字技术应用业。图8和图9分别为广东省上市公司综合创新水平与平均创新水平前5位中类产业的企业数量城市分布情况。

图8、图9显示，综合创新水平和平均创新水平前5位中类产业的上市公司主要集中在"一核"地区，"一核"9个城市的数字经济中类产业的上市公司总数占据了总体的 90% 以上，其中电子元器件及设备制造占比为

94.6%、智能设备制造占比为94.6%、数字媒体设备制造占比为96.7%、计算机制造占比为96.4%、其他数字产品制造业占比为93.0%、信息技术服务占比为100%、互联网相关服务占比为97.3%。

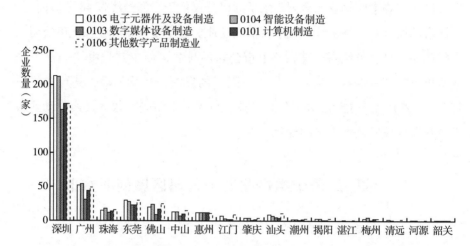

图8 广东省上市公司综合创新水平前5位中类产业的企业数量城市分布

资料来源：本报告作者整理绘制。

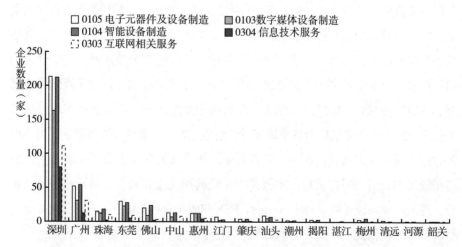

图9 广东省上市公司平均创新水平前5位中类产业的企业数量城市分布

资料来源：本报告作者整理绘制。

（二）广东省上市公司代表性中类产业 TOP20 企业综合创新水平分析

通过分析发现，上市公司电子元器件及设备制造无论是综合创新水平还是平均创新水平，均位于中类产业首位，而从平均创新水平角度出发，上市公司的信息技术服务与互联网相关服务也挤进了前 5 位中类产业，为更好地了解上市公司优势产业，深入探讨上市公司在电子元器件及设备制造、信息技术服务与互联网相关服务 TOP20 企业中的创新态势显得尤为重要。图 10 以气泡大小代表综合创新水平的高低，展现了代表性中类产业 TOP20 上市公司综合创新水平。

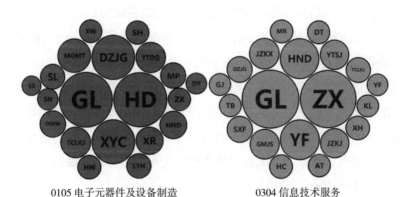

0105 电子元器件及设备制造　　　　0304 信息技术服务

0303 互联网相关服务

图 10　广东省代表性中类产业 TOP20 上市公司综合创新水平

注：上市公司英文缩写对应的公司全称见附录 6 附表 6g~6i。

资料来源：本报告作者整理绘制。

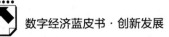
在电子元器件及设备制造领域，深圳企业占据较大优势，共有 13 家企业进入前 20 位，惠州以 3 家企业紧随其后，其余 4 家上市公司分别来自珠海、中山、潮州和东莞。位列第 1 的珠海格力电器股份有限公司（GL）在全省数字经济综合创新水平中排名第 5。在信息技术服务领域，深圳企业依然占据创新高位，共有 17 家企业进入前 20 位，其余 3 家企业分别位于珠海、广州、惠州，位居首位的中兴通讯股份有限公司（ZX）在全省数字经济综合创新水平中排名第 6。在互联网相关服务领域，深圳以 10 家企业数名列前茅，广州以 4 家企业占据相对优势，惠州以 3 家企业紧随其后，其余分别为珠海 2 家、东莞 1 家。珠海格力电器股份有限公司（GL）在互联网相关服务领域依然处于领先地位，可见其业务范围覆盖广、产业结构完善、综合创新实力较强，是一个多元化、科技型的数字经济创新典范。

通过上述分析发现，虽然上市公司综合创新水平前 5 位中类产业均属于数字产品制造业，但从平均创新水平角度看，数字技术应用业大类产业中的信息技术服务以及互联网相关服务领域也有所突破。其中，主力上市公司位于深圳市；珠海市领军企业为珠海格力电器股份有限公司，该公司在三个代表性中类产业中均表现突出。

（三）广东省上市公司综合创新水平 TOP20 数字经济前5位中类产业发展分析

图 11 与图 12 分别为广东省上市公司 TOP20 综合创新水平与平均创新水平前 5 位中类产业的排名态势，从中可知，上市公司前 5 位在综合创新水平前 5 位中类产业的排名普遍靠前，表现了龙头上市公司均衡发展的态势与实力。广东省综合创新水平前 5 位数字经济中类产业均属于数字产品制造业，可见上市公司在广东省发展数字经济中发挥了不可替代的基础性作用，其筹集资金便利性、较低信息不对称性以及较为完善的产业基础为企业数字经济研发与创新注入了强劲动力，加快了广东省构建完整的新一代信息技术制造产业链步伐，有效提高了广东省数字经济创新实力。

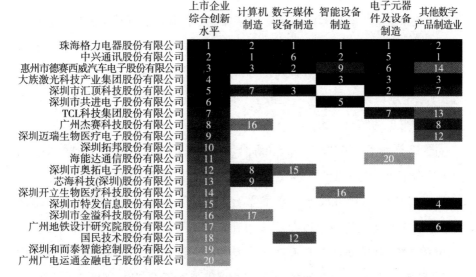

公司	上市企业综合创新水平	计算机制造	数字媒体设备制造	智能设备制造	电子元器件及设备制造	其他数字产品制造业
珠海格力电器股份有限公司	1	2	1	1	1	2
中兴通讯股份有限公司	2	1	6	2	5	1
惠州市德赛西威汽车电子股份有限公司	3	3		9	6	14
大族激光科技产业集团股份有限公司	4			3	3	3
深圳市汇顶科技股份有限公司	5	7	3		2	7
深圳市共进电子股份有限公司	6			5		
TCL科技集团股份有限公司	7				7	13
广州杰赛科技股份有限公司	8	16				8
深圳迈瑞生物医疗电子股份有限公司	9					12
深圳拓邦股份有限公司	10					
海能达通信股份有限公司	11				20	
深圳市奥拓电子股份有限公司	12	8	15			
芯海科技(深圳)股份有限公司	13	9				
深圳开立生物医疗科技股份有限公司	14			16		
深圳市特发信息股份有限公司	15					4
深圳市金溢科技股份有限公司	16	17				
广州地铁设计研究院股份有限公司	17					6
国民技术股份有限公司	18		12			
深圳和而泰智能控制股份有限公司	19					
广州广电运通金融电子股份有限公司	20					

图 11　广东省上市公司 TOP20 综合创新水平前 5 位数字经济中类产业的排名态势

资料来源：本报告作者整理绘制。

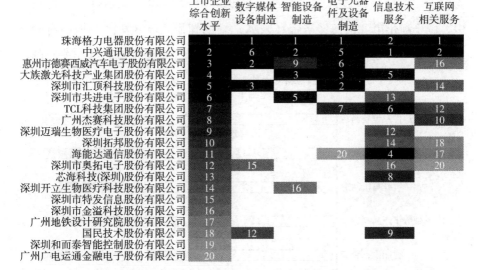

公司	上市企业综合创新水平	数字媒体设备制造	智能设备制造	电子元器件及设备制造	信息技术服务	互联网相关服务
珠海格力电器股份有限公司	1	1	1	1	2	1
中兴通讯股份有限公司	2	6	1	1	2	1
惠州市德赛西威汽车电子股份有限公司	3	2	9	6		16
大族激光科技产业集团股份有限公司	4		3	3	5	
深圳市汇顶科技股份有限公司	5	3		2		14
深圳市共进电子股份有限公司	6		5		13	
TCL科技集团股份有限公司	7			7	6	12
广州杰赛科技股份有限公司	8					10
深圳迈瑞生物医疗电子股份有限公司	9				12	
深圳拓邦股份有限公司	10				14	18
海能达通信股份有限公司	11			20	4	17
深圳市奥拓电子股份有限公司	12	15			16	20
芯海科技(深圳)股份有限公司	13				8	
深圳开立生物医疗科技股份有限公司	14		16			
深圳市特发信息股份有限公司	15					
深圳市金溢科技股份有限公司	16					
广州地铁设计研究院股份有限公司	17					
国民技术股份有限公司	18	12			9	
深圳和而泰智能控制股份有限公司	19					
广州广电运通金融电子股份有限公司	20					

图 12　广东省上市公司 TOP20 平均创新水平前 5 位数字经济中类产业的排名态势

资料来源：本报告作者整理绘制。

统筹分析广东省数字经济中类产业前 5 位 TOP20 上市公司，在电子元器件及设备制造、智能设备制造、数字媒体设备制造、计算机制造、其他数字产品制造业同时进入 20 强的上市公司共有 3 家，分别为珠海格力电器股份有限公司、中兴通讯股份有限公司、惠州市德赛西威汽车电子股份有限公司。3 家企业均为广东省数字经济中类产业上市公司中的龙头企业，这与大类产业中得出的结论一致。

图 13 展示了 TOP20 上市公司综合创新水平前 5 位数字经济中类产业的地区分布情况。总体上看，综合创新能力前 5 位数字经济上市公司中，超 50%位于深圳市，超九成上市公司位于"一核"地区，足见"一核"地区科技创新中心建设的成效以及深圳市在广东省资本市场中的重要地位。在"一核"的辐射带动以及政府政策支持下，广东粤北"一区"5 市投资增加，"一区"上市公司在智能设备制造以及其他数字产品制造业中初见成效，全省数字经济产业协同动态发展。聚焦前 5 位数字经济中类产业中上市公司分布情况可见，在计算机制造、数字媒体设备制造中，上市公司 20 强均位于"一核"地区（珠三角核心区 9 市），而在电子元器件及设备制造中，位于潮州市［沿海经济带（东翼）］的潮州三环（集团）股份有限公司挺进 20 强，居第 15 名。另外，位于"一带"（东翼）地区（韶关）的广

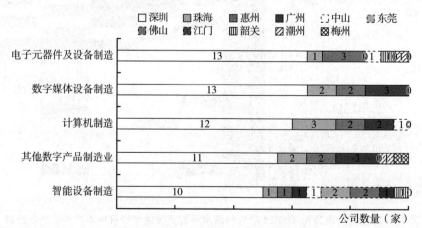

图 13 广东省上市公司综合创新水平 TOP20 前 5 位数字经济中类产业的地区分布情况

资料来源：本报告作者整理绘制。

东韶钢松山股份有限公司则跻身进入智能设备制造业上市公司第 9 位。同时，在其他数字产品制造业中，位于潮州［沿海经济带（东翼）］的潮州三环（集团）股份有限公司以及位于梅州（北部生态发展区）的广东紫晶信息存储技术股份有限公司分别位于上市公司的第 9、11 位。

三　数字经济小类产业上市公司区域创新水平

（一）广东省数字经济前5位小类产业上市公司地市分布

本报告在系统分析了上市公司在数字经济大类产业、中类产业的创新水平及地域分布后，紧接着对数字经济小类产业创新情况进行分析。广东省上市公司综合创新水平前 5 位数字经济小类产业分别是可穿戴智能设备制造、集成电路制造、电力电子元器件制造、智能车载设备制造、其他元器件及设备制造，非上市公司综合创新水平前 5 位小类产业则依次为可穿戴智能设备制造、智能车载设备制造、增材制造装备制造、其他元器件及设备制造、智能照明器具制造，均属于数字经济大类产业中的数字产品制造业。相对而言，上市公司在集成电路制造、电力电子元器件制造领域的综合创新水平更高，而在增材制造装备制造与智能照明器具制造领域落后于非上市公司。

从平均创新水平角度看，上市公司数字经济小类产业前 5 位分别是计算机整机制造、互联网生产服务平台、通信系统设备制造、电力电子元器件制造、半导体器件专用设备制造；非上市公司数字经济小类产业前 5 位则分别为互联网生产服务平台、计算机整机制造、半导体器件专用设备制造、电子元器件与机电组件设备制造、其他智能制造。相对而言，上市公司涉及通信系统设备制造与电力电子元器件制造领域的单个企业综合创新水平更高，而在电子元器件与机电组件设备制造、其他智能制造领域落后于非上市公司。图 14 展示了上市公司综合创新水平前 5 位小类产业企业数量城市分布。

明显地，综合创新水平前 5 位小类产业上市公司主要集中在"一核"

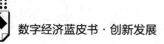
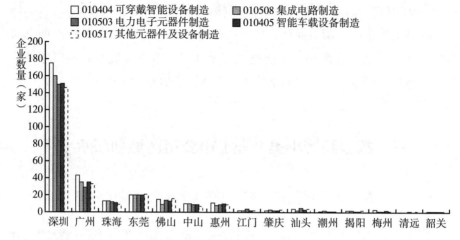

图 14　广东省上市公司综合创新水平前 5 位小类产业企业数量城市分布

资料来源：本报告作者整理绘制。

地区，"一核"地区数字经济小类产业上市公司总数占据总体的95%以上，其中可穿戴智能设备制造占96.4%、集成电路制造占97.0%、电力电子元器件制造占96.1%、智能车载设备制造占96.9%、其他元器件及设备制造占96.1%。沿海经济带中涉及数字经济企业小类产业排名前5位的上市公司均坐落于东翼地区。北部生态发展区涉及数字经济企业排名前5位小类产业的上市公司数量较少，约为广东省上市公司的1%。进一步佐证了广东省建设珠三角核心区数字经济创新高位，逐步带动周边区域数字创新发展，促进全省数字经济产业共同发展的定位。

（二）广东省数字经济前5位小类产业上市公司 TOP20综合创新水平分析

根据数字经济前 5 位小类产业上市公司 TOP20 综合创新水平（见图15），在可穿戴智能设备制造领域，深圳以 14 家上市公司占据较大优势，珠海和广州各有 2 家，惠州和中山各有 1 家上市公司挺进 20 强。排名前 5 位的上市公司分别为珠海格力电器股份有限公司（GL）、中兴通讯股份有限公司（ZX）、深信服科技股份有限公司（SXF）、深圳市汇顶科技股份有限公

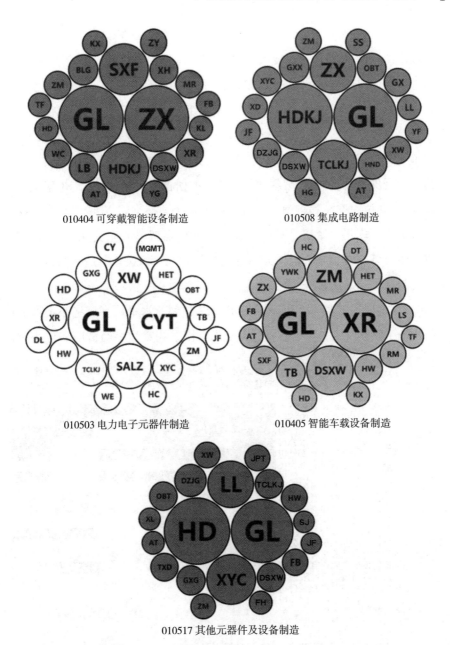

010404 可穿戴智能设备制造

010508 集成电路制造

010503 电力电子元器件制造

010405 智能车载设备制造

010517 其他元器件及设备制造

图 15 **广东省数字经济前 5 位小类产业上市公司 TOP20 综合创新水平**

注：上市公司英文缩写对应的公司全称见附录 6 附表 6j~6n。

资料来源：本报告作者整理绘制。

司（HDKJ）、深圳迈瑞生物医疗电子股份有限公司（MR），上述公司均位于深圳市。在集成电路制造领域，深圳依然占据绝对优势，共有 13 家上市公司进入前 20 位，其余分别为珠海、广州、惠州各有 2 家，佛山 1 家。在电力电子元器件制造领域，深圳以 15 家上市公司处于 20 强领先地位，随后为珠海 2 家，东莞、佛山和惠州各 1 家。在智能车载设备制造领域，深圳有16 家企业进入前 20 位，其余上市公司分别来自珠海、广州、惠州、中山。在其他元器件及设备制造领域，深圳依然占据首位优势，共有 13 家上市公司进入前 20 位，珠海和惠州分别以 2 家上市公司挤进前 20 位，其余 3 家分别来自佛山、广州、肇庆。其中，珠海格力电器股份有限公司（GL）在可穿戴智能设备制造、电力电子元器件制造、智能车载设备制造和其他元器件及设备制造中均遥遥领先。

图 16 表现了广东省上市公司 TOP20 综合创新水平数字经济小类产业前5 位的排名态势。其中珠海格力电器股份有限公司在数字经济前 5 位小类产

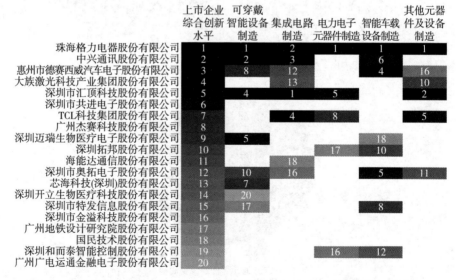

图 16　广东省上市公司 TOP20 综合创新水平数字经济小类产业前 5 位排名态势

资料来源：本报告作者整理绘制。

业中表现突出，除在集成电路制造领域位列第2外，其他均位列第1，且是唯一一家在综合创新水平第1位的数字经济小类产业中均榜上有名的上市公司。可见珠海格力电器股份有限公司涉及的创新行业范围广且创新能力强，其多元化创新引领珠海市数字经济发展，并向外辐射影响力，不断扩展至周边城市。

对可穿戴智能设备制造和智能车载设备制造的数字经济上市公司创新水平排名进行分析，广东省可穿戴智能设备制造与智能车载设备制造同属智能设备制造中类产业，但两者的上市公司综合创新实力排名具有一定的异质性。中兴通讯股份有限公司在可穿戴智能设备制造排名中位居第2，在智能车载设备制造排名中位居第6。深圳市汇顶科技股份有限公司在可穿戴智能设备制造排名中位居第4，在智能车载设备制造排名中却未能上榜。深圳迈瑞生物医疗电子股份有限公司在可穿戴智能设备制造排名中位居第5，但在智能车载设备制造排名中相对靠后，位居第18。可见，数字经济上市公司在不同的领域具备自身独特的创新优势。

集成电路制造、电力电子元器件制造、其他元器件及设备制造同属于电子元器件及设备制造中类产业。根据"十四五"发展规划，电力电子元器件制造作为支撑信息技术产业发展的基础，是数字化时代下整个工业创新与发展的基石。广东省培育数字经济小类产业电力电子元器件制造领域创新的典范，使其发挥行业龙头企业带动作用，对其强化中小企业政策支持与引领，有利于经济高质量发展与区域均衡发展。对上述小类产业数字经济上市公司创新水平排名进行分析，深圳市汇顶科技股份有限公司与珠海格力电器股份有限公司分别为集成电路制造与其他元器件及设备制造的两大巨头，在电力电子元器件制造领域中分别位列第5和第1，为广东省数字经济进步与科技发展打下了坚实基础，引领了广东省电子元器件及设备制造产业的发展。

广东省综合创新水平前5位数字经济小类产业TOP20上市公司地区分布情况如图17所示，在智能车载设备制造、电力电子元器件制造、可穿戴智能设备制造、其他元器件及设备制造、集成电路制造5个数字经济小类产业中，上市公司创新水平 TOP20 均位于"一核"（珠三角 9 市），尤其是深圳市的上市公司在各行业中均处于上市公司 20 强的总量龙头位置（超 50%）。珠海市与惠州市在 5个小类产业领域中均有龙头企业，主要为珠海的格力电器股份有限公司、远光软件股份有限公司以及惠州的 TCL 科技集团股份有限公司、惠州市德赛西威汽车电子股份有限公司。这印证了上市公司以深圳市为核心科技发展区，通过龙头企业数字经济创新溢出效应，带动周边产业发展的趋势。

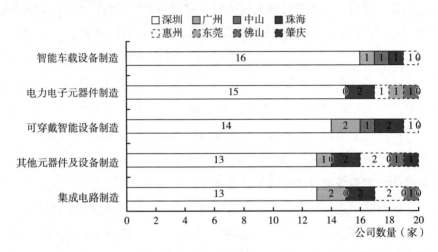

图 17　广东省综合创新水平前 5 位数字经济小类产业 TOP20 上市公司的地区分布情况

资料来源：本报告作者整理绘制。

四　广东省高新技术型与科技型上市公司创新水平分析

广东省高新技术型企业与科技型中小企业在广东省数字经济产业数量的占比高达 85%，在所有上市公司中，共有 466 家上市公司为高新技术企业（约占 99.79%），仅有 13 家企业为科技型中小企业，既是高新技术型也是科技型中小企业的上市公司共 12 家（见表 5）。由此可见，大部分数字经济相关上市公司属于高新技术型企业或科技型中小企业。因此对高新技术型企业与科技型中小企业的上市情况、创新能力与地域分布进行分析具有重要意义。

表5 广东省高新+科技类型上市公司名单

企业名称	所属地市	所属区县	数字经济创新水平	周期创新水平	持续创新水平	价值创新水平	所属区域
深圳市三旺通信股份有限公司	深圳	南山	221	5	444	0	珠三角核心区
小耳朵（广东）电子科技股份有限公司	惠州	惠城	136	2	277	0	珠三角核心区
开普云信息科技股份有限公司	东莞	石龙镇	135	1	277	0	珠三角核心区
深圳瑞捷工程咨询股份有限公司	深圳	龙岗	92	0	188	0	珠三角核心区
广州三孚新材料科技股份有限公司	广州	增城	87	2	177	0	珠三角核心区
广东莱尔新材料科技股份有限公司	佛山	顺德	86	1	177	0	珠三角核心区
深圳信测标准技术服务股份有限公司	深圳	南山	54	0	111	0	珠三角核心区
广州迈普再生医学科技股份有限公司	广州	黄埔	54	1	111	0	珠三角核心区
广州中望龙腾软件股份有限公司	广州	天河	32	0	66	0	珠三角核心区
深圳市佳信捷技术股份有限公司	深圳	宝安	27	0	55	0	珠三角核心区
广东风华环保设备股份有限公司	梅州	梅江	5	0	11	0	北部生态发展区
广东奇德新材料股份有限公司	江门	江海	5	0	11	0	珠三角核心区

资料来源：本报告作者整理。

　　广东省高新技术型企业或科技型中小企业 TOP100、TOP50 以及 TOP20 中上市公司占比及数字经济创新水平分析如图18、图19所示。TOP100 科技型中小企业中上市公司仅有1家，为深圳市三旺通信股份有限公司，数字经济综合创新水平为220.72。TOP100 高新技术型企业中上市公司23家，

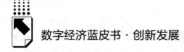

占比 23%；TOP50 高新技术型企业中上市公司 10 家，占比 20%；TOP20 高新技术型企业中有 3 家，占比 15%。

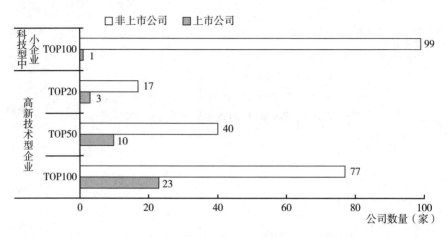

图 18　广东省 TOP100、TOP50 及 TOP20 高新技术型与科技型中小企业上市情况

资料来源：本报告作者整理绘制。

图 19 显示了广东省 TOP100、TOP50 以及 TOP20 高新技术型企业及科技型中小企业中上市公司和非上市公司数字经济创新情况。TOP100、TOP50 以及 TOP20 高新科技型企业中上市公司数字经济综合创新水平分别为 7736.39、3977.07 与 1568.59；与非上市公司的差距较大。由于上市公司占比较小，因此比较数字经济平均创新水平更能客观反映上市公司与非上市公司之间的数字经济创新情况。图 19 同时显示了高新技术型企业及科技型中小企业中上市公司与非上市公司之间的数字经济平均创新水平，二者之间均相差较小，甚至在 TOP20 高新技术型上市公司中数字经济平均创新水平达到了 522.86，超过高新技术型非上市公司的数字经济平均创新水平。这说明广东省数字经济相关上市公司发展状况比较可观，上市公司数字创新能力整体差距较小，发展潜力较大。

表 6 对广东省前十大高新技术型上市公司基本信息与数字经济创新能力进行了统计，珠海格力电器股份有限公司以 645 的综合创新水平位列第一，这与 2013 年以来格力在保持家电行业竞争力的同时，拓宽"赛道"成为中国装备制

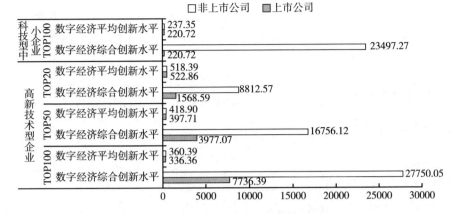

**图19　广东省 TOP100、TOP50 及 TOP20 高新技术型与科技型上市公司
与非上市公司数字经济创新情况**

资料来源：本报告作者整理绘制。

造领域的种子选手、创造了多项行业领先技术等行为息息相关。格力对"掌握
核心技术"精神的追求以及地处粤港澳大湾区的区位优势共同促使其在数字经
济上市公司中脱颖而出。而中兴通讯股份有限公司以及惠州市德赛西威汽车电
子股份有限公司紧随其后，进军全省高新技术型上市公司前3位，在各自领域均
具有较强的竞争优势，拥有较高的市场地位。

表6　广东省前十大高新技术型上市公司

企业名称	所属地市	所属区县	所属行业	数字经济创新水平
珠海格力电器股份有限公司	珠海	香洲	通用设备制造业	645
中兴通讯股份有限公司	深圳	南山	计算机、通信和其他电子设备制造业	545
惠州市德赛西威汽车电子股份有限公司	惠州	惠城	汽车制造业	378
大族激光科技产业集团股份有限公司	深圳	南山	计算机、通信和其他电子设备制造业	367
深圳市汇顶科技股份有限公司	深圳	福田	计算机、通信和其他电子设备制造业	362

续表

企业名称	所属地市	所属区县	所属行业	数字经济创新水平	
深圳市共进电子股份有限公司	深圳	坪山	计算机、通信和其他电子设备制造业		344
TCL科技集团股份有限公司	惠州	惠城	商务服务业		341
广州杰赛科技股份有限公司	广州	花都	研究和试验发展		337
深圳迈瑞生物医疗电子股份有限公司	深圳	南山	专用设备制造业		329
深圳拓邦股份有限公司	深圳	南山	计算机、通信和其他电子设备制造业		329

资料来源：本报告作者整理。

图 20 分别以高新技术型上市公司 TOP100 绝对数量及其相对百分比的双视角阐述并比较广东省各大城市拥有上市公司数目分布态势。总体而言，图 20 左纵轴从城市所占有的上市公司数量绝对数角度进行分析，珠三角核心区除了佛山与江门外，共有 7 市处于总量头部地位，深圳拥有的高新技术型上市公司数量最为可观，共 62 家（占 TOP100 的 62%），随后是广州 15 家，珠海与中山并列第 3，分别拥有 6 家 TOP100 上市公司。而沿海经济带（东翼）的潮州以及北部生态发展区的韶关均有 1 家上市公司进入榜单。

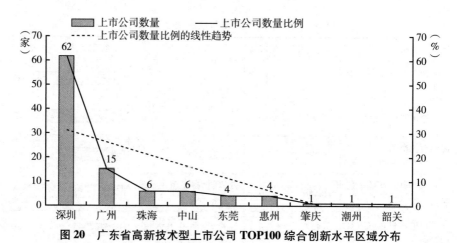

图20 广东省高新技术型上市公司 TOP100 综合创新水平区域分布

资料来源：本报告作者整理绘制。

从企业数量相对百分比的角度出发，广东省高新技术型上市公司TOP100的企业区域分布数量比例曲线要比其线性趋势（虚线）更陡峭，这展示出了一种更为直观的"类重尾"效应（见图20右纵轴）：珠三角核心区（9市）有7市处于头部位置，占据了98%的百强上市公司数量。分布重尾区域的城市主要是潮州与韶关，各有1家上市公司进入百强。

潮州属于沿海经济带（东翼），在百强名单中的潮州三环（集团）股份有限公司位于所有高新技术型上市公司的第98位。这为2020年《中共潮州市委关于制定潮州市国民经济和社会发展第十四个五年规划和二〇三五年远景目标的建议》中"研发经费投入强度明显提高，重点领域和关键环节核心技术攻关取得重大突破，高新技术企业和科技型中小企业大幅增加，科技与经济、科技与社会不断深度融合"的社会发展总体思路和主要目标的实施与执行提供了实践参考。2021年7月《潮州市贯彻落实〈广东省推进新型基础设施建设三年实施方案（2020—2022年）〉工作方案》的正式出台，也证实了潮州三环（集团）股份有限公司为潮州市初步形成以新发展理念为引领，以科技创新为驱动，以信息网络为基础，支撑数字转型、智能升级、融合创新的新型基础设施体系提供了具体的实施案例，为制度更好地指导企业实践指明了道路。同样地，韶关虽然不属于珠三角核心区城市，但拥有一家TOP100高新技术上市公司，即广东韶钢松山股份有限公司。这与韶关市加大产业转移工业园区建设，实现省级产业转移工业园县域全覆盖有关。其中"韶钢方案"则是韶关以转型升级打造现代产业新体系取得成效的一个缩影。广东韶钢松山股份有限公司是经广东省人民政府粤办函〔1997〕117号文件批准，由广东省韶关钢铁集团有限公司独家发起，采用募集方式设立的股份有限公司。作为韶关市承接珠三角产业转移的标杆企业，广东韶钢松山股份有限公司能够挺进高新技术型上市公司TOP100，离不开当地政府政策的大力扶持。

在数字经济背景下，广东省上市公司数字经济创新水平发展较为均衡，创新发展潜力较大，相关数字经济创新产业活跃，珠三角核心区是上市公司数字经济发展的活跃区域，北部生态发展区（如韶关）以及沿海经济带

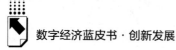
（东翼）（如潮州）在珠三角核心区的带动下，注入了数字经济创新的新鲜血液，逐步在数字经济创新领域取得突破与发展。但数字经济相关上市公司存在整体上数字经济创新水平较低、在部分行业与区域内发展不均衡等问题。因此，上市公司应注重发挥自身作用，充分利用其所具有的融资优势与信息资源，灵活运用当地政府政策支持，为公司发展助力，提高创新意识，紧跟数字经济转型步伐，在技术、人才、文化等方面为公司创新发展注入新活力，提升数字经济综合创新水平。当地政府应加强相关基础设施建设，完善数字经济相关法规政策，加大上市公司数字经济创新优惠力度与制度扶持力度，发挥龙头企业的创新溢出效应，带动相关产业发展，注重发挥核心经济带的创新辐射作用，促进周边区域协同发展，有效推动上市公司数字经济创新发展与国家经济高质量发展。

参考文献

柏培文、喻理：《数字经济发展与企业价格加成：理论机制与经验事实》，《中国工业经济》2021年第11期。

张叶青、陆瑶、李乐芸：《大数据应用对中国企业市场价值的影响——来自中国上市公司年报文本分析的证据》，《经济研究》2021年第12期。

陈剑、黄朔、刘运辉：《从赋能到使能——数字化环境下的企业运营管理》，《管理世界》2020年第2期。

刘洋、董久钰、魏江：《数字创新管理：理论框架与未来研究》，《管理世界》2020年第7期。

戚聿东、肖旭：《数字经济时代的企业管理变革》，《管理世界》2020年第6期。

余江、孟庆时、张越、张夙、陈凤：《数字创新：创新研究新视角的探索及启示》，《科学学研究》2017年第7期。

数字经济1.0：基于1998～2020年中文文献的研究现状与发展动态分析

王玉娜　谭宪宇　薛小龙　朱　慧*

摘　要： 近年来我国数字经济规模不断扩大，成为推动技术创新的重要动力。本报告采用知识图谱分析工具对1998～2020年中国学术期刊网络出版总库收录的发表于CSSCI期刊的274篇数字经济研究文献信息进行计量和可视化分析，梳理数字经济成长期（数字经济1.0）的研究现状，揭示研究热点和动态，探索数字经济领域未来发展方向。分析结果表明：中国数字经济研究早期发展缓慢，2015年以后呈现爆发式增长；国内学者在数字经济的研究上合作较少，学术交流与合作亟待加强；各研究机构之间的联系不够紧密，合作广度有待拓宽；数字经济研究热点主要涉及关键生产要素、重要载体、信息技术、数字化应用四个方面，研究热点的演化分为初探期、停滞期、爆发期三个时期；数字法治建设、数字人才培养、鼓励新就业形态、数字基础设施建设等方面是未来数字经济发展的重要方向。

关键词： 数字经济　数字研究　数字发展　知识图谱

---

* 王玉娜，博士，广州大学管理学院副教授，研究方向：建筑工业化、智能建造、工程建造技术创新管理。谭宪宇，广州大学管理学院博士研究生，研究方向：数字经济创新管理、工程与项目管理等。薛小龙，博士，教授，博士生导师，广州大学管理学院院长，研究方向：数字经济创新管理、重大工程管理、数字化转型与管理创新、智能建造与智慧城市。朱慧，博士，副教授，硕士生导师，广州大学管理学院数据科学与电子商务系主任，研究方向：数字经济产业、大数据分析、数据挖掘。

一 研究方法与数据来源

（一）研究方法

数据可视化技术的不断发展和完善，给相关领域研究人员提供了一个全新的研究平台，为科研人员快速掌握某一领域的研究状况创造了可能。研究人员基于可视化技术绘制数据信息的知识图谱，实现对某一领域的可视化研究，并就该领域内理论发展、热点演化、前沿方向等展开更为微观的研究。知识图谱本身属于科学计量的范畴，是在数据挖掘、信息扫描、统计量化和建构成图等手段的基础上，实现对某一领域的可视化研究。

2004 年，美国 Drexel 大学陈超美教授开发了可视化分析软件 CiteSpace。该软件具备对复杂网络进行分时、多元、动态分析的功能，是目前世界上领先的可视化研究软件。本报告依托数据可视化技术，基于知识图谱法，采用可视化分析软件 CiteSpace 将数字经济研究领域信息绘制成图，对数字经济研究领域文献进行科学计量，以期明晰数字经济研究演进的主要路径及发展趋势，进而分析数字经济研究演化进程和存在的问题，对数字经济研究的发展前沿做出合理预测。基于此，本报告通过分析数字经济研究领域的发展进程、研究热点和未来发展方向等方面内容，实现对数字经济领域的可视化研究和科学计量分析，以期掌握我国数字经济领域的研究现状及其动态发展走向，并对我国未来数字经济的相关研究提供参考和借鉴。

（二）数据来源

为了能收集突出反映国内数字经济研究的高质量文献数据并对其进行分析，本报告所使用的研究数据均源自中国知网（CNKI）中的中国学术期刊网络出版总库（CAJD）。数据初筛选的方法是在 CNKI 数据检索平台上高级检索，选择"数字经济"为关键词，数据来源类别设置为期刊论文。本报告选择中国学术界公认的能反映国内文献状况的 CSSCI 期刊文献，将 CSSCI

收录的期刊作为文献分析的样本范围，共获得 274 篇文献，文献获取日期为 2020 年 4 月 3 日。将目标文献按 CiteSpace 所需参考文献格式进行导出，再进行转码，由此获得本报告研究样本数据库，在此基础上对得到的样本数据进行检查和校对，以保证数据的完整性，避免出现样本数据中关键信息缺失的情况。在确认样本信息完整后，将样本数据库导入 CiteSpace 软件，开展进一步的可视化研究。

二 数字经济研究文献统计分析

（一）数字经济研究文献产出时间分析

文献产出变化的研究对分析某一领域的研究状况具有重要作用。图 1 是 CNKI 收录的发表于 CSSCI 期刊上以 "数字经济" 为关键词的文献数量年度分布状况曲线，时间段为 1998~2020 年。在研究时间段内，以 "数字经济" 为关键词的文献最早出现在 1998 年，章龙在《知识经济的经济学思考》中阐述了数字经济理论，对知识经济时代的经济学理论进行了初探。在此之后，1998~2014 年数字经济研究经历了 16 年的缓慢发展阶段，发文量呈现较少的特点，每年的数量均少于 5 篇。然而，2015 年态势发生变化。从 2015 年以后，发文量呈现显著

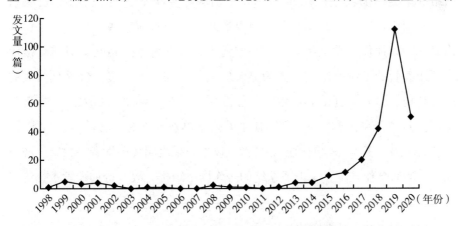

图 1　1998~2020 年数字经济研究文献时间分布

资料来源：本报告作者整理绘制。

增多的趋势，2016年的发文量更是突破10篇，且后劲十足，呈现指数型增长。仅2020年1月1日至2020年4月3日，发文量就达到50篇。由此可见，数字经济研究正逐步受到我国学者的广泛关注，研究前景十分广阔。

（二）数字经济研究高影响力作者分析

某一个研究领域的高影响力作者是该领域研究动态与发展的一个缩影。为了对我国数字经济研究领域的新动向和发展趋势进行了解，掌握目前我国数字经济研究领域的文献产出和研究动态，体现数字经济研究领域作者的影响力，本报告以数字经济研究领域作者的文献产量和文献被引频次为依据，研究在数字经济研究领域中的高影响力作者，这两个方面分别就数量角度和质量角度对高影响力作者进行了表征。基于此，本报告从高产量作者和高频次被引文献作者两个方面来体现数字经济研究领域作者的科研产出能力和学术影响力。

1.数字经济研究高产量作者

以作者为节点类型设置，以1998～2020年为时间跨度设置，以1年为时间切片，将TOPN定义为50，其他参数设为默认设置。由此得到数字经济研究文献作者共现网络知识图谱（见图2），其节点数、连线数、密度分别为20、7、0.0368。模块度数值为0.8367，接近1，说明作者共现网络的聚类结果较好。Mean Silhouette值为0.4545，未超过0.5，反映该网络的同质性较低。由图中看出节点数最大的作者为陈兵，第二位是作者徐梦周，其他作者发文量较少。在图谱中，各学者之间相互交流与合作形成了作者间的子网络结构，较为显著的是张新红、于凤霞、蔡丹旦构成的网络结构，另外，孙洁和戚聿东、徐梦周和吕铁、郝凯和高太山、窦凯和蓝庆新同样存在合作关系，但整体来看处于单独节点的学者较多，如陈兵、张勋、王娟、王海飞、熊鸿儒等作者。以上结果表明我国学者在数字经济研究领域沟通合作较少，未形成系统的合作网络结构，故有待加强学术交流与合作。

2.高频次被引文献作者

文献被引频次是衡量文献影响力和学术认可度的重要指标，体现文献作

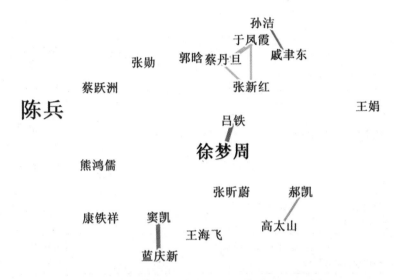

图 2　数字经济研究文献作者共现网络知识图谱

资料来源：本报告作者整理绘制。

者在该领域的权威性和学术贡献能力，文章被引频次越高，其影响力、认可度和学术贡献度就越高，所以研究作者的文献被引频次可以很好地体现文献作者的影响力。表 1 列出了研究时间段内被引频次超过 30 次的文献，数据采集截止日期为 2020 年 4 月 3 日。

表 1　高频次被引文献及其作者分布表

序号	文献名称	被引频次	作者姓名	作者所属机构	发表年份
1	《认识分享经济:内涵特征、驱动力、影响力、认识误区与发展趋势》	84	张新红、高太山、于凤霞、李红升、胡拥军、郝凯、徐清源、蔡丹旦	国家信息中心	2016
2	《中国分享经济发展现状、问题及趋势》	76	张新红、于凤霞、高太山、郝凯、李红升、胡拥军、蔡丹旦	国家信息中心	2017
3	《国外数字经济发展趋势与数字经济国家发展战略》	74	逄健、朱欣民	四川大学	2013

序号	文献名称	被引频次	作者姓名	作者所属机构	发表年份
4	《数字经济背景下的国际税收管辖权划分原则》	53	张泽平	华东政法大学	2015
5	《数字经济与中国发展》	40	张新红	国家信息中心	2016
6	《数字贸易:发展态势、影响及对策》	37	李忠民、周维颖、田仲他	海关总署研究中心	2014
7	《应对数字经济对国际税收法律秩序的挑战》	36	廖益新	厦门大学	2015
8	《BEPS行动计划1、成果1数字经济面临的税收挑战》	36	高运根	国家税务总局	2014
9	《BEPS行动计划:世界主要国家采取的措施和中国立场》	34	陈琍、方凯、秦泮义	国家税务总局	2016

注:高频次指文献被引频次高于30次。

资料来源:本报告作者整理。

从表1中看出,排名前3位的文章被引频次明显高于排名在其后面的文章,其中被引频次最高的文献是《认识分享经济:内涵特征、驱动力、影响力、认识误区与发展趋势》,该文章主要是对分享经济的基本概念和发展进行了概述;排名第2位的文献是《中国分享经济发展现状、问题及趋势》,该文章同样是对中国分享经济发展的现状、问题以及发展方向进行了分析。以上两篇文章并未就数字经济进行直接研究,数字经济并不是以上两篇文章的主题。被引频次排名第3位的文献是《国外数字经济发展趋势与数字经济国家发展战略》,该文述评了各国数字经济发展战略以及数字经济发展趋势,就数字经济发展对新兴产业的重要意义进行了剖析。以上3篇文章是数字经济研究领域较为经典的文献。

结合数字经济研究高产量作者与高频次被引文献作者的综合情况,本报告发现,国家信息中心的张新红、于凤霞、高太山、郝凯、蔡丹且不仅所发文献产量高而且其文献被引频次同样很高,属于高影响力作者,并且高影响力作者张新红作为唯一作者所发表的《数字经济与中国发展》一文被引频次同样居于前列，这体现了该作者在数字经济研究领域的影响力。

3.研究机构

本报告以机构为节点类型设置，设置其他参数与作者参数保持一致，由此得出研究机构共现网络知识图谱，其节点数、连线数、密度分别为27、3、0.0085。模块度数值为0.8333，接近1，说明研究机构共现网络的聚类结果较好。Mean Silhouette值为0.125，未超过0.5，反映出研究机构共现网络的同质性较低（见图3）。

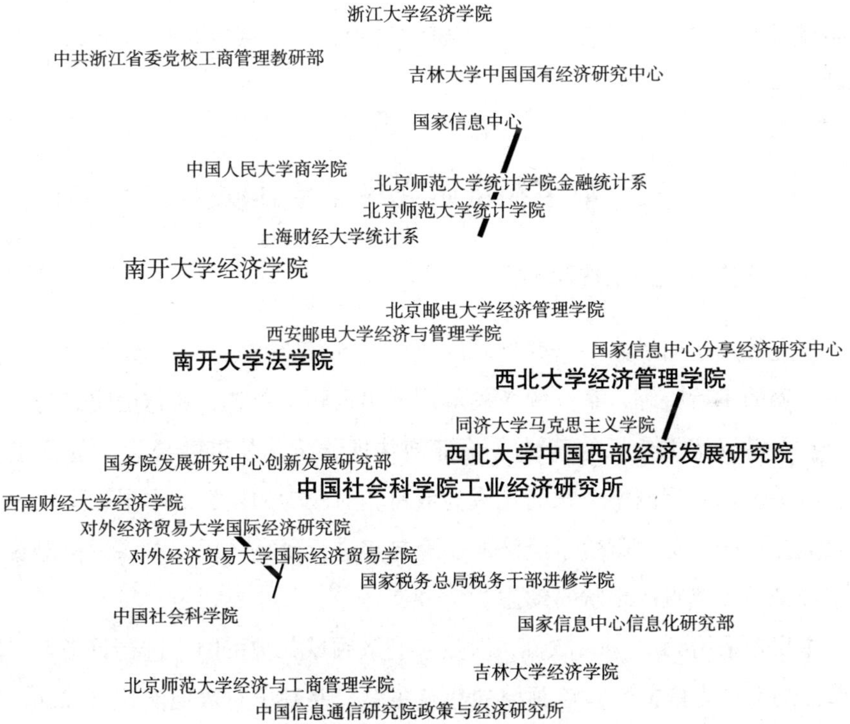

浙江大学经济学院

中共浙江省委党校工商管理教研部　　　　吉林大学中国国有经济研究中心

国家信息中心

中国人民大学商学院　　北京师范大学统计学院金融统计系
　　　　　　　　　　　北京师范大学统计学院
　　　上海财经大学统计系

南开大学经济学院

北京邮电大学经济管理学院
西安邮电大学经济与管理学院　　　　　　国家信息中心分享经济研究中心

南开大学法学院　　　　　　　　西北大学经济管理学院

　　　　　　　　　同济大学马克思主义学院

国务院发展研究中心创新发展研究部　西北大学中国西部经济发展研究院
西南财经大学经济学院　　中国社会科学院工业经济研究所
　对外经济贸易大学国际经济研究院
　　对外经济贸易大学国际经济贸易学院
　　　　　　国家税务总局税务干部进修学院
中国社会科学院　　　　　　　　　　　国家信息中心信息化研究部

北京师范大学经济与工商管理学院　　　吉林大学经济学院
　中国信息通信研究院政策与经济研究所

图3　研究机构共现网络知识图谱

资料来源：本报告作者整理绘制。

在生成的网络知识图谱中，每个节点代表一个研究机构，研究机构发文量越多其节点越大。从图3看出，节点较大的是西北大学经济管理学院、南开大学法学院、西北大学中国西部经济发展研究院、中国社会科学院工业经济研究所。这说明上述 4 所研究机构在数字经济研究领域发文量比重较大、具有较强的学术科研力量。连线数是指节点与节点之间的联系，从节点之间的连线数来看，图谱中连线数仅有 3 条，连线数量很少。并且存在合作的 3 个群体都属于各自大学的不同研究机构，包括对外经济贸易大学国际经济贸易学院与对外经济贸易大学国际经济研究院、西北大学中国西部经济发展研究院与西北大学经济管理学院、北京师范大学统计学院与北京师范大学统计学院金融统计系。这说明数字经济研究机构之间缺乏跨学科、跨领域、跨机构、跨地域的合作交流，合作范围小，没有形成系统的合作关系。由此可见，各研究机构之间的联系不仅不够紧密，而且缺乏合作广度。

三 数字经济研究热点及其演化

（一）数字经济研究热点

研究热点指明了某一研究领域的研究重点及研究方向。关键词是一篇文献中内容的主旨凝练，某一领域关键词的出现频率越高，就越证明其为研究热点。关键词聚类分析的基础是关键词共现分析，其借助统计学的聚类方法，将关键词共现网络关系简化成为数目相对较少的聚类。本报告运用关键词聚类分析的方法，就数字经济的研究热点进行研究分析，以探讨得出我国数字经济研究热点的现状与动态。

本报告采用 CiteSpace 软件，对数字经济领域共被引网络进行聚类，以同类节点的汇总为依据判断该领域的热点主题，并基于对数似然比（LLR）算法从关键词中得到聚类标签。以关键词为节点类型设置，其他参数设置与作者参数保持相同，由此得到关键词聚类网络知识图谱（见图 4），其节点数、连线数、密度分别为 54、76、0.0531。模块度数值为 0.652，说明聚类网络的聚类结果较好。Mean Silhouette 值为 0.9142，反映出聚类网络的同质性较好。除关键词"数字经济"外，图中呈现了"一带一路""数字贸易""分享经济""高质量发展""资源配置"5个聚类，反映了我国数字经济领域的研究热点。

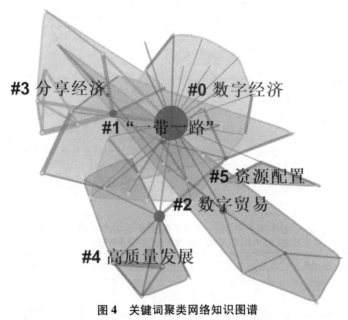

图4 关键词聚类网络知识图谱

资料来源：本报告作者整理绘制。

在关键词聚类网络知识图谱基础上，本报告采取对数似然比算法，汇总数据信息，得到关键词共现网络主要聚类结果（见表2）和关键词共现网络聚类表（见表3）。

表2 关键词共现网络主要聚类结果

聚类号	聚类标签	聚类大小	Mean Silhouette（聚类平均轮廓值）	平均年份
0	数字经济	18	0.957	2017
1	"一带一路"	9	0.816	2018
2	数字贸易	9	0.811	2018
3	分享经济	8	0.960	2016
4	高质量发展	7	0.963	2019
5	资源配置	3	0.978	2019

注：Mean Silhouette值是用来衡量网络同质性的指标，越接近1，表示网络的同质性越高，聚类结构具有高信度。

资料来源：本报告作者整理。

表3 关键词共现网络聚类表

聚类号	聚类标签	子聚类标签(排名前10位)
0	数字经济	数字经济、数字基础设施、数字政府、APEC、国际经验、竞争政策、新工科、人才培养、网络强国、反垄断
1	"一带一路"	"一带一路"、大数据、"数字丝绸之路"、数字化转型、现代化经济体系、数字经济、互联网、经济增长、数字中国
2	数字贸易	数字贸易、区块链、跨境数据流动、常设机构、税收征管、数字经济、人工智能、全球价值链、税收管辖权、跨境电商
3	分享经济	分享经济、共享经济、信息社会、互联网+、信息经济、网络经济、电子治理、英国、移动通信网络、新就业形态
4	高质量发展	高质量发展、产业数字化、数字产业化、生产要素、数据、竞争法治、新发展理念、五链协同、数据要素、治理数字化
5	资源配置	资源配置、演化、平台、生产组织方式、创新生态系统、创新组织方式、马克思、数字货币、移动互联网产业、格雷欣法则

资料来源:本报告作者整理。

通过对各聚类关键词分析,本报告发现,已有的数字经济研究主要从关键生产要素、重要载体、信息技术、数字化应用(数字化技术与经济社会各方面的结合)四个方面展开,如图5所示。

为了对数字经济文献中的理论内容进行更加深入的分析,本报告根据关键词聚类网络知识图谱中出现的高频关键词,在对相关论文进行研究的基础上,探索围绕数字经济的不同聚类之间的关系。

1. 数字经济与"一带一路"

"一带一路"倡议有助于我国在新时代背景下进行全方位对外开放,成为"中国方案",以推动我国与共建"一带一路"国家的友好合作,实现共赢,为全球治理创新构建平台,践行人类命运共同体理念。由此,数字经济逐渐发展成为当今世界经济的新引擎。数字经济的发展对"一带一路"倡议有三大意义:一是促进共建"一带一路"国家的信息基础设施建设,实现互联互通效果;二是带动优化共建"一带一路"国家经济和社会领域的资源配置;三是引领达成共建"一带一路"国家全面互联互通建设的目标。

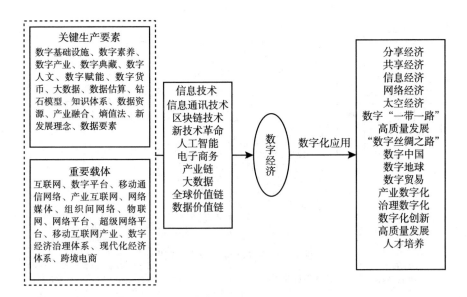

图5　数字经济的形成与应用

资料来源：本报告作者整理绘制。

因此众多学者将"一带一路"这一伟大的历史机遇视为着眼点，探索"一带一路"同数字经济结合的可能性，为实现我国"一带一路"建设目标做出自身的贡献（见图6）。

2. 数字经济与数字贸易

数字贸易起源于数字经济，早期表现为电子商务等形式，经济社会和数字经济的不断融合促进了数字贸易的形成。数字贸易依托互联网技术，其贸易对象多为知识产权密集型的产品和服务，随着新技术的不断涌现，其形式不断增加。中国是数字经济与全球贸易大国，其数字贸易在蓬勃发展，在一定程度上成为促进全球贸易市场变革的重要生力军。因此，许多学者以数字贸易的起源——数字经济为着眼点，探寻完善数字基础设施建设、加强数字经济市场监管、提升我的的国际贸易话语权的有效路径（见图7）。

3. 数字经济与分享经济

分享经济的出现在很大程度上取决于一系列我们等待已久的数字化推动

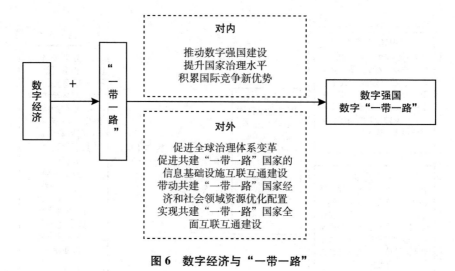

图 6 数字经济与"一带一路"

资料来源：本报告作者整理绘制。

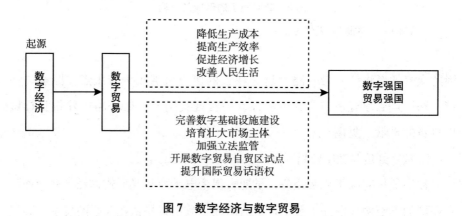

图 7 数字经济与数字贸易

资料来源：本报告作者整理绘制。

力量的汇聚，这些力量成为我们思考未来数字科技的基础。作为信息革命发展到一定阶段后而出现的新型经济形态，分享经济发挥着重组各类分散的资源、精准挖掘多元化的需求、实现构建能够快速匹配供需双方的最优化资源配置模式的重要作用。分享经济作为数字经济的一种表现形式，是数字经济与经济社会的结合，并且是经过验证取得成功的产物。近些年来，分享经济保持高速增长，许多学者以分享经济研究为契机，积极探索数字经济同衣、食、住、行等各方面的结合，并取得了极为丰硕的成果（见图8）。

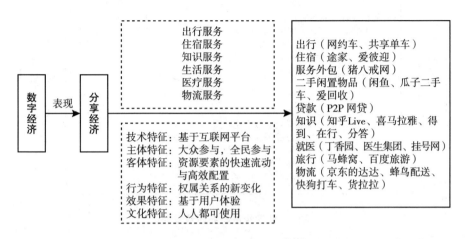

图8 数字经济与分享经济

资料来源：本报告作者整理绘制。

4.数字经济与高质量发展

数字经济已经成为高质量发展的引擎。数字经济引领高质量发展的本质是企业能够形成高盈利空间的盈利模式，深入融合范围经济和规模经济。在现实社会发展的迫切需求以及大量政策红利的双驱动力下，我国数字经济发展取得了新突破，即刺激消费、拉动投资、拓宽就业、提高创新能力和竞争力等，由此有助于培育建设现代化经济体系的新路径。新时代背景下，数字经济的发展与经济的增长存在密不可分的关系，国内专家学者积极探索数字经济对我国高质量发展的推动作用与机理，力求开辟出我国经济社会高质量发展的数字之路（见图9）。

5.数字经济与资源配置

在经济学中，资源配置问题是一个核心问题。数字经济条件下，技术范式的变革一方面推动了产业组织方式的变革，另一方面拓展了网络空间功能和创新资源配置的空间范围。数字经济是继农业经济、工业经济之后的主要经济形态，是以数据资源为关键要素，以现代信息网络为主要载体，以信息

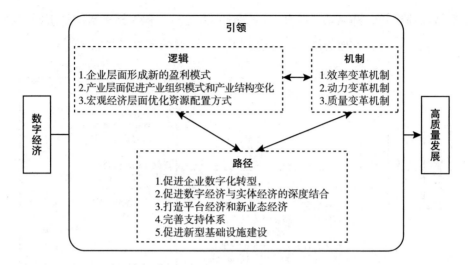

图9　数字经济与高质量发展

资料来源：本报告作者整理绘制。

通信技术融合应用、全要素数字化转型为重要推动力，促进公平与效率更加统一的新经济形态。目前，市场交易正逐步转向平台，对资源配置效率要求更高。数字经济将会是提高资源配置效率的一个有力推手，其通过不断创新资源配置技术，进一步推动生产方式的变革（见图10）。

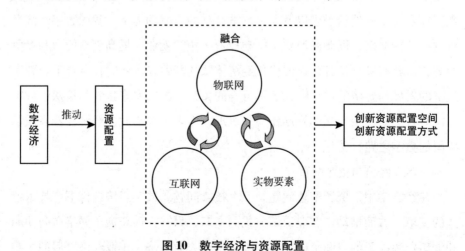

图10　数字经济与资源配置

资料来源：本报告作者整理绘制。

（二）数字经济研究热点演化过程

1. 突现度分析

某一个时间段内被引频次突然增多的关键词被称为突现词。突现词反映文献在一段时间内影响力程度的增长速度，被用于分析某一时间段内某一领域的研究走向。在上文研究结果的基础上，为进一步得出我国数字经济研究的发展现状与动态规律，本报告将参数设置为"Burst Terms"（突现词），得到关键词突现表，如表4所示。

表4　关键词突现表

关键词	强度	开始年份	结束年份	1998~2020 年
分享经济	5.158	2016	2017	———————————————■—
共享经济	4.3248	2016	2017	———————————————■—

资料来源：本报告作者整理。

表4中的突现词有2个，分别为"分享经济""共享经济"，且仅出现在2016~2017年。突现词很少，并且没有一个突现词延续至今，说明这两个突现词不是我国目前数字经济的主要研究趋势。由此也可以判断，目前我国国内数字经济的研究中缺乏被引频次突然增多的关键词，一方面是因为目前数字经济研究相关文献较少，另一方面是因为目前数字经济研究较为分散，还没有形成集中研究的微观方向。通过关键词突现度分析，本报告发现我国数字经济研究领域有待开发，同时我国数字经济研究领域亟须专家学者们就数字经济某一研究方向达成集体共识。

2. 研究演化趋势

关键词时序图谱的作用是反映某一研究主题随时间变化的主要研究内容，也能够在一定程度上反映某一时间段内的研究走向。本报告以关键词共现分析为依据，按照时间段得出关键词时序图谱（见图11），借助图谱中关键词的年代分布，分析数字经济领域的研究热点动态演化过程。

根据图11中不同时期的高频关键词，本报告将我国数字经济研究的演

1998 2000 ◦2002 ◦2004 ◦2006 ◦2008 ◦2010 ◦2012 ◦2014 ◦2016 ◦2018 ◦ 2020

#0 数字经济

网络强国 税收政策
金融科技
数字信息 扶贫
人才培养
数字基础设施

数字经济

数字改革

#1 "一带一路"

国际税收
"数字丝绸之路"
"一带一路"互联网
数字化转型

#2 数字贸易

常设机构
全球价值链
人工智能数字贸易
区块链
跨境数据流动

#3 分享经济

信息经济
分享经济
共享经济
网络社会 新就业形态

#4 高质量发展
竞争法治

高质量发展数据要素
数据生产要素
数字产业化

#5 资源配置

演化
平台
资源配置

图 11　关键词时序图谱

资料来源：本报告作者整理绘制。

化过程划分为初探期、停滞期、爆发期三个发展时期，以更好地探究我国数字经济研究的现状与动态。

（1）初探期（1998～2004 年）

20 世纪 90 年代中期，Don Tapscott 出版了专著《数字经济》，使数字经济逐渐进入学术界的视野。相较于国外数字经济研究，我国学者对数字经济的研究起步不算晚。① 1998 年，章龙首次提到数字经济理论，他在文章中将数字经济理论阐述为以计算机为特征的信息技术对社会经济新作用的理论。虽然现在看来这个解释并不是特别全面，但是这是我国较早对数字经济理论的定义。在这一阶段，学者的着眼点是对国外数字经济发展的介绍和思考，就我国国情进行结合的研究较少。在这一阶段，我国学者结合国外政府对数字经济的应用，就"数字政府"的概念进行了初探。张智雄介绍了美国克林顿政府在制定信息政策过程中所坚持的原则，其中第一个原则就是数字经济原则，体现了当时克林顿政府对数字经济的重视；李俊江等就美国数字经济的发展状况，从微观、中观、宏观三个方面进行了阐述。在该时间段内，学者们在文章中表现出对我国数字经济发展的期许。

（2）停滞期（2005~2014 年）

经历了对国外数字经济研究的初探期，国内数字经济研究陷入了长达10 年的停滞期。在这一时间段内发文量很少，10 年间以数字经济为关键词的文献很少，在关键词时序图谱中未出现一个关键词。这说明学者们并未就数字经济展开新的研究，仍然停留在对国外数字经济研究的剖析和对中国数字经济发展思考的过程中，未形成具有一定规模、有特色的突破点。在这一时期，逄健等对国外数字经济发展趋势进行了论述，并剖析了国外数字经济发展战略；张宸译著了美国著名调查机构皮尤研究中心发布的美国新闻业年度报告，该报告对主要新闻媒体进行了剖析，对美国"数字化发展"的趋势及数字经济对新闻业产生的影响等方面进行了深入的解读。同时，国内学者也对我国的数字经济发展进行探索。何枭吟认为我国应引领企业和市场的数字化创新，加快"数字政府"建设，使市场环境和企业经营模式与数字经济相匹配，进而形成具有较高国际竞争力的数字经济格局。总体来看，这一阶段缺乏数字经济为关键词的文献产出，数

---

① Don Tapscott, *The Digital Economy: Promise and Peril in the Age of Networked Intelligence* (New York: McGraw-Hill, 1996).

字经济研究处于停滞期。

（3）爆发期（2015年至今）

随着数字经济知识和信息的完备以及互联网技术的发展和成熟，2015年之后我国数字经济研究呈现爆发式增长的态势。在所研究的274篇文献中，244篇文献为2015年至今撰写的，占所研究文献的89%，且发文数量仍呈指数型增长。尤其是党的十九大胜利召开，明确主张建设现代化经济体系是跨越关口的迫切要求和我国发展的战略目标。数字经济作为新时代引领中国经济增长的新动力，受到学者们的广泛关注，不同于以往对国外数字经济研究概念的引入，学者们纷纷提出新的研究观点，呈现百花齐放的态势。因此，关键词时序图谱中出现一系列关键词，如大数据、信息经济、共享经济、分享经济、网络强国、"一带一路"等。一系列新的富有时代气息的关键词被提出，表明我国数字经济研究进入了爆发期。

3.演化规律

基于数字经济研究三个时期的研究热点和演化趋势，本报告从研究目的、研究层面和研究主题三方面揭示1998~2020年我国数字经济研究的现状和动态演化规律。

（1）研究目的

自20世纪90年代以来，信息技术迅速崛起，全球化、信息化的趋势给世界各国带来了巨大的影响。国外的先进经验给我国的发展带来了新的发展理念和新的发展机遇。因此，学者们以学习的姿态，引进国外数字经济概念，阐述国外数字经济发展现状，以期从中得到对中国数字经济发展的启示。进入21世纪后，对数字经济的研究进入停滞期，出现了一些零星的以提高企业数字水平、战略转型、开展数字贸易为目的的研究，但主要目的还是围绕借鉴国外先进经验和制定提升我国数字经济水平的宏观战略上，缺乏具体的探索。这种情况在2015年得以转变，学者们不再单是对国外经验进行梳理，而是体现出更加细化的研究目的，围绕提升国家竞争力、数字化强国、经济社会等多个领域的数字化建设展开了广泛而细化的研究。

（2）研究层面

从最初的在宏观国家层面研究"数字政府"，到后来的研究数字产业、数字基础设施、数字人文、电视台数字化、数字贸易、数字安全治理、电子商务等，研究层次扩展到基础设施、人文教育、对外贸易、电商、企业等多个微观层面。这体现出数字经济研究从宏观单一研究到微观多样化研究的转变。

（3）研究主题

目前我国国内研究主题呈现百花齐放的态势，从之前只针对数字经济研究到"数字政府"的单一研究，再到扩展为国际税收、信息经济、分享经济、共享经济、大数据、区块链、资源配置等多个研究主题。并且在每个聚类关键词下又有许多子聚类关键词，这些关键词之间纵横交错，构成了我国目前数字经济研究的复杂网络。

四　数字经济未来研究方向和趋势

本报告通过对样本文献的分析发现，数字经济研究领域存在很多有待研究的方向和亟待解决的问题。基于对样本文献的研究和关键词时序图谱的分析，本报告展望微观层面的研究内容，总结出未来数字经济研究可能的整体发展研究方向和趋势。

（一）推动体现数字经济特征的法治建设

依托大数据、区块链、人工智能等信息化技术，数据的快速采集、储存、分析、使用及流通、交易、分享等行为得以实现。但是，需强调法治与和数字经济科技的融合，注重对数字平台的管控，从竞争法治入手，促进数字经济健康可持续发展。但是，目前我国数字经济发展中缺乏体现数字经济特征的国家基本法律，并且实施机制乏力。

（二）注重人才培养

数字经济是一种新型经济形态。随着数字经济的发展和不断壮大，满足

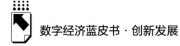

这一新型经济形态的人才需求越来越强烈。早在 20 世纪末欧美国家就开展了数字素养教育，我国应迎头赶上，完善数字教育体系，培养学生的数字素养。随着数字经济时代的到来，数字经济人才必然是未来经济社会发展争夺的人才高地，因此，注重数字经济人才培养具有极其重要的现实意义。但是，目前我国存在缺乏数字素养教育框架、数字素养知识体系不完善、数字素养教学建设亟待提高等诸多问题。

（三）鼓励新就业形态

以互联网为核心的新一轮信息技术革命，改变了传统的劳动力就业方式，产生了基于信息通信技术的新就业形态。新就业形态是我国高质量发展背景下未来就业市场的发展方向，是落实党的十九大报告中提高就业质量的一种具体体现，新就业形态的兴起有助于缓解当前的就业矛盾。但是，新就业形态的产业链复杂多变，其中任何一个环节的过错或不正当行为都会影响上下链的安全。

（四）加强数字基础设施建设

2018 年 12 月召开的中央经济工作会议将 5G、人工智能、工业互联网、物联网等列为新型基础设施，本质上是信息数字化的基础设施。2020 年 3 月，中央政治局会议又强调，要加快 5G 网络、数据中心等新型基础设施建设进度。数字基础设施是新型基础设施的核心。党的十九大报告提出了建设数字强国的战略目标，以新一代信息技术产业化应用为标志的数字经济，需要一套完整的数字基础设施作为支撑。数字基础设施建设将有力推动我国数字经济的发展。但是，目前我国数字基础设施建设处于起步发力阶段，网络布局有待完善，高效、安全、绿色运营与管控能力仍有待完善与加强。

五　结论

本报告针对已有数字经济研究文献，采用信息可视化软件 CiteSpace 对

1998～2020 年来自中国知网（CNKI）中的中国学术期刊网络出版总库（CAJD）收录的发表于 CSSCI 期刊中的 274 篇数字经济研究文献进行了可视化，分析数字经济成长期（数字经济 1.0）的研究现状与发展动态，主要包括文献产出时间分析、高影响力作者分析、研究机构合作分析、研究热点及其演化过程、演化规律以及未来研究方向和趋势等。本报告得出的主要结论如下。

第一，基于对文献产出时间的分析，发现国内数字经济研究起步较早，起步阶段发文数量较少且缺乏热度，经历了近 16 年的缓慢发展期，2015 年后发文量迎来爆发，研究热度不断增加。数字经济研究正受到越来越多学者的广泛关注。

第二，基于对高产量作者和高频次被引文献作者分析，发现我国学者在数字经济的研究上合作较少，学术交流与合作亟待加强。国家信息中心的张新红、于凤霞、高太山、郝凯、蔡丹旦不仅所发文献产量高而且其文献被引频次同样较高，属于高影响力作者。

第三，基于对数字经济研究机构的分析，发现各研究机构之间的联系不够紧密，并且缺乏跨学科、跨领域、跨机构、跨地域的合作交流，合作范围小，没有形成系统的合作关系。

第四，基于对数字经济研究热点的分析，发现已有的数字经济研究主要围绕关键生产要素、重要载体、信息技术、数字化应用四个方面展开。"一带一路"、数字贸易、分享经济、高质量发展、资源配置是当前研究的热点。数字经济研究热点的演化过程分为初探期（1998～2004 年）、停滞期（2005～2014 年）、爆发期（2015 年至今）三个时期，研究目的由借鉴国外先进经验、制定我国宏观战略，逐步转向更为具体细化的数字经济探索，研究层面由政府层面转向企业、基础设施建设、电商等多个层面，研究主题由单一研究转向多样化研究，呈现百花齐放的态势。

第五，基于对数字经济研究关键词时序图谱的分析，数字经济特征的法治建设、注重人才培养、鼓励新就业形态、数字基础设施建设将会是未来数字经济研究的发展方向。体现数字经济特征的国家基本法律的缺乏、数字素养有待提高、新就业形态产业链安全等是未来我国数字经济研究需要解决的问题。

参考文献

杜庆昊：《关于建设数字经济强国的思考》，《行政管理改革》2018年第5期。

张辉、石琳：《数字经济：新时代的新动力》，《北京交通大学学报》（社会科学版）2019年第2期。

章龙：《知识经济的经济学思考》，《改革与理论》1998年第12期。

分享经济发展报告课题组、张新红、高太山、于凤霞、李红升、胡拥军、郝凯、徐清源、蔡丹旦：《认识分享经济：内涵特征、驱动力、影响力、认识误区与发展趋势》，《电子政务》2016年第4期。

张新红、于凤霞、高太山、郝凯、李红升、胡拥军、蔡丹旦：《中国分享经济发展现状、问题及趋势》，《电子政务》2017年第3期。

逄健、朱欣民：《国外数字经济发展趋势与数字经济国家发展战略》，《科技进步与对策》2013年第8期。

张泽平：《数字经济背景下的国际税收管辖权划分原则》，《学术月刊》2015年第2期。

张新红：《数字经济与中国发展》，《电子政务》2016年第11期。

李忠民、周维颖、田仲他：《数字贸易：发展态势、影响及对策》，《国际经济评论》2014年第6期。

廖益新：《应对数字经济对国际税收法律秩序的挑战》，《国际税收》2015年第3期。

高运根：《BEPS行动计划1、成果1数字经济面临的税收挑战》，《国际税收》2014年第10期。

国家税务总局科研所课题组、陈琍、方凯、秦泮义：《BEPS行动计划：世界主要国家采取的措施和中国立场》，《税务研究》2016年第12期。

林德明、陈超美、刘则渊：《共被引网络中介中心性的Zipf—Pareto分布研究》，《情报学报》2011年第1期。

钟伟金、李佳、杨兴菊：《共词分析法研究（三）——共词聚类分析法的原理与特点》，《情报杂志》2008年第7期。

张耀军、宋佳芸：《数字"一带一路"的挑战与应对》，《深圳大学学报》（人文社会科学版）2017年第5期。

张伯超、沈开艳：《"一带一路"沿线国家数字经济发展就绪度定量评估与特征分析》，《上海经济研究》2018年第1期。

夏杰长：《数字贸易的缘起、国际经验与发展策略》，《北京工商大学学报》（社会科学版）2018年第5期。

〔印〕阿鲁·萨丹拉彻：《分享经济的爆发》，周恂译，文汇出版社，2017。

任保平：《数字经济引领高质量发展的逻辑、机制与路径》，《西安财经大学学报》2020年第2期。

荆文君、孙宝文：《数字经济促进经济高质量发展：一个理论分析框架》，《经济学家》2019年第2期。

张昕蔚：《数字经济条件下的创新模式演化研究》，《经济学家》2019年第7期。

张鹏：《数字经济的本质及其发展逻辑》，《经济学家》2019年第2期。

张智雄：《美国克林顿政府信息政策的几个原则》，《图书情报工作》1999年第9期。

李俊江、何枭吟：《美国数字经济探析》，《经济与管理研究》2005年第7期。

张宸：《移动时代新闻媒体面临的挑战——皮尤报告解读美国"数字化发展"趋势及对新闻业的影响》，《新闻与写作》2013年第8期。

何枭吟：《数字经济发展趋势及我国的战略抉择》，《现代经济探讨》2013年第3期。

古天龙：《数字经济视野下的新工科建设》，《中国大学教学》2019年第6期。

附　　录

Appendices

B.10
附录1　广东省数字经济企业
创新水平100强名单

排名	公司名	缩写	城市
1	华为技术有限公司	HW	深圳
2	OPPO广东移动通信有限公司	OPPO	东莞
3	腾讯科技(深圳)有限公司	TX	深圳
4	维沃移动通信有限公司	WW	东莞
5	珠海格力电器股份有限公司	GL	珠海
6	中兴通讯股份有限公司	ZX	深圳
7	深圳市大疆创新科技有限公司	DJ	深圳
8	广东小天才科技有限公司	XT	东莞
9	平安科技(深圳)有限公司	PA	深圳
10	努比亚技术有限公司	NB	深圳
11	深圳市华星光电半导体显示技术有限公司	SHX	深圳
12	南方电网科学研究院有限责任公司	NFD	广州
13	深圳TCL新技术有限公司	TCLX	深圳
14	TCL华星光电技术有限公司	TCLHTCL	深圳
15	信利光电股份有限公司	XL	汕尾
16	深圳壹账通智能科技有限公司	YZT	深圳

排名	公司名	缩写	城市
17	中广核工程有限公司	ZGHG	深圳
18	惠州市德赛西威汽车电子股份有限公司	DS	惠州
19	南方电网深圳数字电网研究院有限公司	NFDD	深圳
20	珠海联云科技有限公司	LY	珠海
21	广东美的制冷设备有限公司	MD	佛山
22	大族激光科技产业集团股份有限公司	DZ	深圳
23	捷开通讯（深圳）有限公司	JK	深圳
24	顺丰科技有限公司	SF	深圳
25	深圳市元征科技股份有限公司	YZ	深圳
26	深圳市汇顶科技股份有限公司	HDKJ	深圳
27	广州视睿电子科技有限公司	SR	广州
28	深圳怡化电脑股份有限公司	YH	深圳
29	岭澳核电有限公司	LA	深圳
30	京信通信技术（广州）有限公司	JXT	广州
31	日立楼宇技术（广州）有限公司	RL	广州
32	深圳市怡化时代科技有限公司	ZH	深圳
33	奇酷互联网络科技（深圳）有限公司	QK	深圳
34	深圳创维数字技术有限公司	CW	深圳
35	深圳市共进电子股份有限公司	GJ	深圳
36	普联技术有限公司	PL	深圳
37	岭东核电有限公司	LD	深圳
38	广东核电合营有限公司	HDH	深圳
39	TCL科技集团股份有限公司	TCL	惠州
40	南方电网电力科技股份有限公司	NF	广州
41	广州杰赛科技股份有限公司	JS	广州
42	深圳市中兴微电子技术有限公司	ZXW	深圳
43	京信通信系统（中国）有限公司	JX	广州
44	广州小鹏汽车科技有限公司	XP	广州
45	深圳市智微智能科技股份有限公司	ZW	深圳
46	深圳前海微众银行股份有限公司	QHW	深圳
47	惠科股份有限公司	HK	深圳
48	深圳迈瑞生物医疗电子股份有限公司	MR	深圳
49	深圳拓邦股份有限公司	TB	深圳
50	深圳天珑无线科技有限公司	TZ	深圳

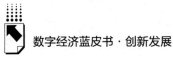
续表

排名	公司名	缩写	城市
51	深圳康佳电子科技有限公司	KJ	深圳
52	海能达通信股份有限公司	HN	深圳
53	深圳市盛路物联通讯技术有限公司	SL	深圳
54	佛山市云米电器科技有限公司	YM	佛山
55	研祥智能科技股份有限公司	YX	深圳
56	深圳市越疆科技有限公司	YJ	深圳
57	深圳市赛亿科技开发有限公司	SY	深圳
58	深圳中广核工程设计有限公司	ZGH	深圳
59	中广核研究院有限公司	ZG	深圳
60	华讯方舟科技有限公司	HY	深圳
61	深圳市丰巢科技有限公司	FC	深圳
62	平安国际智慧城市科技股份有限公司	PAG	深圳
63	广东博智林机器人有限公司	BZ	佛山
64	深圳绿米联创科技有限公司	LM	深圳
65	广东美的厨房电器制造有限公司	MDC	佛山
66	深圳市柔宇科技有限公司	RY	深圳
67	深圳市九洲电器有限公司	JZ	深圳
68	深圳市豪恩声学股份有限公司	HES	深圳
69	深圳市奥拓电子股份有限公司	AT	深圳
70	珠海许继电气有限公司	XJ	珠海
71	深圳航天科技创新研究院	HT	深圳
72	珠海市一微半导体有限公司	YW	珠海
73	芯海科技(深圳)股份有限公司	XH	深圳
74	深圳市亿联智能有限公司	YL	深圳
75	深圳开立生物医疗科技股份有限公司	KL	深圳
76	深圳市特发信息股份有限公司	TF	深圳
77	佛山市顺德区美的电热电器制造有限公司	SD	佛山
78	深圳清华大学研究院	QH	深圳
79	深圳市沃特沃德股份有限公司	WT	深圳
80	珠海市魅族科技有限公司	MZ	珠海
81	深圳市金溢科技股份有限公司	JY	深圳
82	广州地铁设计研究院股份有限公司	DTS	广州
83	中广核核电运营有限公司	ZGHD	深圳
84	国民技术股份有限公司	GM	深圳

续表

排名	公司名	缩写	城市
85	深圳和而泰智能控制股份有限公司	HE	深圳
86	广东美的暖通设备有限公司	MDN	佛山
87	广州鲁邦通物联网科技有限公司	LB	广州
88	广东飞企互联科技股份有限公司	FQ	珠海
89	华为终端有限公司	HWZ	东莞
90	深圳市道通智能航空技术有限公司	DTZ	深圳
91	广东美的白色家电技术创新中心有限公司	MDB	佛山
92	广州广电运通金融电子股份有限公司	GDY	广州
93	深圳市冠旭电子股份有限公司	GX	深圳
94	深圳麦格米特电气股份有限公司	MG	深圳
95	深圳市洲明科技股份有限公司	ZM	深圳
96	深圳市国华光电科技有限公司	GH	深圳
97	广东互动电子网络媒体有限公司	HD	清远
98	深圳市国电科技通信有限公司	GD	深圳
99	广东优世联合控股集团股份有限公司	YS	广州
100	深圳市道通科技股份有限公司	DT	深圳

注：本名单根据企业的综合创新水平评分排序。

资料来源：本报告作者整理。

B.11

附录2 广东省三大经济区数字经济大类产业的优势企业名单

附表2a 珠三角核心区数字产品服务业（大类产业）各城市排名前5位的优势企业

公司名	城市	公司名	城市
腾讯科技（深圳）有限公司	深圳	广东汇泰龙科技股份有限公司	佛山
深圳壹账通智能科技有限公司	深圳	小熊电器股份有限公司	佛山
平安国际智慧城市科技股份有限公司	深圳	中山市天键通讯技术有限公司	中山
深圳前海微众银行股份有限公司	深圳	中山市祥霖照明科技有限公司	中山
努比亚技术有限公司	深圳	中山安信通机器人制造有限公司	中山
广州微算互联信息技术有限公司	广州	中山市鑫轩电子有限公司	中山
广州富港万嘉智能科技有限公司	广州	广东翔翼科技信息有限公司	中山
广东浪潮智慧计算技术有限公司	广州	惠州市凯业盛能源有限公司	惠州
广州宏途教育网络科技有限公司	广州	惠州泰伟电子配件有限公司	惠州
广州文远知行科技有限公司	广州	TCL科技集团股份有限公司	惠州
珠海格力电器股份有限公司	珠海	名商科技有限公司	惠州
珠海联云科技有限公司	珠海	惠州市德赛西威汽车电子股份有限公司	惠州
珠海趣印科技有限公司	珠海	江门市英特视界科技有限公司	江门
龙马智芯（珠海横琴）科技有限公司	珠海	江门市征极光兆科技有限公司	江门
珠海佳博网络有限公司	珠海	江门市阪桥电子材料有限公司	江门
OPPO广东移动通信有限公司	东莞	广东彩立方科技有限公司	江门
广东小天才科技有限公司	东莞	江门市天一达电气科技有限公司	江门
东莞市乐一电子有限公司	东莞	广东三向智能科技股份有限公司	肇庆
东莞市爱康电子科技有限公司	东莞	广东广源智能科技有限公司	肇庆
广东铭基高科电子股份有限公司	东莞	广东德诚大数据科技有限公司	肇庆
广东美的白色家电技术创新中心有限公司	佛山	广东德诚科教有限公司	肇庆
广东创亚电气集团有限公司	佛山	广东容邦电气有限公司	肇庆
广东中科臻恒信息技术有限公司	佛山		

附表 2b　珠三角核心区数字技术应用业（大类产业）各城市排名前 5 位的优势企业

公司名	城市	公司名	城市
华为技术有限公司	深圳	广东睿江云计算股份有限公司	佛山
腾讯科技(深圳)有限公司	深圳	广东金宇恒软件科技有限公司	佛山
中兴通讯股份有限公司	深圳	广东长虹电子有限公司	中山
深圳前海微众银行股份有限公司	深圳	广东元一科技实业有限公司	中山
深圳壹账通智能科技有限公司	深圳	中山安信通机器人制造有限公司	中山
南方电网科学研究院有限责任公司	广州	广东惠利普物联科技有限公司	中山
日立楼宇技术(广州)有限公司	广州	广东信通通信有限公司	中山
广州慧睿思通信息科技有限公司	广州	TCL 科技集团股份有限公司	惠州
广东浪潮智慧计算技术有限公司	广州	惠州市德赛西威汽车电子股份有限公司	惠州
广州杰赛科技股份有限公司	广州	广东九联科技股份有限公司	惠州
珠海格力电器股份有限公司	珠海	惠州高盛达科技有限公司	惠州
珠海联云科技有限公司	珠海	紫光展讯通信(惠州)有限公司	惠州
珠海金山网络游戏科技有限公司	珠海	江门市蓬江区中道电子有限公司	江门
广东飞企互联科技股份有限公司	珠海	恩平市海天电子科技有限公司	江门
珠海许继电气有限公司	珠海	海信(广东)空调有限公司	江门
OPPO 广东移动通信有限公司	东莞	广东安盾科技有限公司	江门
广东小天才科技有限公司	东莞	江门市百汇环保科技有限公司	江门
维沃移动通信有限公司	东莞	广东德诚科教有限公司	肇庆
国云科技股份有限公司	东莞	肇庆高新区长光智能技术开发有限公司	肇庆
华为终端有限公司	东莞	肇庆市云能数码科技有限公司	肇庆
广东美的制冷设备有限公司	佛山	广东德诚大数据科技有限公司	肇庆
广东金赋科技股份有限公司	佛山	肇庆小鹏汽车有限公司	肇庆
佛山市云米电器科技有限公司	佛山		

附表 2c　珠三角核心区数字要素驱动业（大类产业）各城市排名前 5 位的优势企业

公司名	城市	公司名	城市
平安科技(深圳)有限公司	深圳	深圳市友基技术有限公司	深圳
华为技术有限公司	深圳	广州华多网络科技有限公司	广州
深圳前海微众银行股份有限公司	深圳	南方电网科学研究院有限责任公司	广州
平安国际智慧城市科技股份有限公司	深圳	广州中国科学院软件应用技术研究所	广州

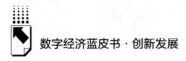

续表

公司名	城市	公司名	城市
南方电网电力科技股份有限公司	广州	广东惠利普物联科技有限公司	中山
广州明森科技股份有限公司	广州	广东莱丁科技集团有限公司	中山
珠海格力电器股份有限公司	珠海	中山市竹精纶纺织科技有限公司	中山
珠海联云科技有限公司	珠海	惠州市格讯科技有限公司	惠州
广东飞企互联科技股份有限公司	珠海	汇聚科技（惠州）有限公司	惠州
远光软件股份有限公司	珠海	惠州电力勘察设计院有限公司	惠州
珠海趣印科技有限公司	珠海	惠州市格讯信息产业有限公司	惠州
OPPO广东移动通信有限公司	东莞	惠州格利尔科技有限公司	惠州
广东小天才科技有限公司	东莞	江门市仙图科技有限公司	江门
维沃移动通信有限公司	东莞	广东新会美达锦纶股份有限公司	江门
国云科技股份有限公司	东莞	广东南秀古建筑石雕园林工程有限公司	江门
广东威立瑞科技有限公司	东莞	江门市新会区宏信科技有限公司	江门
广东博智林机器人有限公司	佛山	广东纯态数字化信息科技有限公司	江门
广东创亚电气集团有限公司	佛山	怀集新奥燃气有限公司	肇庆
广东科凯达智能机器人有限公司	佛山	肇庆国耀精密机械制造有限公司	肇庆
广东联塑科技实业有限公司	佛山	广东鸿图科技股份有限公司	肇庆
佛山电力设计院有限公司	佛山	广东德诚科教有限公司	肇庆
读书郎教育科技有限公司	中山	肇庆市高要区华锋电子铝箔有限公司	肇庆
智普（中山）软件有限公司	中山		

附表2d 珠三角核心区数字化效率提升业（大类产业）各城市排名前5位的优势企业

公司名	城市	公司名	城市
华为技术有限公司	深圳	广州汉邮通信有限公司	广州
腾讯科技（深圳）有限公司	深圳	珠海格力电器股份有限公司	珠海
中兴通讯股份有限公司	深圳	珠海联云科技有限公司	珠海
深圳市大疆创新科技有限公司	深圳	珠海市一微半导体有限公司	珠海
平安科技（深圳）有限公司	深圳	广东飞企互联科技股份有限公司	珠海
广州海睿智能科技股份有限公司	广州	珠海博展科技有限公司	珠海
广州正臻信息技术有限公司	广州	OPPO广东移动通信有限公司	东莞
广州市从化华隆果菜保鲜有限公司	广州	广东闻扬环境科技有限公司	东莞
广东视控达智能科技有限公司	广州	广东科创工程技术有限公司	东莞

公司名	城市	公司名	城市
广东小天才科技有限公司	东莞	惠州市源医科技有限公司	惠州
东莞市振亮精密科技有限公司	东莞	名商科技有限公司	惠州
广东美的白色家电技术创新中心有限公司	佛山	惠州市惠泽电器有限公司	惠州
佛山市顺德区美的饮水机制造有限公司	佛山	开平市东山鸿懋农业科技有限公司	江门
广东科凯达智能机器人有限公司	佛山	江门市三清环境技术工程有限公司	江门
广东祥寿生物科技集团股份有限公司	佛山	江门市国彬机器人有限公司	江门
广东全影汇信息科技有限公司	佛山	江门市蓬江区联诚达科技发展有限公司	江门
广东沃莱科技有限公司	中山	江门市征极光兆科技有限公司	江门
杰马科技(中山)有限公司	中山	肇庆市辰兴农业有限公司	肇庆
广东司南物联股份有限公司	中山	广东博沃特生物科技有限公司	肇庆
中创水务科技环保(广东)有限公司	中山	华育昌(肇庆)智能科技研究有限公司	肇庆
广东道勤环境建设有限公司	中山	广东广源智能科技有限公司	肇庆
惠州市德赛西威汽车电子股份有限公司	惠州	华农(肇庆)生物产业技术研究院有限公司	肇庆
惠州市成泰自动化科技有限公司	惠州		

附表 2e　沿海经济带（东西两翼）数字产品服务业（大类产业）
各城市排名前 5 位的优势企业

公司名	城市	公司名	城市
广东伟达智能装备股份有限公司	汕头	广东依明机械科技有限公司	潮州
汕头市高博电子科技有限公司	汕头	广东智信信息科技股份有限公司	潮州
广东川田科技有限公司	汕头	湛江市裕信包装印业有限公司	湛江
广东天力设计咨询有限公司	汕头	广东美王电器有限公司	湛江
广东立德电气有限公司	汕头	广东恒立信息科技有限公司	湛江
广东洹亨电子科技有限公司	汕尾	广东海大协华信息科技有限公司	湛江
广东易达电子科技有限公司	汕尾	广东湛数大数据有限公司	湛江
海丰县翔兴鞋业有限公司	汕尾	广东长盈科技股份有限公司	茂名
路华电子科技(汕尾)有限公司	汕尾	茂名森源电子科技有限公司	茂名
汕尾市华都科技有限公司	汕尾	广东佰得科技有限公司	茂名
揭阳市聆讯软件有限公司	揭阳	茂名市群英网络有限公司	茂名
广东白石实业有限公司	揭阳	广东翔天汽车智能化有限公司	茂名
广东华讯网络投资有限公司	揭阳	阳江市智拓科技有限公司	阳江
广东高乐教育科技有限公司	揭阳	广东银鹰实业集团有限公司	阳江

附表 2f　沿海经济带（东西两翼）数字技术应用业（大类产业）
各城市排名前 5 位的优势企业

公司名	城市	公司名	城市
广东川田科技有限公司	汕头	广东旭远科技有限公司	潮州
广东东研网络科技股份有限公司	汕头	广东博心科教设备有限公司	潮州
广东天亿马信息产业股份有限公司	汕头	广东湛数大数据有限公司	湛江
广东金贝贝智能机器人研究院有限公司	汕头	湛江电力有限公司	湛江
汕头市煜日科技文化发展有限公司	汕头	广东思启信息科技有限公司	湛江
信利光电股份有限公司	汕尾	湛江天汇综合能源服务有限公司	湛江
广东易达电子科技有限公司	汕尾	湛江市金蝶管理软件有限公司	湛江
华润电力(海丰)有限公司	汕尾	广东长盈科技股份有限公司	茂名
汕尾市耐利普科技有限公司	汕尾	茂名市群英网络有限公司	茂名
汕尾市华都科技有限公司	汕尾	广东叠一网络科技有限公司	茂名
揭阳市聆讯软件有限公司	揭阳	广东佰得科技有限公司	茂名
揭阳市美度实业有限公司	揭阳	茂名市巩邦科技有限公司	茂名
广东华讯网络投资有限公司	揭阳	阳江市智慧农业科技开发有限公司	阳江
广东盈迅信息技术有限公司	揭阳	阳江市链点创新科技发展有限公司	阳江
广东伟兴电子科技有限公司	揭阳	阳江开能环保能源有限公司	阳江
广东智信信息科技股份有限公司	潮州	广东安家医健科技有限公司	阳江
广东泰妮科技有限公司	潮州	广东众强建设工程有限公司	阳江
广东锦帆电子科技有限公司	潮州		

附表 2g　沿海经济带（东西两翼）数字要素驱动业（大类产业）
各城市排名前 5 位的优势企业

公司名	城市	公司名	城市
广东天亿马信息产业股份有限公司	汕头	广东高乐教育科技有限公司	揭阳
汕头东风印刷股份有限公司	汕头	揭阳市美度实业有限公司	揭阳
广东航宇卫星科技有限公司	汕头	广东广物环保检测有限公司	潮州
广东凯文印刷有限公司	汕头	广东金源照明科技股份有限公司	潮州
广东晟琪科技股份有限公司	汕头	广东智信信息科技股份有限公司	潮州
信利光电股份有限公司	汕尾	广东新宏泽包装股份有限公司	潮州
信利半导体有限公司	汕尾	广东长盈科技股份有限公司	茂名
汕尾市大润发农业科技有限公司	汕尾	广东叠一网络科技有限公司	茂名
广东麒麟精工科技有限公司	揭阳	阳江昌农农牧科技有限公司	阳江
揭阳市华誉电子科技有限公司	揭阳	阳春新钢铁有限责任公司	阳江

附表 2h 沿海经济带（东西两翼）数字化效率提升业（大类产业）
各城市排名前 5 位的优势企业

公司名	城市	公司名	城市
广东博盛科技有限公司	汕头	广东四通集团股份有限公司	潮州
广东正诚电气科技有限公司	汕头	广东智信信息科技股份有限公司	潮州
广东易正电气股份有限公司	汕头	湛江市粤绿环保科技有限公司	湛江
广东安德力新材料有限公司	汕头	广东众星电器有限公司	湛江
汕头市潮和科技有限公司	汕头	广东恒兴食品科技研发有限公司	湛江
信利光电股份有限公司	汕尾	广东福东海药业有限公司	湛江
汕尾市一开电气设备有限公司	汕尾	湛江市东方园艺有限公司	湛江
汕尾市快捷通导设备有限公司	汕尾	广东佳视通高新科技有限公司	梅州
信利半导体有限公司	汕尾	广东华力电气股份有限公司	梅州
广东易达电子科技有限公司	汕尾	广东燕岭生命科技股份有限公司	梅州
广东德森环保科技有限公司	揭阳	广东奥蓝科技发展有限公司	梅州
广东伟兴电子科技有限公司	揭阳	丰顺县锦顺科技有限公司	梅州
广东比格莱科技有限公司	揭阳	阳江市智慧农业科技开发有限公司	阳江
揭阳市聆讯软件有限公司	揭阳	阳江市联邦金属化工有限公司	阳江
广东合固五金精密制造有限公司	揭阳	阳江开能环保能源有限公司	阳江
广东泰妮科技有限公司	潮州	阳江东华激光智能科技有限公司	阳江
广东华星陶瓷有限公司	潮州	阳江市普瑞德增材制造研究院有限公司	阳江
广东樱井科技有限公司	潮州		

附表 2i 北部生态发展区数字产品服务业（大类产业）各城市排名前 5 位的优势企业

公司名	城市	公司名	城市
广东互动电子网络媒体有限公司	清远	广东奥蓝科技发展有限公司	梅州
清远网软网络科技有限公司	清远	梅州市博富能科技有限公司	梅州
清远博云软件有限公司	清远	广东金华达电子有限公司	梅州
清远市中盛合力网络科技有限公司	清远	广东飞翔云计算有限公司	梅州
清远网博信息技术有限公司	清远	丰顺县锦顺科技有限公司	梅州
广东光米光电科技有限公司	河源	韶关市尚依智能科技有限公司	韶关
广东新凌嘉新能源股份有限公司	河源	广东金鸿泰化工新材料有限公司	韶关
和平县盈讯电子科技有限公司	河源	广东昆仑信息科技有限公司	韶关
广东雅达电子股份有限公司	河源	广东西力电源有限公司	韶关
河源市圣祥光电科技有限公司	河源	广东鑫三江电气设备有限公司	韶关
罗定市嘉裕电子有限公司	云浮		

附表2j 北部生态发展区数字技术应用业（大类产业）各城市排名前5位的优势企业

公司名	城市	公司名	城市
清远网博信息技术有限公司	清远	广东一一五科技股份有限公司	梅州
清远博通信息技术有限公司	清远	梅州市绿邦环保科技有限公司	梅州
清远博云软件有限公司	清远	韶关市迅安安防科技有限公司	韶关
清远恒成智道信息科技有限公司	清远	广东昆仑信息科技有限公司	韶关
清远网软网络科技有限公司	清远	韶关市力保科技有限公司	韶关
广东光米光电科技有限公司	河源	仁化县启航电子科技有限公司	韶关
广东雅达电子股份有限公司	河源	广东韶钢松山股份有限公司	韶关
西可通信技术设备(河源)有限公司	河源	云浮市云网科技有限公司	云浮
河源市众拓光电科技有限公司	河源	云浮中科石材创新科技有限公司	云浮
广东美晨通讯有限公司	河源	广东安可云科技有限公司	云浮
广东振声科技股份有限公司	梅州	广东国鸿氢能科技有限公司	云浮
广东振声智能装备有限公司	梅州	云浮市物联网研究院有限公司	云浮
广东冠锋科技股份有限公司	梅州		

附表2k 北部生态发展区数字要素驱动业（大类产业）各城市排名前5位的优势企业

公司名	城市	公司名	城市
清远博云软件有限公司	清远	梅州创想科技有限公司	梅州
清远网软网络科技有限公司	清远	梅州达士通精密工业有限公司	梅州
广东互动电子网络媒体有限公司	清远	广东振声科技股份有限公司	梅州
清远网博信息技术有限公司	清远	广东振声智能装备有限公司	梅州
清远初曲智能科技有限公司	清远	广东嘉元科技股份有限公司	梅州
河源市众拓光电科技有限公司	河源	广东韶钢工程技术有限公司	韶关
龙川纽恩泰新能源科技发展有限公司	河源	宝钢特钢韶关有限公司	韶关
广东南帆电器有限公司	河源	广东韶钢松山股份有限公司	韶关
广东迈诺工业技术有限公司	河源	韶关市加法机电实业有限公司	韶关
龙川县永鹏程工程机械有限公司	河源	韶关市尚依智能科技有限公司	韶关
广东宏大罗定民爆有限公司	云浮		

附表 21　北部生态发展区数字化效率提升业（大类产业）各城市排名前 5 位的优势企业

公司名	城市	公司名	城市
广东联晟通信科技有限公司	清远	广东奥蓝科技发展有限公司	梅州
广东互动电子网络媒体有限公司	清远	丰顺县锦顺科技有限公司	梅州
清远初曲智能科技有限公司	清远	恒鑫建设工程有限公司	韶关
清远市志远软件技术服务有限公司	清远	韶关市智慧科技有限公司	韶关
清远市巨劲科技有限公司	清远	永捷电子(始兴)有限公司	韶关
河源广工大协同创新研究院	河源	翁源县天下泽雨农业科技有限公司	韶关
河源市勇艺达科技有限公司	河源	广东宏大韶化民爆有限公司	韶关
广东明源勘测设计有限公司	河源	广东雷允上药业有限公司	云浮
广东雅达电子股份有限公司	河源	广东益康生环保科技有限公司	云浮
河源市众拓光电科技有限公司	河源	广东益康生环保服务有限公司	云浮
广东佳视通高新科技有限公司	梅州	稳力(广东)科技有限公司	云浮
广东华力电气股份有限公司	梅州	罗定市恒兆蒸笼有限公司	云浮
广东燕岭生命科技股份有限公司	梅州		

资料来源：本报告作者整理。

B.12

附录3 广东省三大经济区数字经济中类产业的优势企业名单

附表3a 珠三角核心区智能设备制造（中类产业）各城市排名前5位的优势企业

公司名	城市	公司名	城市
腾讯科技(深圳)有限公司	深圳	广东美的白色家电技术创新中心有限公司	佛山
华为技术有限公司	深圳	佛山隆深机器人有限公司	佛山
平安科技(深圳)有限公司	深圳	华帝股份有限公司	中山
深圳市大疆创新科技有限公司	深圳	TCL空调器(中山)有限公司	中山
中兴通讯股份有限公司	深圳	广东威法定制家居股份有限公司	中山
广州视睿电子科技有限公司	广州	广东美的环境电器制造有限公司	中山
南方电网科学研究院有限责任公司	广州	TCL家用电器(中山)有限公司	中山
日立楼宇技术(广州)有限公司	广州	惠州华阳通用电子有限公司	惠州
广州德程机电设备有限公司	广州	敏华家具制造(惠州)有限公司	惠州
中船黄埔文冲船舶有限公司	广州	惠州市德赛西威汽车电子股份有限公司	惠州
珠海格力电器股份有限公司	珠海	广东利元亨智能装备股份有限公司	惠州
珠海市运泰利自动化设备有限公司	珠海	广东洲明节能科技有限公司	惠州
珠海优特电力科技股份有限公司	珠海	江门市江海区凯辉光电器材厂有限公司	江门
珠海迈科智能科技股份有限公司	珠海	汉宇集团股份有限公司	江门
珠海瑞凌焊接自动化有限公司	珠海	广东现代铸造有限公司	江门
OPPO广东移动通信有限公司	东莞	广东阿顿照明科技有限公司	江门
维沃移动通信有限公司	东莞	广东省尼奥制造灯具有限公司	江门
广东小天才科技有限公司	东莞	肇庆高新区异星有限公司	肇庆
广东长盈精密技术有限公司	东莞	肇庆正佳机电有限公司	肇庆
东莞市李群自动化技术有限公司	东莞	肇庆市金联技术研究有限公司	肇庆
广东美的制冷设备有限公司	佛山	华育昌(肇庆)智能科技研究有限公司	肇庆
广东博智林机器人有限公司	佛山	广宁县恒福灯饰铝材有限公司	肇庆
佛山市云米电器科技有限公司	佛山		

附表 3b 珠三角核心区数字媒体设备制造（中类产业）各城市排名前 5 位的优势企业

公司名	城市	公司名	城市
腾讯科技(深圳)有限公司	深圳	广东邦盛北斗科技股份公司	佛山
华为技术有限公司	深圳	广东欧谱曼迪科技有限公司	佛山
深圳市大疆创新科技有限公司	深圳	广东长虹电子有限公司	中山
深圳 TCL 新技术有限公司	深圳	广东弘景光电科技股份有限公司	中山
深圳市华星光电半导体显示技术有限公司	深圳	读书郎教育科技有限公司	中山
京信通信技术(广州)有限公司	广州	欧亚智能科技(中山)有限公司	中山
广州海格通信集团股份有限公司	广州	中山银利智能科技股份有限公司	中山
高新兴科技集团股份有限公司	广州	惠州市德赛西威汽车电子股份有限公司	惠州
南方电网科学研究院有限责任公司	广州	TCL 通力电子(惠州)有限公司	惠州
广州酷狗计算机科技有限公司	广州	惠州华阳通用电子有限公司	惠州
珠海格力电器股份有限公司	珠海	广东通创联新技术有限公司	惠州
珠海大横琴科技发展有限公司	珠海	惠州视维新技术有限公司	惠州
珠海市金品创业共享平台科技有限公司	珠海	江门市信旭五金工艺制品有限公司	江门
珠海安宇数码科技有限公司	珠海	江门市西特智能科技有限公司	江门
珠海迈科智能科技股份有限公司	珠海	江门市卡色光学有限公司	江门
OPPO 广东移动通信有限公司	东莞	恩平市华科电子商务有限公司	江门
维沃移动通信有限公司	东莞	恩平市海天电子有限公司	江门
广东小天才科技有限公司	东莞	肇庆市长德云智能科技有限公司	肇庆
东莞市宏联电子有限公司	东莞	怀集县怀德新材料有限公司	肇庆
东莞阿尔泰显示技术有限公司	东莞	肇庆小鹏汽车有限公司	肇庆
广东道易鑫物联网科技有限公司	佛山	华育昌(肇庆)智能科技研究有限公司	肇庆
佛山市云米电器科技有限公司	佛山	广宁县飞龙网络科技有限公司	肇庆
广东美的制冷设备有限公司	佛山		

附表 3c 沿海经济带（东西两翼）智能设备制造（中类产业）各城市排名前 5 位的优势企业

公司名	城市	公司名	城市
广东天际电器股份有限公司	汕头	汕头冠华薄膜工业有限公司	汕头
汕头市科来福电子有限公司	汕头	信利光电股份有限公司	汕尾
广东金腾达智能系统工程有限公司	汕头	信利半导体有限公司	汕尾
汕头市澄海区开益玩具有限公司	汕头	汕尾市展光科技发展有限公司	汕尾

续表

公司名	城市	公司名	城市
广东鸿安送变电工程有限公司	汕尾	湛江电力有限公司	湛江
汕尾市华都科技有限公司	汕尾	湛江包装材料企业有限公司	湛江
广东东捷实业有限公司	揭阳	广东思启信息科技有限公司	湛江
巨轮智能装备股份有限公司	揭阳	广东佰得科技有限公司	茂名
广东白石实业有限公司	揭阳	广东正点光电有限公司	茂名
广东润鑫实业投资有限公司	揭阳	广东小牛新能源有限公司	茂名
广东永日科技有限公司	揭阳	广东煜城科技有限公司	茂名
广东樱井科技有限公司	潮州	矽时代材料科技股份有限公司	茂名
潮州三环(集团)股份有限公司	潮州	阳江市智慧农业科技开发有限公司	阳江
广东强基药业有限公司	潮州	广东广星气体有限公司	阳江
广东金源照明科技股份有限公司	潮州	广东百创源科技股份有限公司	阳江
广东亨盛维嘉食品工业有限公司	潮州	阳春新钢铁有限责任公司	阳江
湛江腾商科技有限公司	湛江	阳江东华激光智能科技有限公司	阳江
广东湛数大数据有限公司	湛江		

附表 3d 沿海经济带（东西两翼）数字媒体设备制造（中类产业）各城市排名前 5 位的优势企业

公司名	城市	公司名	城市
汕头经济特区广澳电力发展公司	汕头	广东卓尔办公设备有限公司	潮州
广东美嘉欣创新科技股份有限公司	汕头	潮州三环(集团)股份有限公司	潮州
广东奎创科技股份有限公司	汕头	广东金源照明科技股份有限公司	潮州
广东川田科技有限公司	汕头	湛江晨鸣浆纸有限公司	湛江
广东东研网络科技股份有限公司	汕头	湛江市软件研究所	湛江
信利光电股份有限公司	汕尾	广东万安科技股份有限公司	湛江
信利半导体有限公司	汕尾	湛江市金蝶管理软件有限公司	湛江
汕尾市一开电气设备有限公司	汕尾	广东思启信息科技有限公司	湛江
汕尾恩业环保装备有限公司	汕尾	广东佰得科技有限公司	茂名
汕尾市华都科技有限公司	汕尾	广东叠一网络科技有限公司	茂名
揭阳市聆讯软件有限公司	揭阳	广东长盈科技股份有限公司	茂名
广东集东洲信息发展有限公司	揭阳	茂名森源电子有限公司	茂名
广东今联科技有限公司	揭阳	广东正点光电有限公司	茂名
广东永日科技有限公司	揭阳	阳江市智慧农业科技开发有限公司	阳江
揭阳市库伟实业有限公司	揭阳	广东百创源科技股份有限公司	阳江
广东博心科教设备有限公司	潮州	广东纳丽德移动照明有限责任公司	阳江
广东锦帆电子科技有限公司	潮州	阳江市翰特电子科技有限公司	阳江

附表 3e 北部生态发展区智能设备制造（中类产业）各城市排名前 5 位的优势企业

公司名	城市	公司名	城市
清远市德远能源开发有限公司	清远	广东华力电气股份有限公司	梅州
广东华展家具制造有限公司	清远	广东富胜实业股份有限公司	梅州
清远市巨劲科技有限公司	清远	广东韶钢松山股份有限公司	韶关
广东互动电子网络媒体有限公司	清远	乳源瑶族自治县富莱网络科技有限公司	韶关
清远市新中科检测有限公司	清远	广东粤佳太阳能有限公司	韶关
河源佳祺金属塑胶科技有限公司	河源	韶关市润讯达信息科技有限公司	韶关
河源湧嘉实业有限公司	河源	永捷电子(始兴)有限公司	韶关
龙川耀宇科技有限公司	河源	广东乔晶电子科技有限公司	云浮
河源市中启通讯科技有限公司	河源	广东友源电气有限公司	云浮
河源市新格瑞特电子有限公司	河源	稳力(广东)科技有限公司	云浮
广东亲太智能厨电有限公司	梅州	云浮市信息科技发展有限公司	云浮
梅州市成就电子科技有限公司	梅州	恒星高新科技(新兴)有限公司	云浮
梅州市奔创电子有限公司	梅州		

附表 3f 北部生态发展区数字媒体设备制造（中类产业）各城市排名前 5 位的优势企业

公司名	城市	公司名	城市
广东互动电子网络媒体有限公司	清远	梅州讯联科技发展有限公司	梅州
清远博通信息技术有限公司	清远	梅州市安唯捷科技有限公司	梅州
广东新时空科技股份有限公司	清远	韶关市迅安安防科技有限公司	韶关
清远市德远能源开发有限公司	清远	乳源瑶族自治县东阳光化成箔有限公司	韶关
清远恒成智道信息科技有限公司	清远	韶关市零壹信息服务有限公司	韶关
河源市皓吉达通讯器材有限公司	河源	韶关市擎能设计有限公司	韶关
河源耀国电子科技有限公司	河源	韶关市力保科技有限公司	韶关
西可通信技术设备(河源)有限公司	河源	云浮市云网科技有限公司	云浮
广东光米光电科技有限公司	河源	罗定市金恺达实业有限公司	云浮
河源友华微机电科技有限公司	河源	云浮市物联网研究院有限公司	云浮
广东汇威高科技有限公司	梅州	云浮市科特机械有限公司	云浮
广东富胜实业股份有限公司	梅州	广东宏大罗化民爆有限公司	云浮
广东佳视通高新科技有限公司	梅州		

资料来源：本报告作者整理。

B.13
附录4 广东省综合创新水平前3位数字经济中类产业20强企业名单

公司名称	英文缩写
OPPO广东移动通信有限公司	OPPO
维沃移动通信有限公司	WW
腾讯科技(深圳)有限公司	TX
华为技术有限公司	HW
广东小天才科技有限公司	XT
深圳市大疆创新科技有限公司	DJ
珠海格力电器股份有限公司	GL
深圳TCL新技术有限公司	TCLX
信利光电股份有限公司	XL
深圳市华星光电半导体显示技术有限公司	SHX
TCL华星光电技术有限公司	TCLHTCL
京信通信技术(广州)有限公司	JXT
惠州市德赛西威汽车电子股份有限公司	DS
深圳市汇顶科技股份有限公司	HDKJ
珠海大横琴科技发展有限公司	DHQK
广州海格通信集团股份有限公司	HG
深圳市冠旭电子股份有限公司	GX
深圳市锐明技术股份有限公司	RM
中兴通讯股份有限公司	ZX
深圳市智微智能科技股份有限公司	ZW
平安科技(深圳)有限公司	PA
广东美的制冷设备有限公司	MD
广州视睿电子科技有限公司	SR
广东博智林机器人有限公司	BZ
南方电网科学研究院有限责任公司	NFD
深圳市柔宇科技有限公司	RY
珠海市运泰利自动化设备有限公司	YTL

公司名称	英文缩写
大族激光科技产业集团股份有限公司	DZ
炬星科技（深圳）有限公司	JX
广东高标电子科技有限公司	GB
深圳市丰巢科技有限公司	FC
惠科股份有限公司	HK
信利半导体有限公司	XLB
欣旺达电动汽车电池有限公司	XWD
珠海冠宇电池股份有限公司	GY
深圳新益昌科技股份有限公司	XYC

资料来源：本报告作者整理。

B.14

附录5 广东省高新技术企业和科技型中小企业数字经济综合创新水平20强名单

附表5a 广东省高新技术企业数字经济综合创新水平20强名单

序号	公司名	缩写	城市
1	华为技术有限公司	HW	深圳
2	OPPO 广东移动通信有限公司	OPPO	东莞
3	腾讯科技(深圳)有限公司	TX	深圳
4	维沃移动通信有限公司	WW	东莞
5	珠海格力电器股份有限公司	GL	珠海
6	中兴通讯股份有限公司	ZX	深圳
7	深圳市大疆创新科技有限公司	DJ	深圳
8	广东小天才科技有限公司	XT	东莞
9	平安科技(深圳)有限公司	PA	深圳
10	努比亚技术有限公司	NB	深圳
11	深圳市华星光电半导体显示技术有限公司	SHX	深圳
12	南方电网科学研究院有限责任公司	NFD	广州
13	深圳 TCL 新技术有限公司	TCLX	深圳
14	TCL 华星光电技术有限公司	TCLHTCL	深圳
15	信利光电股份有限公司	XL	汕尾
16	深圳壹账通智能科技有限公司	YZT	深圳
17	中广核工程有限公司	ZGHG	深圳
18	惠州市德赛西威汽车电子股份有限公司	DS	惠州
19	南方电网深圳数字电网研究院有限公司	NFDD	深圳
20	珠海联云科技有限公司	LY	珠海

附表 **5b**　广东省科技型中小企业数字经济综合创新水平 **20** 强名单

序号	公司名	缩写	城市
1	珠海联云科技有限公司	LY	珠海
2	深圳市盛路物联通讯技术有限公司	SL	深圳
3	深圳市越疆科技有限公司	YJ	深圳
4	深圳市赛亿科技开发有限公司	SY	深圳
5	深圳绿米联创科技有限公司	LM	深圳
6	珠海市一微半导体有限公司	YW	珠海
7	深圳市亿联智能有限公司	YL	深圳
8	广州鲁邦通物联网科技有限公司	LB	广州
9	广东飞企互联科技股份有限公司	FQ	珠海
10	广东美的白色家电技术创新中心有限公司	MDB	佛山
11	深圳市国华光电科技有限公司	GH	深圳
12	广东互动电子网络媒体有限公司	HD	清远
13	深圳点猫科技有限公司	MK	深圳
14	深圳传音通讯有限公司	CY	深圳
15	深圳和而泰数据资源与云技术有限公司	HET	深圳
16	深圳微步信息股份有限公司	WB	深圳
17	广州海睿智能科技股份有限公司	HR	广州
18	深圳市中电数通智慧安全科技股份有限公司	ZDST	深圳
19	深圳阜时科技有限公司	FS	深圳
20	广州慧睿思通信息科技有限公司	HRST	广州

资料来源：本报告作者整理。

B.15
附录6 广东省数字经济上市公司名单

附表6a 广东省数字经济上市公司综合创新水平100强名单

排名	公司名	缩写	城市	排名	公司名	缩写	城市
1	珠海格力电器股份有限公司	GL	珠海	16	深圳市金溢科技股份有限公司	JY	深圳
2	中兴通讯股份有限公司	ZX	深圳	17	广州地铁设计研究院股份有限公司	DTS	广州
3	惠州市德赛西威汽车电子股份有限公司	DS	惠州	18	国民技术股份有限公司	GM	深圳
4	大族激光科技产业集团股份有限公司	DZ	深圳	19	深圳和而泰智能控制股份有限公司	HET	深圳
5	深圳市汇顶科技股份有限公司	HDKJ	深圳	20	广州广电运通金融电子股份有限公司	GDY	广州
6	深圳市共进电子股份有限公司	GJ	深圳	21	深圳麦格米特电气股份有限公司	MGMT	深圳
7	TCL科技集团股份有限公司	TCL	惠州	22	深圳市洲明科技股份有限公司	ZM	深圳
8	广州杰赛科技股份有限公司	JS	广州	23	深圳市道通科技股份有限公司	DT	深圳
9	深圳迈瑞生物医疗电子股份有限公司	MR	深圳	24	深南电路股份有限公司	DL	深圳
10	深圳拓邦股份有限公司	TB	深圳	25	深圳市证通电子股份有限公司	ZT	深圳
11	海能达通信股份有限公司	HN	深圳	26	华帝股份有限公司	HD	中山
12	深圳市奥拓电子股份有限公司	AT	深圳	27	珠海欧比特宇航科技股份有限公司	OBT	珠海
13	芯海科技(深圳)股份有限公司	XH	深圳	28	深圳市信维通信股份有限公司	XW	深圳
14	深圳开立生物医疗科技股份有限公司	KL	深圳	29	深信服科技股份有限公司	SXF	深圳
15	深圳市特发信息股份有限公司	TF	深圳	30	威创集团股份有限公司	WC	广州
				31	广东利元亨智能装备股份有限公司	LYH	惠州

续表

排名	公司名	缩写	城市	排名	公司名	缩写	城市
32	深圳英飞拓科技股份有限公司	YFT	深圳	49	珠海全志科技股份有限公司	QZ	珠海
33	深圳市汇川技术股份有限公司	HC	深圳	50	深圳市杰普特光电股份有限公司	JPT	深圳
34	中国长城科技集团股份有限公司	ZGCC	深圳	51	高新兴科技集团股份有限公司	GXX	广州
35	深圳光峰科技股份有限公司	GF	深圳	52	深圳市沃尔核材股份有限公司	WE	深圳
36	广东九联科技股份有限公司	JL	惠州	53	深圳震有科技股份有限公司	ZYKJ	深圳
37	深圳市英威腾电气股份有限公司	YWT	深圳	54	深圳市奋达科技股份有限公司	FD	深圳
38	深圳市卓翼科技股份有限公司	ZY	深圳	55	东莞铭普光磁股份有限公司	MP	东莞
39	广州海格通信集团股份有限公司	HG	广州	56	深圳市三旺通信股份有限公司	SW	深圳
40	深圳市广和通无线股份有限公司	GHT	深圳	57	广州通达汽车电气股份有限公司	TD	广州
41	深圳市有方科技股份有限公司	YF	深圳	58	广东安居宝数码科技股份有限公司	AJB	广州
42	深圳市锐明技术股份有限公司	RM	深圳	59	深圳市赛为智能股份有限公司	SWZN	深圳
43	东信和平科技股份有限公司	DX	珠海	60	广东乐心医疗电子股份有限公司	LX	中山
44	深圳市科陆电子科技股份有限公司	KLDZ	深圳	61	珠海博杰电子股份有限公司	BJ	珠海
45	深圳市理邦精密仪器股份有限公司	LB	深圳	62	深圳市雄帝科技股份有限公司	XD	深圳
46	广东博力威科技股份有限公司	BLW	东莞	63	深圳市优博讯科技股份有限公司	YBX	深圳
47	深圳市兴森快捷电路科技股份有限公司	XS	深圳	64	宜通世纪科技股份有限公司	YT	广州
48	欣旺达电子股份有限公司	XWD	深圳	65	远光软件股份有限公司	YG	珠海

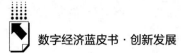

续表

排名	公司名	缩写	城市	排名	公司名	缩写	城市
66	深圳市燃气集团股份有限公司	RQJT	深圳	84	深圳市雷赛智能控制股份有限公司	LS	深圳
67	深圳欣锐科技股份有限公司	XR	深圳	85	深圳友讯达科技股份有限公司	YXD	深圳
68	盛视科技股份有限公司	SS	深圳	86	广州广电计量检测股份有限公司	GDJL	广州
69	广东韶钢松山股份有限公司	SG	韶关	87	广东拓斯达科技股份有限公司	TSD	东莞
70	明阳智慧能源集团股份公司	MY	中山	88	深圳市海目星激光智能装备股份有限公司	HMX	深圳
71	深圳市路畅科技股份有限公司	LC	深圳	89	广东通宇通讯股份有限公司	TY	中山
72	深圳市禾望电气股份有限公司	HW	深圳	90	深圳市建筑科学研究院股份有限公司	JKY	深圳
73	深圳爱克莱特科技股份有限公司	AKLT	深圳	91	中山大洋电机股份有限公司	DY	中山
74	浩云科技股份有限公司	HY	广州	92	深圳市创益通技术股份有限公司	CYT	深圳
75	鹏鼎控股（深圳）股份有限公司	PD	深圳	93	深圳市深科达智能装备股份有限公司	SKD	深圳
76	任子行网络技术股份有限公司	RZH	深圳	94	广东劲胜智能集团股份有限公司	JSZN	东莞
77	广东风华高新科技股份有限公司	FH	肇庆	95	深圳市隆利科技股份有限公司	LL	深圳
78	超讯通信股份有限公司	CX	广州	96	广东好太太科技集团股份有限公司	HTT	广州
79	深圳市智莱科技股份有限公司	ZL	深圳	97	深圳贝仕达克技术股份有限公司	BSDK	深圳
80	深圳金信诺高新技术股份有限公司	JXR	深圳	98	潮州三环（集团）股份有限公司	SH	潮州
81	深圳顺络电子股份有限公司	SL	深圳	99	江龙船艇科技股份有限公司	JL	中山
82	广东南方新媒体股份有限公司	NF	广州	100	深圳市长盈精密技术股份有限公司	CYJM	深圳
83	广州市浩洋电子股份有限公司	HYD	广州				

附表 6b　广东省上市公司综合创新水平 TOP20 数字经济大类产业排名
——数字产品制造业

序号	公司名	缩写	城市
1	珠海格力电器股份有限公司	GL	珠海
2	中兴通讯股份有限公司	ZX	深圳
3	深圳市汇顶科技股份有限公司	HDKJ	深圳
4	惠州市德赛西威汽车电子股份有限公司	DS	惠州
5	大族激光科技产业集团股份有限公司	DZ	深圳
6	深圳迈瑞生物医疗电子股份有限公司	MR	深圳
7	深圳市共进电子股份有限公司	GJ	深圳
8	深圳麦格米特电气股份有限公司	MG	深圳
9	TCL 科技集团股份有限公司	TC	惠州
10	深圳开立生物医疗科技股份有限公司	KL	深圳
11	深圳市信维通信股份有限公司	XW	深圳
12	广东利元亨智能装备股份有限公司	LY	惠州
13	深南电路股份有限公司	SN	深圳
14	广州杰赛科技股份有限公司	JS	广州
15	海能达通信股份有限公司	HN	深圳
16	深圳市洲明科技股份有限公司	ZM	深圳
17	华帝股份有限公司	HD	中山
18	深圳拓邦股份有限公司	TB	深圳
19	广州地铁设计研究院股份有限公司	DTS	广州
20	深圳市兴森快捷电路科技股份有限公司	XS	深圳

附表 6c　广东省上市公司综合创新水平 TOP20 数字经济大类产业排名
——数字产品服务业

序号	公司名	缩写	城市
1	深信服科技股份有限公司	SXF	深圳
2	珠海格力电器股份有限公司	GL	珠海
3	中兴通讯股份有限公司	ZX	深圳
4	中国长城科技集团股份有限公司	CC	深圳
5	深圳拓邦股份有限公司	TB	深圳
6	海能达通信股份有限公司	HN	深圳
7	深圳市雄帝科技股份有限公司	XD	深圳

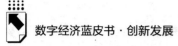

续表

序号	公司名	缩写	城市
8	深圳市雷赛智能控制股份有限公司	LS	深圳
9	深圳市共进电子股份有限公司	GJ	深圳
10	大族激光科技产业集团股份有限公司	DZ	深圳
11	深圳市科陆电子科技股份有限公司	KL	深圳
12	广东博力威科技股份有限公司	BLW	东莞
13	芯海科技(深圳)股份有限公司	XH	深圳
14	深圳市道通科技股份有限公司	DT	深圳
15	深圳欧陆通电子股份有限公司	OL	深圳
16	TCL科技集团股份有限公司	TCL	惠州
17	深圳市奋达科技股份有限公司	FD	深圳
18	惠州市德赛西威汽车电子股份有限公司	DS	惠州
19	深圳市汇川技术股份有限公司	HC	深圳
20	深圳迈瑞生物医疗电子股份有限公司	MR	深圳

附表 6d　广东省上市公司综合创新水平 TOP20 数字经济大类产业排名
——数字技术应用业

序号	公司名	缩写	城市
1	中兴通讯股份有限公司	ZX	深圳
2	珠海格力电器股份有限公司	GL	珠海
3	深信服科技股份有限公司	SXF	深圳
4	TCL科技集团股份有限公司	TCL	惠州
5	深圳英飞拓科技股份有限公司	YFT	深圳
6	海能达通信股份有限公司	HN	深圳
7	广州杰赛科技股份有限公司	JS	广州
8	国民技术股份有限公司	GM	深圳
9	惠州市德赛西威汽车电子股份有限公司	DS	惠州
10	深圳市有方科技股份有限公司	YF	深圳
11	深圳市共进电子股份有限公司	GJ	深圳
12	深圳拓邦股份有限公司	TB	深圳
13	宜通世纪科技股份有限公司	YT	广州
14	大族激光科技产业集团股份有限公司	DZ	深圳
15	深圳市金证科技股份有限公司	JZ	深圳
16	深圳市道通科技股份有限公司	DT	深圳

续表

序号	公司名	缩写	城市
17	深圳市奥拓电子股份有限公司	AT	深圳
18	深圳市特发信息股份有限公司	TF	深圳
19	深圳市金溢科技股份有限公司	JY	深圳
20	深圳市汇川技术股份有限公司	HC	深圳

附表 6e　广东省上市公司综合创新水平 TOP20 数字经济大类产业排名
——数字要素驱动业

序号	公司名	缩写	城市
1	珠海格力电器股份有限公司	GL	珠海
2	深圳市赛为智能股份有限公司	SW	深圳
3	中兴通讯股份有限公司	ZX	深圳
4	广州杰赛科技股份有限公司	JS	广州
5	远光软件股份有限公司	YG	珠海
6	深圳科安达电子科技股份有限公司	KAD	深圳
7	深圳市燃气集团股份有限公司	RQ	深圳
8	深信服科技股份有限公司	SXF	深圳
9	深圳市汇顶科技股份有限公司	HDKJ	深圳
10	天马微电子股份有限公司	TMW	深圳
11	汕头东风印刷股份有限公司	DFY	汕头
12	蒙娜丽莎集团股份有限公司	MN	佛山
13	高新兴科技集团股份有限公司	GXX	广州
14	惠州市德赛西威汽车电子股份有限公司	DS	惠州
15	明阳智慧能源集团股份公司	MY	中山
16	东信和平科技股份有限公司	DXHP	珠海
17	广东乐心医疗电子股份有限公司	LXY	中山
18	深圳市特发信息股份有限公司	TF	深圳
19	深圳市雄帝科技股份有限公司	XD	深圳
20	华帝股份有限公司	HD	中山

附表 6f 广东省上市公司综合创新水平 TOP20 数字经济大类产业排名
——数字化效率提升业

序号	公司名	缩写	城市
1	中兴通讯股份有限公司	ZX	深圳
2	珠海格力电器股份有限公司	GL	珠海
3	深圳迈瑞生物医疗电子股份有限公司	MR	深圳
4	深圳和而泰智能控制股份有限公司	HE	深圳
5	深圳拓邦股份有限公司	TB	深圳
6	深圳市信维通信股份有限公司	XW	深圳
7	深圳市道通科技股份有限公司	DT	深圳
8	海能达通信股份有限公司	HN	深圳
9	深圳市奥拓电子股份有限公司	AT	深圳
10	芯海科技(深圳)股份有限公司	XH	深圳
11	大族激光科技产业集团股份有限公司	DZ	深圳
12	格林美股份有限公司	GLM	深圳
13	深圳市卓翼科技股份有限公司	ZY	深圳
14	深圳天源迪科信息技术股份有限公司	TY	深圳
15	深圳市洲明科技股份有限公司	ZM	深圳
16	惠州市德赛西威汽车电子股份有限公司	DS	惠州
17	深圳英飞拓科技股份有限公司	YFT	深圳
18	广州杰赛科技股份有限公司	JS	广州
19	深圳市建筑科学研究院股份有限公司	JZ	深圳
20	深圳市共进电子股份有限公司	GJ	深圳

附表 6g 广东省代表性中类产业 TOP20 上市公司
——电子元器件及设备制造

序号	公司名	缩写	城市
1	珠海格力电器股份有限公司	GL	珠海
2	深圳市汇顶科技股份有限公司	HDKJ	深圳
3	大族激光科技产业集团股份有限公司	DZ	深圳
4	深圳新益昌科技股份有限公司	XYC	深圳
5	中兴通讯股份有限公司	ZX	深圳
6	惠州市德赛西威汽车电子股份有限公司	DS	惠州
7	TCL 科技集团股份有限公司	TCL	惠州

序号	公司名	缩写	城市
8	深圳麦格米特电气股份有限公司	MG	深圳
9	深圳顺络电子股份有限公司	SL	深圳
10	深圳市信维通信股份有限公司	XW	深圳
11	深圳欣锐科技股份有限公司	XR	深圳
12	深圳市禾望电气股份有限公司	HWD	深圳
13	中山大洋电机股份有限公司	ZDY	中山
14	深南电路股份有限公司	SND	深圳
15	潮州三环(集团)股份有限公司	CSH	潮州
16	东莞铭普光磁股份有限公司	MP	东莞
17	广东利元亨智能装备股份有限公司	LY	惠州
18	深圳市崧盛电子股份有限公司	SS	深圳
19	深圳市英威腾电气股份有限公司	YWT	深圳
20	海能达通信股份有限公司	HN	深圳

附表 6h　广东省代表性中类产业 TOP20 上市公司
——信息技术服务

序号	公司名	缩写	城市
1	中兴通讯股份有限公司	ZX	深圳
2	珠海格力电器股份有限公司	GL	珠海
3	深圳英飞拓科技股份有限公司	YFT	深圳
4	海能达通信股份有限公司	HN	深圳
5	大族激光科技产业集团股份有限公司	DZ	深圳
6	TCL 科技集团股份有限公司	TCL	惠州
7	深圳市汇川技术股份有限公司	HC	深圳
8	芯海科技(深圳)股份有限公司	XH	深圳
9	国民技术股份有限公司	GM	深圳
10	深信服科技股份有限公司	SXF	深圳
11	深圳市有方科技股份有限公司	YF	深圳
12	深圳迈瑞生物医疗电子股份有限公司	MR	深圳
13	深圳市共进电子股份有限公司	GJ	深圳
14	深圳拓邦股份有限公司	TB	深圳
15	宜通世纪科技股份有限公司	YTSJ	广州
16	深圳市奥拓电子股份有限公司	AT	深圳

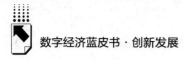

续表

序号	公司名	缩写	城市
17	深圳市建筑科学研究院股份有限公司	JZKX	深圳
18	深圳市科陆电子科技股份有限公司	KL	深圳
19	深圳市金证科技股份有限公司	JZKJ	深圳
20	深圳市道通科技股份有限公司	DT	深圳

附表 6i 广东省代表性中类产业 TOP20 上市公司
——互联网相关服务

序号	公司名	缩写	城市
1	珠海格力电器股份有限公司	GL	珠海
2	中兴通讯股份有限公司	ZX	深圳
3	深信服科技股份有限公司	SXF	深圳
4	远光软件股份有限公司	YG	珠海
5	浩云科技股份有限公司	HY	广州
6	深圳英飞拓科技股份有限公司	YFT	深圳
7	高新兴科技集团股份有限公司	GXX	广州
8	广东九联科技股份有限公司	JL	惠州
9	深圳市道通科技股份有限公司	DT	深圳
10	广州杰赛科技股份有限公司	JS	广州
11	开普云信息科技股份有限公司	KP	东莞
12	TCL科技集团股份有限公司	TCL	惠州
13	深圳震有科技股份有限公司	ZY	深圳
14	深圳市汇顶科技股份有限公司	HDKJ	深圳
15	威创集团股份有限公司	WC	广州
16	惠州市德赛西威汽车电子股份有限公司	DS	惠州
17	海能达通信股份有限公司	HN	深圳
18	深圳拓邦股份有限公司	TB	深圳
19	彩讯科技股份有限公司	CX	深圳
20	深圳市奥拓电子股份有限公司	AT	深圳

附表6j　广东省数字经济前5位小类产业上市公司TOP20
综合创新水平——可穿戴智能设备制造

序号	公司名	缩写	城市
1	珠海格力电器股份有限公司	GL	珠海
2	中兴通讯股份有限公司	ZX	深圳
3	深信服科技股份有限公司	SXF	深圳
4	深圳市汇顶科技股份有限公司	HDKJ	深圳
5	深圳迈瑞生物医疗电子股份有限公司	MR	深圳
6	深圳震有科技股份有限公司	ZY	深圳
7	芯海科技(深圳)股份有限公司	XH	深圳
8	惠州市德赛西威汽车电子股份有限公司	DS	惠州
9	远光软件股份有限公司	YG	珠海
10	深圳市奥拓电子股份有限公司	AT	深圳
11	深圳市洲明科技股份有限公司	ZM	深圳
12	深圳欣锐科技股份有限公司	XR	深圳
13	深圳市理邦精密仪器股份有限公司	LB	深圳
14	华帝股份有限公司	HD	中山
15	广州方邦电子股份有限公司	FB	广州
16	深圳市科信通信技术股份有限公司	KX	深圳
17	深圳市特发信息股份有限公司	TF	深圳
18	深圳莱宝高科技股份有限公司	LB	深圳
19	威创集团股份有限公司	WC	广州
20	深圳开立生物医疗科技股份有限公司	KL	深圳

附表6k　广东省数字经济前5位小类产业上市公司TOP20
综合创新水平——集成电路制造

序号	公司名	缩写	城市
1	深圳市汇顶科技股份有限公司	HDKJ	深圳
2	珠海格力电器股份有限公司	GL	珠海
3	中兴通讯股份有限公司	ZX	深圳
4	TCL科技集团股份有限公司	TC	惠州
5	深圳新益昌科技股份有限公司	XYC	深圳
6	盛视科技股份有限公司	SS	深圳
7	佛山市国星光电股份有限公司	GXX	佛山

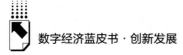

续表

序号	公司名	缩写	城市
8	珠海欧比特宇航科技股份有限公司	OBT	珠海
9	深圳市聚飞光电股份有限公司	JF	深圳
10	深圳市信维通信股份有限公司	XW	深圳
11	深圳市隆利科技股份有限公司	LL	深圳
12	惠州市德赛西威汽车电子股份有限公司	DS	惠州
13	大族激光科技产业集团股份有限公司	DZ	深圳
14	广州海格通信集团股份有限公司	HG	广州
15	高新兴科技集团股份有限公司	GXX	广州
16	深圳市奥拓电子股份有限公司	AT	深圳
17	深圳市洲明科技股份有限公司	ZM	深圳
18	海能达通信股份有限公司	HN	深圳
19	深圳英飞拓科技股份有限公司	YFT	深圳
20	深圳市雄帝科技股份有限公司	XD	深圳

附表 61 广东省数字经济前 5 位小类产业上市公司 TOP20 综合创新水平——电力电子元器件制造

序号	公司名	缩写	城市
1	珠海格力电器股份有限公司	GL	珠海
2	深圳市创益通技术股份有限公司	CYT	深圳
3	三友联众集团股份有限公司	SALZ	东莞
4	深圳市信维通信股份有限公司	XW	深圳
5	深圳市汇顶科技股份有限公司	HDKJ	深圳
6	深圳市长盈精密技术股份有限公司	CY	深圳
7	深圳新益昌科技股份有限公司	XYC	深圳
8	TCL 科技集团股份有限公司	TCL	惠州
9	深圳市沃尔核材股份有限公司	WE	深圳
10	深圳欣锐科技股份有限公司	XR	深圳
11	佛山市国星光电股份有限公司	GXG	佛山
12	深圳市禾望电气股份有限公司	HW	深圳
13	电连技术股份有限公司	DL	深圳
14	深圳市汇川技术股份有限公司	HC	深圳
15	深圳市聚飞光电股份有限公司	JF	深圳
16	深圳和而泰智能控制股份有限公司	HE	深圳

序号	公司名	缩写	城市
17	深圳拓邦股份有限公司	TB	深圳
18	深圳市洲明科技股份有限公司	ZM	深圳
19	深圳麦格米特电气股份有限公司	MGMT	深圳
20	珠海欧比特宇航科技股份有限公司	OBT	珠海

附表 6m　广东省数字经济前 5 位小类产业上市公司 TOP20
综合创新水平——智能车载设备制造

序号	公司名	缩写	城市
1	珠海格力电器股份有限公司	GL	珠海
2	深圳欣锐科技股份有限公司	XR	深圳
3	深圳市洲明科技股份有限公司	ZM	深圳
4	惠州市德赛西威汽车电子股份有限公司	DSXW	惠州
5	深圳市奥拓电子股份有限公司	AT	深圳
6	中兴通讯股份有限公司	ZX	深圳
7	深信服科技股份有限公司	SXF	深圳
8	深圳市特发信息股份有限公司	TF	深圳
9	广州方邦电子股份有限公司	FB	广州
10	深圳拓邦股份有限公司	TB	深圳
11	深圳市科信通信技术股份有限公司	KX	深圳
12	深圳和而泰智能控制股份有限公司	HE	深圳
13	深圳市雷赛智能控制股份有限公司	LS	深圳
14	深圳市禾望电气股份有限公司	HW	深圳
15	深圳市英维克科技股份有限公司	YWK	深圳
16	深圳市汇川技术股份有限公司	HC	深圳
17	深圳市道通科技股份有限公司	DT	深圳
18	深圳迈瑞生物医疗电子股份有限公司	MR	深圳
19	华帝股份有限公司	HD	中山
20	深圳市锐明技术股份有限公司	RM	深圳

附表 6n 广东省数字经济前 5 位小类产业上市公司 TOP20
综合创新水平——电力电子元器件制造

序号	公司名	缩写	城市
1	珠海格力电器股份有限公司	GL	珠海
2	深圳市汇顶科技股份有限公司	HDKJ	深圳
3	深圳市隆利科技股份有限公司	LL	深圳
4	深圳新益昌科技股份有限公司	XYC	深圳
5	TCL 科技集团股份有限公司	TCL	惠州
6	深圳市洲明科技股份有限公司	ZM	深圳
7	佛山市国星光电股份有限公司	GXG	佛山
8	深圳顺络电子股份有限公司	SL	深圳
9	深圳欣锐科技股份有限公司	XL	深圳
10	大族激光科技产业集团股份有限公司	DZXG	深圳
11	深圳市奥拓电子股份有限公司	AT	深圳
12	深圳市杰普特光电股份有限公司	JPT	深圳
13	深圳市聚飞光电股份有限公司	JF	深圳
14	深圳同兴达科技股份有限公司	TXD	深圳
15	深圳市禾望电气股份有限公司	HW	深圳
16	惠州市德赛西威汽车电子股份有限公司	DS	惠州
17	深圳市信维通信股份有限公司	XW	深圳
18	广州方邦电子股份有限公司	FB	广州
19	广东风华高新科技股份有限公司	FH	肇庆
20	珠海欧比特宇航科技股份有限公司	OBT	珠海

资料来源：本报告作者整理。

Abstract

Digital economy, with data as a key factor of production, is reshaping the global economic landscape. When presiding over the 34th study session of the Political Bureau of the CPC Central Committee, Xi Jinping, general secretary, has called for grasping the trend and law of digital economic development and pushing forward the sound development of the digital economy in the country. It becomes a major national strategy to continuously strengthen and optimize China's digital economy. In 2020, Guangdong provincial government issued a work plan for building national pilot zones for the innovative development of digital economy and remarked to strengthen statistical monitoring and evaluation of the digital economy. The Regulations of Guangdong Province on the Promotion of the Digital Economy, which came into effect in September 2021, also stipulate that local governments at or above the county level shall regularly assess the development of the digital economy at their respective levels.

Annual Report on Guangdong's Digital Economy Innovation Development (2022) is issued by the School of Management of Guangzhou University, the Institute of Digital Management Innovation of Guangzhou University and National Industrial and Information Security Center – Guangzhou University Institute of Digital Economy Innovation and Development. The report includes four parts: a general report, technical report, sub-reports, and appendices. It aims to track and monitor the operating status of the digital economy in terms of cities, or industries, and corporate innovation activities, trying to depict the development trend of the digital economy in Guangdong Province in a panoramic manner.

The general report sorts out the connotation of the digital economy, as well as Chinese policies on the innovation and development of the digital economy. It demonstrates the general needs of building an international science and technology innovation center in the Guangdong-Hong Kong-Macao Greater Bay Area and Guangdong Province's construction of a national pilot zone for digital economy innovation and development. The general report introduces the overall situation of the digital economy innovation level in Guangdong Province, analyzes the innovative development trend of Guangdong's digital economy and puts forward some suggestions to promote its healthy development.

According to the "Statistical Classification of the Digital Economy and Its Core Industries (2021)", the technical report puts forward a measurement scheme for the digital economy innovation in Guangdong Province for the first time. The scheme is based on the technological innovation perspective of enterprise micro-patent big data and utilizes the multi-attribute evaluation approach from three dimensions: the level of periodic innovation, the level of continuous innovation, and the level of value innovation. A systematic evaluation for the innovation of the digital economy at various categories in terms of cities and industries in Guangdong Province is constructed.

The sub-reports consist of a multi-level analysis at the macro-regional level, the meso-industry level, and the micro-enterprise level, as well as a bibliometric analysis of the digital economy. The reports present the development patterns of the digital economy innovation in Guangdong Province in 2021: Shenzhen, Guangzhou and Dongguan are in the top three; the nine cities in the Pearl River Delta are the core areas of the provincial digital economy innovation and development while the northern ecological development zone and the coastal economic belt (East and West wings) are important supporting forces. The reports also believe that the digital product manufacturing industry is the most developed in the province, the digital technology application industry and the digital efficiency improvement industry are located in the middle and upper reaches, and the digital factor-driven industry and the digital product service industry are in the potential development stage. Different enterprises rely on the endowment of digital economy factors to develop, and their digital economy innovation and development show differentiated characteristics; the innovation efficiency of technology-based SMEs are higher than that of high-tech enterprises in some specific industrial fields. The reports also point out the evolution process, future directions and trends of digital economy research.

The implementation for the evaluation and monitoring of the innovation and development of the digital economy in Guangdong Province contributes to optimize the efficient allocation efficiency of data elements, to play the leading role of characteristic cities and industries, to promote the digital transformation of important fields. It is also a support basis for building Guangdong Province into a national pilot zone for the innovative development of its digital economy, enabling the sustainable, healthy and high-quality development of the digital economy.

Keywords: Digital Economy; Digital Industry; Digital Innovation; Guang-dong

Contents

I General Report

B.1 Overall Evaluation and Policy Suggestions on the Innovation
Level of Digital Economy in Guangdong Province
Xue Xiaolong, Huang Qiongyu, Cui Xia and Zhu Hui / 001

Abstract: In 2020, the added value of the digital economy in Guangdong Province was about 5.2 trillion yuan, ranking first among China. Facing to the needs of building an international science and technology innovation center in the Guangdong-Hong Kong-Macao Greater Bay Area and Guangdong Province, we use 2385623 patent data from 42295 high and new tech enterprises and technology-based small and medium-sized enterprise among 21cities of Guangdong Province form 2016 to 2020 as our research sample, to evaluate the innovation level of the digital economy in Guangdong Province. The study finds that the total number of enterprises, the total number of patents and the comprehensive innovation level in the core area of the Pearl River Delta occupy an absolute advantage in the province. Among them, the innovation level of Shenzhen, Guangzhou, Dongguan, Foshan and Zhuhai rank the top five, with obvious agglomeration effect; Baoan, Nanshan, Longhua, Longgang and Huangpu ranks among the top five districts in Guangdong, and the per capital GDP of each district is positively correlated with the average innovation level of the digital economy. Among the five major industries, the digital product manufacturing industry and the digital technology application industry rank the top two, and the digital product manufacturing industry has the highest level of digital economic innovation and the most concentrated firms; those leading technology-based firms are an important force for the digital economic innovation activities in Guangdong. There is a significant pulling effect on the innovation level of various regions. We suggest to start the assessment of the digital economy innovation level in Guangdong as soon as possible, in order to promote its high-quality development, and to take the lead in the field of digital economy innovation and development.

Keywords: Digital Economy ; Digital Innovation ; Guangdong

II Technical Report

B . 2 Calculation Method and Evaluation Process of the Digital Economy in Guangdong Province

Xue Xiaolong, Tan Xianyu, Chen Jianshuo and Cui Xia / 052

Abstract: The measurement and evaluation of the digital economy becomes more and more important. The existing literature about digital economy mainly focuses on the scale of the digital economy between countries and regions at the macro level, and there are relatively few studies on the measurement and calculation at the micro level. According to the "Statistical Classification of the Digital Economy and Its Core Industries (2021)", we propose the classification method of patent data of digital economy industry and the measurement scheme of Guangdong digital economy innovation level. We use the patent data of new tech enterprises and technology-based SMEs that have been recognized in Guangdong Province and are within the validity period from 2016 to 2020. Using big data analysis technology to match firm level patent data to each digital economy industry; we construct an firm level evaluation model of digital economy innovation level. This study found that: there are 42, 295 technology-based enterprises are involved with digital economy innovation activities in Guangdong;

in the dimension of the digital economy industry classification, all of the 5 major digital-economy categories have relevant patent data; 16 out of the 32 medium digital-economy categories have relevant patent data; and 96 out of the 156 small digital-economy categories have relevant patent data.

Keywords: Digital Economy ; Digital Patent; Digital Measurement

Ⅲ   Sub-Reports

B.3   Digital Economy Innovation Levels of Cities and Districts in Guangdong Province

Zhu Hui, Zhang Zhao, Jia Yunfeng and Meng Yingnan / 075

Abstract: Digital economy has been developing rapidly in Guangdong Province, with the digital economy scale is ranked first in China. Basing on the background of economic development, we measure the digital economic innovation level of 21 cities in Guangdong province from the comprehensive innovation and the average innovation level. Then we calculate the ranking of digital enterprises number, ranking of comprehensive innovation level, ranking of cycle innovation level and ranking of continuous innovation level according to the innovation index. At the same time, we observe the top five districts and counties in each city based on dimension of the three economic zones, one core, one belt and one zone. Finally, we use the quartile analysis method to comprehensively evaluate the innovation level of the digital economy. The main results are following as: 1. the number of enterprises is not the key factor determining the level of regional digital economy innovation, and it is more closely related to the scientific and technological innovation activities of enterprises and digital economy innovation activities. 2. The average innovation level of digital economy enterprises in a city is not closely related to the region where the city is located, but mainly highlights the close relationship between digital economy innovation policies and the leading enterprises of enterprise innovation. 3. Per capita GDP is positively correlated with the innovation level of digital economy in general, and the positive correlation becomes more obvious when per capita GDP exceeds 200, 000 yuan.

Keywords: One Core, One Belt and One Zone; Digital Innovation; Digital Economy

B.4 Innovation Level of Digital Economy Industry in Guangdong Province

Zhu Hui, Zhang Zhao, Cui Xia and Wei Huanzhe / 101

Abstract: According to the "Statistical Classification of Digital Economy and Its Core Industries (2021)" released by the National Bureau of Statistics of China, we analyze the innovation activities of digital economy enterprises in Guangdong Province. Through data screening, our sample enterprises are involved in five categories of digital economy industries of 16 medium categories and 96 small categories. From the result, we find that in terms of the comprehensive of economy industries in Guangdong province, the ranking from top to bottom is digital product manufacturing industry, digital technology application industry, digital efficiency improvement industry, digital product service industry, and digital factor driven industry. From the perspective of major categories, except for the digital product manufacturing industry, the innovation level of different regions is relatively different and the nine cities in the core area of the Pearl River Delta are leading in digital technology application industry, the overall innovation level in the industry of digital efficiency improvement, the industry of digital factor driven and the industry of digital product service are not very obvious. From the perspective of the medium category, the development trend of the sixteen digital economy industries in different regions is different, and each region also has different industrial development characteristics. From the perspective of small categories, there is little difference between the innovation level of each region and that of the whole province, which is close to a stable level.

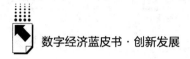

Keywords：Digital Innovation；Digital Industry；Guangdong Province

B . 5   Innovation Level of Digital Economy Enterprises in Guangdong Province

Gao Hongming，Xue Weirui，Chen Jianshuo and Xue Xiaolong ∕ 130

Abstract：Enhancing the competitiveness of enterprises' digital economy innovation and building a gradient cultivation system for outstanding enterprises can help promote the overall digitalization of the national industry chain. This study dissects the innovation level of all digital economy enterprises in Guangdong Province from 2016 to 2020 and explores their industry and regional distribution. It is found that：digital economy enterprises in Guangdong Province are concentrated in the core area of the Pearl River Delta（PRD），with the highest comprehensive innovation level and an absolute scale advantage of about 95% in terms of the number of major，medium and small digital-economy categories；the comprehensive innovation level of enterprises in the east and west wings of the coastal economic belt is at a low level and the lowest number，with only Shantou following the core area of the PRD；the number of digital economy enterprises in the northern ecological zone is comparable to that in the east and west wings. Still，its innovation level is relatively better than the east and west wings. Different digital economy enterprises have differentiated characteristics in the innovation level of various digital element industries，and need to further release the corresponding regional advantageous resources in response to their industrial preferences. The multi-scale innovation evaluation of digital economy enterprises provides some theoretical support and practical insights for enterprises to follow the operation rules of the digital economy and promote customized change management.

Keywords：Digital Economy；Digital Enterprises；Digital Innovation

B . 6　Innovation Level of High and New Tech Enterprises Related

　　to Digital Economy in Guangdong Province

　　　Xue Weirui, Chen Jianshuo, Gao Hongming and Huang Qiongyu / 168

Abstract: High and new tech enterprises are economic entities based on high-tech, knowledge-intensive and technology-intensive as the core under the new normal of digital economy innovation and development, and are an important driving force for national scientific and technological research and development and industrial transformation. After analyzing the overall regional situation of the digital economy innovation level of high and new tech enterprises in Guangdong Province from 2016 to 2020, this study found that: the top 500 high and new tech enterprises are relatively concentrated, mainly located in the core area of the Pearl River Delta; among the top 20 high and new tech enterprises 50% belong to the computer, communication and other electronic equipment manufacturing industry, which is an important driving force for digital economic innovation in Guangdong Province; to compare the east and west wings of the coastal economic belt, the innovation level of high and new tech enterprises in the east wing is higher than that in the west wing.

Keywords: High and New Tech Enterprises; Digital Innovation; Digital Economy

B . 7　Digital Economy-Related Innovation Level of S & T SMEs

　　in Guangdong Province

　　　Huang Qiongyu, Fang Jiali, Chen Jianshuo and Jia Yunfeng / 176

Abstract: S & T SMEs are an important carrier to promote scientific and technological innovation, and play an important role in promoting the strategic adjustment of economic structure, promoting sustainable economic development and expanding social employment. This study focuses on analyzing the status of the digital economy innovation level of S & T SMEs in Guangdong Province from

2016 to 2020. It was found that: the digital economy innovation level of S & T SMEs is generally lower than that of HI-TECH, and its distribution of industries is relatively scattered and the aggregation degree is low. However, most of the top 20 S & T SMEs belong to the digital product manufacturing industry, and they are mainly concentrated in the core area of the Pearl River Delta, and the digital transformation of manufacturing industry has leading advantages. Compared with the PRD Region, there is a large gap between the digital economy innovation level of S & T SMEs in the east and west wings of the coastal economic belt of Guangdong Province. The digital economy innovation level of S & T SMEs in the northern ecological zone is relatively ahead of Guangdong Province eastern and western region.

Keywords: S & T SMEs; Digital Innovation; Digital Economy

B.8 Innovation Level of Listed Companies Related to the Digital Economy in Guangdong Province

Huang Qiongyu, Xu Chuhong, Xu Jincheng and Gao Hongming / 185

Abstract: As an important entity to promote economic growth, listed companies should continuously strengthen the status of innovation subjects, become an important birthplace of original innovation and emerging technologies, and lead economic transformation and upgrading. This study takes 467 listed companies related to the digital economy from 2016 to 2020 as the research object, and analyzes the innovation level, industry and regional distribution of the digital economy. It was found that: the average innovation level of the digital economy of listed companies in Guangdong Province is higher than that of non-listed companies, about 2.7 times. Headquartered in Shenzhen, 237 listed companies account for half of the province's digital economy-related listed companies. In the major digital-economy industry, listed companies have obvious advantages in the digital element drive industry. In the middle digital-economy industry, listed companies have more advantages in information technology services and Internet-related services. In the small digital-economy industry, listed companies have a higher level of comprehensive innovation in the field of integrated circuit manufacturing and power electronic components manufacturing, and lag behind non-listed companies in the field of additive manufacturing equipment manufacturing and intelligent lighting equipment manufacturing.

Keywords: Listed Companies; Digital Innovation; Digital Economy

B.9　Digital Economy 1.0: Analysis of Research Status and Development Trends Based on Chinese Literature from 1998 to 2020

Wang Yuna, Tan Xianyu, Xue Xiaolong and Zhu Hui / 215

Abstract: In recent years, the digital economy scale in China has continued to expand, becoming an important driving force for technological innovation. This study uses the knowledge graph analysis tool to carry out quantitative and visual analysis of 274 article about digital economy research published in CSSCI journals collected by the China Academic Journal Publishing Database from 1998 to 2020, and sort out the research on the growth period of the digital economy (digital economy 1.0). Status quo, reveal research hotspots and trends, and explore the future development direction of the digital economy. It was found that: China's digital economy research developed slowly in the early stage, but showed explosive growth after 2015; domestic scholars have less cooperation in digital economy research, and academic exchanges and cooperation need to be strengthened; the breadth needs to be strengthened; the research hotspots of digital economy mainly involve four aspects: key production factors, important carriers, information technology, and digital applications. The construction of digital rule of law, the cultivation of digital talents, the encouragement of new employment forms, and the construction of digital

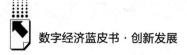

infrastructure are important directions for the development of the digital economy in the future.

Keywords: Digital Economy; Digital Research; Digital Development; Knowledge Map

权威报告·连续出版·独家资源

皮书数据库
ANNUAL REPORT(YEARBOOK)
DATABASE

分析解读当下中国发展变迁的高端智库平台

所获荣誉

- 2020年，入选全国新闻出版深度融合发展创新案例
- 2019年，入选国家新闻出版署数字出版精品遴选推荐计划
- 2016年，入选"十三五"国家重点电子出版物出版规划骨干工程
- 2013年，荣获"中国出版政府奖·网络出版物奖"提名奖
- 连续多年荣获中国数字出版博览会"数字出版·优秀品牌"奖

皮书数据库

"社科数托邦"
微信公众号

成为会员

登录网址www.pishu.com.cn访问皮书数据库网站或下载皮书数据库APP，通过手机号码验证或邮箱验证即可成为皮书数据库会员。

会员福利

- 已注册用户购书后可免费获赠100元皮书数据库充值卡。刮开充值卡涂层获取充值密码，登录并进入"会员中心"—"在线充值"—"充值卡充值"，充值成功即可购买和查看数据库内容。
- 会员福利最终解释权归社会科学文献出版社所有。

数据库服务热线：400-008-6695
数据库服务QQ：2475522410
数据库服务邮箱：database@ssap.cn
图书销售热线：010-59367070/7028
图书服务QQ：1265056568
图书服务邮箱：duzhe@ssap.cn

社会科学文献出版社 皮书系列
SOCIAL SCIENCES ACADEMIC PRESS (CHINA)

卡号：761292617835
密码：

S 基本子库
UB DATABASE

中国社会发展数据库（下设 12 个专题子库）

紧扣人口、政治、外交、法律、教育、医疗卫生、资源环境等 12 个社会发展领域的前沿和热点，全面整合专业著作、智库报告、学术资讯、调研数据等类型资源，帮助用户追踪中国社会发展动态、研究社会发展战略与政策、了解社会热点问题、分析社会发展趋势。

中国经济发展数据库（下设 12 专题子库）

内容涵盖宏观经济、产业经济、工业经济、农业经济、财政金融、房地产经济、城市经济、商业贸易等 12 个重点经济领域，为把握经济运行态势、洞察经济发展规律、研判经济发展趋势、进行经济调控决策提供参考和依据。

中国行业发展数据库（下设 17 个专题子库）

以中国国民经济行业分类为依据，覆盖金融业、旅游业、交通运输业、能源矿产业、制造业等 100 多个行业，跟踪分析国民经济相关行业市场运行状况和政策导向，汇集行业发展前沿资讯，为投资、从业及各种经济决策提供理论支撑和实践指导。

中国区域发展数据库（下设 4 个专题子库）

对中国特定区域内的经济、社会、文化等领域现状与发展情况进行深度分析和预测，涉及省级行政区、城市群、城市、农村等不同维度，研究层级至县及县以下行政区，为学者研究地方经济社会宏观态势、经验模式、发展案例提供支撑，为地方政府决策提供参考。

中国文化传媒数据库（下设 18 个专题子库）

内容覆盖文化产业、新闻传播、电影娱乐、文学艺术、群众文化、图书情报等 18 个重点研究领域，聚焦文化传媒领域发展前沿、热点话题、行业实践，服务用户的教学科研、文化投资、企业规划等需要。

世界经济与国际关系数据库（下设 6 个专题子库）

整合世界经济、国际政治、世界文化与科技、全球性问题、国际组织与国际法、区域研究 6 大领域研究成果，对世界经济形势、国际形势进行连续性深度分析，对年度热点问题进行专题解读，为研判全球发展趋势提供事实和数据支持。

法律声明